本书是 2020 年度国家社会科学基金一般项目
"拉丁美洲社会学理论本土化及其启示研究"（项目编号：20BSH004）的阶段性成果。

亚太经济与社会发展译丛

WILEY

计算社会学

ABM 应用

AGENT-BASED
COMPUTATIONAL SOCIOLOGY

〔意〕弗拉米尼奥·斯夸佐尼（Flaminio Squazzoni）/ 著

唐 俊 / 译

社会科学文献出版社
SOCIAL SCIENCES ACADEMIC PRESS (CHINA)

Agent-Based Computational Sociology by Flaminio Squazzoni

ISBN:978-0-470-71174-3

献给我最尊敬的艾乐诺拉

目　录

前　言

　　如果你认为社会学像哲学、历史学和文学一样，是对现实宏大的复杂性和特殊性进行反思和探究，我认为本书会让你失望。在我看来，社会学并不是人文学科的一个分支。就像其他任何严谨的科学一样，它的任务应该是通过将现实简化成重复出现、简单的形态来解释社会难题。为了完成这项任务，形式化、建模和计算机仿真可以发挥与其在物理学和进化生物学中相同的作用。

　　在此规则之下，社会学也不例外。它无法认识到研究对象（即社会互动）极大的复杂性。本书要传递的主要信息是用以考察主体①的行为和互动的形式化模型在理论构建和经验知识两方面都是社会学的基本要素。

　　若干年前，诺贝尔奖获得者赫伯特·西蒙（Herbert

---

①　目前，国内学界对于 Agent-Based Computational Sociology 中的 agent 一词的中文翻译尚未达成统一，有"代理人""行动者""主体"等多种译法，本文一概采用"主体"的译法。——译者注

1

Simon）为社会科学与"硬"科学一样需要具备严谨性和数学基础的观点进行了辩护。他略带挑衅地提出，社会科学应该被视为"真正的"硬科学。他还提出，理解人类的行为和互动是"硬"科学家面临的真正挑战。

我毫不怀疑所有社会学家都赞同这一观点。显然，人类社会并不遵循确定性规律，社会互动具有更高层次的复杂性。然而，大多数社会学家否认简单化、归约、建模和归纳的优点，错误地认为社会现象过于复杂以至于无法用标准的科学实践来理解。

我在此大胆预言，这样下去，科学累积的进步将会停滞，研究的解释能力将会受到侵蚀，学科中的理论与观察之间富有成效的结合也将遭到破坏。社会学将沦落为只是对当下进行训练有素的描述分析或者"视野宽泛"的哲学思考。事实上，社会学学科的现状正戏剧性地证实：范式碎片化；研究项目和学派狭隘地"巴尔干化"（balkanization）；在认识论和方法论上无法形成共识；学科声望低，经费少，在公共领域的影响力差。这一切现状意味着有些方面已经出错了。

显然，拒绝形式化和模型化不可能是这场危机的全部原因，但我认为从这里开始思考另一种社会学是有益的。如果说社会学的影响力远不如经济学和心理学等其他学科，而物理学家已经开始代替社会学家来解释社会难题，那就要归咎于我们目前采用的研究类型和研究方法，而非任何外部阴谋。

本书继承了西蒙的思想遗产，旨在展示形式化和模型化不一定会让我们陷入过度的简单化和抽象化或者忽视社会的基本要素。本书的核心观点在于，自 20 世纪 90 年代开始，

ix

一些社会学家使用对社会学友好型的计算技术来仿真和分析既定社会结构中主体互动的含义。本书在阐述这一创新的基础之上，希望能为其得到更广泛的认可做出贡献。

不过，必须明确的是，我并非要为这种新形式化开脱。首先，有证据表明，对科技人员过度神化具有极大的危险。其次，形式化只是社会学研究的一个工具而已，社会学研究是一系列不同、相互关联的多方活动。下面我来谈谈这两点。

我认为，过分强调形式化会危害社会科学的进步。这点很容易理解。主流经济学就是很好的例子。几代受过良好教育的科学家逐渐发展出一种建立在复杂数学框架上令人着迷的普遍和抽象的模型，而这个数学框架没有任何经验证据作为支撑。因此，本书建议，当且仅当形式化和模型化有助于我们解释经验性难题时才可以考虑使用它们。目前，这点已经成为可能，因为基于主体的建模（agent-based model，ABM）已经与社会生活的原子（即主体）建立了本体论上的对应关系，并且能够准确地处理社会互动中的主体行为（即社会生活可观察到的特征）。

模型和社会事实之间的本体论对应关系中存在两个相关结果。首先，基于主体的建模有助于在经验有效性检验之前预设理论。事实上，相比于非形式化地描述一些诸如"惯习"（habitus）、"组织场域"（organizational field）、"流动的现代性"等不可贯彻的社会事实，从经验上验证一个定义完整、简化、清晰、逻辑连贯的理论模型是否准确地处理人类行为和互动更为简单。其次，通过生成人工数据，ABM 有助于指导经验研究。事实上，如果对可观察的实体进行研究的指导理论结构合理且经过验证，那么质疑现实和收集经验数据（如果可用的话）则更加容易。将理论和观察联系起来且为学科创造机遇是基于主体的社会学最重要的附加值之一。

尽管如此，必须澄清的是，本书绝不支持任何绝对性的观点，也不想在社会学这样一个已经严重碎片化的学科中掺入狭隘主义。我不想传达这样的信息，即这种类型的研究是社会学研究的唯一途径或者说最正确的方法。其他类型的社会学，譬如定性的、定量的、数学的或者批判的社会学，也能为学科的发展带来大量有用的发现和感知。在本书中，首先，我只想建议，要想让社会学更加接近其他类型的科学，倡导形式化和模型化的附加值不失为一种值得探索的方式。其次，我想强调的是，这种类型的研究有助于丰富定性和定量的方法与演绎和归纳的论证，从而有助于降低"巴尔干化"。

还必须澄清的是，我在本书中采用的路线并不意味着基于主体的计算社会学中典型的"分析"方法会将任何其他类型的社会学方法排除在外。观察统计数据、不同形式的田野调查、论证和构建理论、概念的定性描述等都是为了使社会学成为科学而努力的重要方面。总之，异质性对社会学学科有着不可比拟的启发价值，有利于所有层面的长期适应和进化。

果真如此的话，在我看来，很难理解这种类型的社会学为什么会被大多数传统社会学家极大地忽视且在社会上的代表性严重不足，而它更接近于其他更具影响力和声誉的科学的标准。本书建议翻开这一页，说明这样做的好处多于坏处。

　　我来进一步谈谈形式化。到目前为止，大多数社会学家认为形式化模型只是简化版的数学方法的同义词。为了方便分析，其中有关人类行为和互动的假设并不符合实际。经济学就是典型的例子，其中有关代表性主体的虚构性、完全理性以及经济人之间没有直接互动等假定是为了保证数学上的均衡解。一些学者则认为建模是一系列与变量有关的假设以及经验数据集统计相关性的同义词。前者更注重演绎方法，后者更注重归纳方法。

　　正如我将在本书中尝试展示的那样，基于主体的计算社会学正在有条不紊、显著地改变这些观点。ABM 是一种新型的形式化，它开发出一套灵活的编程语言来建立人类行为和社会互动的模型，仿真社会现实，其中主体是异质性的、遵守规则、有限理性、嵌入社会结构（例如社会网络、邻里空间或者制度框架等）且易受到社会的影响。这样就可以放宽分析框架中抽象、不切实际的假设，运用更加真实的模型，从而使推论更加接近观察。

　　不仅如此，在计算机上运行模型，可以仿真宏观社会总体情况，进而利用分析的、统计的或者描述性的模型考察复杂的、无法直接观察的动态情况。此外，计算机仿真还可以生成（人工）数据，用于归纳分析，有助于感知社会互动并得出不可预知的见解。这项技术突破可能会对社会研究产生重大影响。

　　总而言之，我确信我们前进的方向是正确的。一般来说，在数学和分析模型的支持者中，对 ABM 持批评态度的人会认为这是一个"肮脏"的模型，跟数学风马牛不相及，过于复杂，不切实际，难以充分聚焦于清晰、明确的解析解；而定性研究的支持者会认为 ABM 过于抽象和简略化，不足以考察社会现实的细节。

这让我相信基于主体的计算社会学处在一个有趣、不受排斥的中间状态，可以综合各种不同类型的研究和观点，为思想交流提供空间。这在社会学中非常难得。

我希望读者能够欣赏本书给出的一些例子。这些例子在定量与定性、数字与洞察、原始统计数据与定性感知之间架起了一座桥梁。在我看来，即使从这个原因来看，基于主体的计算社会学也理应在社会学学科中拥有一席之地。

最后，继续介绍本书的内容。第一章介绍了基于主体的计算社会学和基于主体的建模思想。我将基于主体的计算社会学定义为"通过对嵌入既定社会结构（例如社会网络、邻里空间或者制度框架等）的异质主体之间的社会互动进行计算机建模来开展的社会形态研究"。本章特别关注这类研究的开创者们，并在比较其他方法的基础上重新评价这类研究的地位。读者也许会惊讶地发现，20 世纪最有影响力的一些社会学家与基于主体的计算社会学有着紧密的联系，如詹姆斯·S. 科尔曼（James S. Coleman）、雷蒙·布东（Raymond Boudon）、托马斯·谢林（Thomas Schelling）和马克·格兰诺维特（Mark Granovetter），他们都留下了浓墨重彩的一笔。回过头来看，令人吃惊的是，他们的动机或多或少都来自有关社会学研究应该何去何从的理解。

重新梳理前辈研究和历史渊源之后，我提出了关于基于主体的计算社会学六个激动人心的观点，分别是：模型优于理论性、叙述性的描述，生成性的解释方法，宏观与微观相联系的实用方法，作为社会学研究关键要素的过程与变迁的重要性，在演绎与归纳、理论与数据之间寻找不受排斥的中间位置，跨学科/以问题为导向的研究风格的趋势。这些观点回应了当前社会学的某些关键问题，对此将会详细讨论。

本章在结尾对ABM的分类可以帮助读者理解不同的ABM在社会学中的运用。此处的重点在于严格的"分析"，因此没有讨论政策问题，也没有给出应用模型的例子。不过，有一些例子表明政策制定者与企业管理者对于利用这类研究解决关键问题和帮助管理复杂组织越来越感兴趣。在我看来，社会学家正在响应社会的召唤，走出"象牙塔"，在这些实践层面发挥作用，有关这一点在最后一章讨论。

在第二章和第三章，我对文献进行了广泛回顾。我必须承认读者需要有一定的耐心。这些细节是为了让读者充分了解问题的前因、现状与后果。因为想强调模型的重复验证和扩展有益于社会学的发展（在第四章论述的内容），我还详细介绍了从经典、有影响的模型之中生成的后续研究。我相信这对读者有所裨益。

另一个忠告就是，所有例子分类的依据是所研究的主题而非建模者所遵循的方法。一般说来，这些例子根据分析的水平遵循两种方法：一是从局部的主体互动中研究全局性的宏观形态（即从微观到宏观的导向）；二是更多地从细节上研究社会形态对主体互动的影响（即从宏观到微观的导向）。值得注意的是，从这两种导向会对一些案例开展联合调查。因此，不同水平的解释层面要根据具体情况进行区别，而案例要根据问题的特殊性进行分组。

具体而言，我在第二章列举了合作和社会规范的内容。在这方面，大量文献案例显示，ABM、博弈论和实证研究之间的交叉已经非常丰富。这一领域有助于我们观察到某些社会机制对社会秩序的自发形成产生广泛的影响，这也是社会学家和社会科学家普遍遇到的最重要的挑战之一。

我选择的例子主要集中于直接互惠、社会制裁、社会习俗、文化传播、动态社会网络的合作伙伴选择以及声誉等合作机制。它们提供了一幅社会互动中的人类行为和动机的连贯画面，以及对社会结构在亲社会行为产生过程中的作用进行有趣的洞察。大多数例子围绕抽象的模型（或多或少地使用了实证基础），但是我希望读者能欣赏一些实验数据和计算模型相结合的例子。

第三章考察了社会影响，重点放在居住区隔离、集体意见、文化和市场动态等主题上。我认为这些例子有助于理解当涉及社会影响时，有关聚合行为的解释在很大程度上取决于微观细节，如果没有建模和仿真，则很难观察到这些细节。

相比处理宏观变量和结构因子，社会学解释方法在处理社会互动中的个体行为时信息量更大、完整性更强、更加发人深省。我还列举了自己在研究社会自反性这种复杂的社会影响类型学时使用的几个例子。对此，本章的观点是，他人的行为和主体所处的特定社会背景的特征可能成为主体认知的客体，反过来又会极大地影响主体的行为。

我还要强调的是，这些例子的灵感来源于完全有别于经济学的人类行为图景。事实上，当我们认真考察社会互动时（例如在基于主体的计算社会学中），就不能通过代表性主体、完全信息和个体效用最大化等假设来理解社会结果。社会互动意味着主体异质性、不完全信息、局部适应性以及主体之间的非线性效应。与经济学和理性选择理论不同，基于主体的计算社会学参照的是实验行为科学和社会心理学。这是基于主体的计算社会学家必须认真培育的新联盟。

此外，这两章的例子有助于我们聚焦第一章提到的一个重要问题。本书介绍了许多模型，但基于主体的计算社会学不仅仅是一个模型和例子的仓库。虽然它还没有提供社会互动的连贯图景或者范式，但可以把它看作一个元理论，为社会互动的理论构建提供精确的初始基础。此外，还有一些社会机制使我们能够解释社会互动在决定社会结果方面所起的作用。

显然，只有未来的发展才有助于有关社会互动的知识更加系统化，并提供人类行为的社会学基础的全面图景。我认为，尽管目前基于主体的计算社会学描述的图景尚不完善，但它反映了社会学学科具体的进步。

话虽如此，社会学家和社会科学家对ABM的使用方式也不尽相同。随着本书的展开，这一点将更容易理解。一些科学家使用ABM作为传统数学模型的扩展，也就是说，在基于方程的模型无法找到解析解时作为补充之用。一些定量社会学家利用ABM将主体互动引入统计模型，即从"因素"转化为"行为者"。还有人利用它们在更加复杂、更大规模的仿真系统中探索经验证据/实验证据的内涵。总而言之，当需要考虑主体的异质性和复杂的互动形式且方程不能有效地表达系统行为时，很多人用 ABM 来完全替代方程模型。因此，虽然我们都有兴趣从社会互动的角度来解释社会结果，但传统的科学方法和 ABM 方法是完全不同的，而且两者的差异水平比较大。

此外，对于主体及其不可简略的属性（能够使计算机代码仿真社会主体的行为）甚至还没有一个普遍认同的定义。这类研究尚处于起步阶段，我们应该期待多元化和多样性。这也反映出定义的问题极其敏感。比如，一些学者的研究贡献区分了 ABM 和基于方程的模型之间的差异；有些学者推算出计算机代码能够逼真地仿真人类行为的最低认知需求。另一些学者则坚持认为，需要丰富的认知模型来观察社会互动，使他们的方法有别于简化、物理导向的方法。

必须承认，我越来越怀疑自己在定义问题上浪费了太多时间，因而我在这点上变得越来越宽容。这也是我在本书中有关定位的问题上着墨不多的原因。读者找不到讨论社会主体最低认知的任何字眼，也没有出现诸如广义认识论偏差、突变属性、一阶和二阶属性之间的差异、附加性、浸入性以及其他类似的语句。

我唯一感兴趣的是通过观察（几乎真实的）社会结构中主体的行为和互动，展示一个模型对于关键的社会学难题的解释能力，资深的认知科学家称之为"行为主义"。有些学者可能认为这种观点有些粗略，但我想弄明白的是，一个模型是否包含方程，用 10 个行为参数代替 3 个，比起它解释某些事情的能力，哪个才是更重要的？

显然，解释需要方法论，这是第四章的主题。值得一提的是，最近对方法问题的关注有所上升，ABM 学术共同体已经认真处理了大部分方法问题。在本书中，我讨论了主要的方法步骤，比如用 ABM 的术语定义研究问题，建模的模块化、模型的报告和发布等规范化问题。

我特别关注两个关键方面，即重复验证和多级验证。重复验证指"同行重新运行给定模型进行独立检查的过程"；多级实证有效性检验指"对相关模型参数进行检验且根据经验数据对仿真结果进行评估的过程"。

在我看来，ABM 便于主体间的测试是这类研究有益于社会学的一个关键点。通过加强逻辑严谨性和对同行检验的开放性，积累成果使之成为一项真正综合性的科学事业和学科研究。我在本书的许多部分坚持了这一点，因为我认为这是当前社会学非常严重的薄弱点。

不幸的是，正如大多数科学家所证实的，重复验证几乎得不到回报。相反，我认为重复验证对于捍卫理论发现应该是可重复验证的、经验性的和可概括的观点至关重要。显然，要使重复验证成为共同体中一项简单、组织有序以及习以为常的任务，还有许多工作要做，不过这方面已经取得了重大进展。为了强调这一点，我详细介绍了几个重复验证的成果。第一篇发表在《美国社会学杂志》（*American Journal of Sociology*）上，讨论了居住区隔离问题。第二篇发表在《人工社会与社会仿真杂志》（*Journal of Artificial Societies and Social Simulation*）上，讨论了市场中陌生人之间的信任与合作。在这两个案例中，同行都重复验证了以前的模型，发现了其中的局限性，并对原始发现进行了扩展。原来的作者也有机会更好地详细展示其模型的重要方面并加以改进。在这两个案例中，每个人在成败攸关的特殊问题上都得到了更好的结果。

另一点是将模型和经验数据联系起来。这意味着对仿真输入进行校准并根据经验数据验证仿真输出的结果。这种双重联系非常重要，因为社会学中没有囊括微观层面的过程和充分描述主体互动"情境"（即特定宏观约束的背景）的理论，而充分的描述往往会决定截然不同的解释。

因此，我们面临的挑战不仅是在宏观层面上重复／生成观察到的统计规律，而且要从在经验上可以明确界定的微观假设着手。一方面，其中的优势体现在 ABM 是一种数据生成工具，也就是说它生成的人工数据模式很容易与实际数据进行比较；另一方面，在微观层面很难收集到控制良好、完整的数据。

为了提出实现这一目标的方法，我列出了各种数据收集方法，如实验方法、利益相关者方法、定性方法和定量方法，并提供了 ABM 经验性校准和有效性检验的例子。显然，稳定的方法和技术标准还没有制定出来，但这些例子可以为经验导向型社会学家提供指导和实践做法。

在最后一章，我将回到在前言和第一章中提出的最重要的观点，提出一个基于主体的计算社会学的前瞻性观点。我将关注共同体未来面临的挑战。简而言之，我们无法摆脱社会学的显微特征。要理解社会形态的形成，我们不能仅从宏观尺度考察，而是需要发现真正相关的行为和互动细节。社会系统的观察尺度之间存在极大的错配。

基于主体的计算社会学有助于我们理解复杂的社会难题并不总是由复杂的主体行为引起的，而是主体基于相对简单行为的互动结果；也可以帮助传统的定量社会学家认识到，认真考察微观基础并不意味着去考察没有任何社会学含义的复杂认知或者心理调查。

最后，我添加了一个由两部分组成的附录。附录一的目的在于提供更多信息来了解社会学的 ABM 研究。我列举了一份名单，包括已经开展此项研究的研究中心、ABM 研究学者所在的协会、经常发表 ABM 研究论文的最具代表性期刊，以及提供了一份仿真工具的简要指南名单，可以帮助读者了解如何入手。

附录二包括第二章和第三章提及的一些模型的仿真代码。我只列举了自己使用过的例子。为了帮助读者练习其他例子，我创建了一个提供支撑材料的网页，访问网址是 www.eco.unibs.it/computationalsociology。读者可以从中找到更多信息以及本书中列举的大多数例子。我希望可以鼓励年轻学者使用 ABM，并遵循严格的方法标准。

我还要强调的是，这里提出的每个论点都极大地受益于许多同事的讨论、意见和建议，他们非常友好地与我分享自己的关切和热情。显然，我无法一一感谢所有人，但至少我要让他们知道，对我而言他们的重要性难以估量。我要感谢每一位对本书的章节手稿以及与之相关的论文提出建议和意见的同仁，包括阿玛德雷萨·阿萨普尔（Ahmadreza Asgharpour）、詹贾科莫·布拉沃（Giangiacomo Bravo）、罗萨里亚·孔特（Rosaria Conte）、彼得·戴维斯（Peter Davis）、西莫内·贾比埃利尼（Simone Gabbriellini）、奈杰尔·吉尔贝特（Nigel Gilbert）、大卫·拉内（David Lane）、詹卢卡·曼佐（Gianluca Manzo）、卡罗伊·塔卡克斯（Károly Takács）、皮得罗·特纳（Pietro Terna）和克劳斯·G. 特罗伊奇（Klaus G. Troitzsch）。感谢里卡尔多·博埃罗（Riccardo Boero）和克罗迪奥·甘代利（Claudio Gandelli）为附录中的仿真代码所提供的帮助。除此之外，其他同事也在我的这场研究探险中起到了重要的作用。其中，我要特别感谢詹卡洛·普罗瓦西（Giancarlo Provasi），他在我开始攻读博士学位时第一次向我介绍了这类研究。

我还要感谢博士研究生和年轻学者们。在过去几年里，我有机会与他们讨论本书的主要主题。他们对我来说很重要。这本书主要是为这类读者准备的，即那些满怀创新热情和期望投入社会学的人。首先，我要感谢每年参加我在布雷西亚开办的社会仿真课程的博士研究生，他们激励我详细讲解这种社会学认识论和方法论的所有含义，并领会到 ABM 与其他传统社会科学方法相结合的益处。2008 年 7 月，我曾在布达佩斯举办的中欧大学（CEU）暑期大学讲授"复杂系统与社会仿真"；2011 年 2 月，我在乌得勒支为一群荷兰博士研究生讲授"基于主体的仿真高级课程"；2011 年 7 月，我在吉尔福德举办的第二届 ESSA 社会仿真暑期学校教授"实验性基础社会仿真"课程。在以上场合中，我都遇到了一些有挑战性的听众。我要感谢拉斯洛·古里亚斯（Laszlo Gulyas）、吉奥吉·坎皮什（Gyorgy Kampis）、维尔吉妮娅·迪吉努姆（Virginia Dignum）和弗兰克·迪吉努姆（Frank Dignum）夫妇以及奈杰尔·吉尔贝特对我的邀请。

特别感谢我在GECS的同事里卡尔多·博埃罗、詹贾科莫·布拉沃和马尔科·卡斯泰拉尼（Marco Castellani）。在那里，我们将实验研究和ABM研究结合在一起。感谢他们在目标、激情和时间上的分享，从不同角度丰富了我对研究问题的理解。只希望本书能有助于传播我们的思想，找到新的同行者。

最后，鉴于本书的许多部分已经以论文和演讲的形式在不同会议上呈现，这里仅列举最重要的会议：2002年在普罗旺斯艾克斯召开的计算经济学学会（Society for Computational Economics）第八届年会；2002年在博洛尼亚举办的"RASTA 2002"国际工作坊，主题为"受控制的基于主体的社会系统"；2003年在奥格斯堡召开的"EMAEE 2003会议"，主题是"以知识为本的经济：方法论、理论和政策的新挑战"；2004年在科布伦茨举办的"EPOS 2004"工作坊（主题为"仿真的认识论视角"）；2007年在曼彻斯特举办的"EMAEE 2007会议"，主题为"全球化、服务与创新：知识经济的动态变迁"；2007年在图卢兹召开的欧洲社会仿真协会（European Social Simulation Association）第四届年会；2008年在莱顿举办的"面向社会转型的计算和数学方法"工作坊；2008年在布雷西亚召开的欧洲社会仿真协会第五届年会；2009年在加尔贡萨举办的第一届ICORE大会，主题为"声誉"；2009年在都灵召开的"机制与分析社会学"国际工作坊；2009年在吉尔福德召开的欧洲社会仿真协会第六届年会；2010 年在卡塞尔召开的第三届社会仿真世界大会。

在这些会议上，与许多同行的讨论使我受益匪浅，他们间接或直接影响了我对社会学、建模和解释的看法。感谢他们，让我明白了所谓科学是真正的集体事业的意义所在。

最后但同样重要的是，感谢威立（Wiley）的团队，特别是伊拉里亚·梅尼科尼（Ilaria Meliconi）对策划本书的信心、希瑟·凯（Heather Kay）的支持以及理查德·戴维斯（Richard Davies）对"后浪"作者特别的耐心。特别感谢罗伯特·科茨（Robert Coates）和朱迪丝·戈勒姆（Judith Gorham），他们修改了我的意大利式英语并帮助我提高了文本的可读性。

第一章
基于主体的计算社会学内涵

　　毫无疑问，在过去 20 年里，计算机在社会研究中的应用发生了根本性变化（Heise and Simmons 1985；Gilbert and Abbott 2005）。在过去（甚至今天），社会科学家使用复杂的方程组代表给定的系统结构并用计算机求出解析解，或者普遍使用估计数据的统计模型。从 20 世纪 90 年代起，他们开始以一种创新的方式使用先进的计算技术来仿真和分析社会结构中主体互动的内涵（例如，Epstein and Axtell 1996；Axelrod 1997a；Epstein 2006；Miller and Page 2007）。

　　计算社会学，即使用深度计算方法来仿真社会现象，并不是最近才发展起来的（Brainbridge 2007）。它是社会学的一个分支，在某种程度上可以追溯到始自 20 世纪 60 年代的长期珍贵传统。当时，在结构功能主义系统理论的影响下，计算机仿真被用来对系统中的控制和反馈机制进行建模，如组织、城市或全球人口。其思路是仿真复杂的微分方程模型，以预测人口分布作为系统因子的函数，如城市交通、移民、人口变化或疾病传播。受福里斯特有关世界动力学的著作（Forrester 1971）以及系统论、控制论观点的启发，这项工作的重点在于系统和集合、预测，而非理解和解释主体和行为（Sawyer 2005）。

然而，与这种趋势相背，一些先驱者开始使用计算机仿真来研究微观社会过程的模型。20 世纪 60 年代，詹姆斯·S. 科尔曼领导的研究中心在美国社会学领域的计算机研究方面最为活跃。在约翰·霍普金斯大学，他发表了一些有趣的文章，论述在社会学中运用仿真模型研究主体互动的成因（Coleman 1962，1964b）。在法国，雷蒙·布东发表了一篇将仿真模型视为关键要素的文章（Davidovitch and Boudon 1964）。几年后，在雷蒙·布东有关社会学的数学方法名著中，他系统地研究了基于方程的模型与计算机仿真模型从微观、宏观角度理解社会过程的相同点和不同点（Boudon 1970）。这些重要的社会学家超越了他们的时代，开启了 20 世纪 90 年代"主体转向"的先河。

计算机仿真方法和技术与时俱进，我们将在后文中讨论。自 20 世纪 90 年代，社会学家开始明确地对主体、互动和环境（即地理空间、机构设置和 / 或社会结构）进行建模，分析作为微观互动结果属性的宏观社会总量。应用于研究的计算能力上升，加上它无处不在的分散特性，第一个基于主体的建模开源仿真平台得以创建和推广，便携式电脑也能很方便地管理这套平台。这项研究技术的创新为社会研究中"基于主体的转向"创造了条件，有助于基于主体的计算社会学的形成。

本章的目的在于介绍基于主体的计算社会学，即利用对嵌入社会结构（如社会网络、邻里空间或制度框架等）的异质性主体之间的社会互动进行计算机建模来研究社会形态。第一节确认先驱者和开创者。赫伯特·西蒙、詹姆斯·S. 科尔曼、雷蒙·布东、托马斯·谢林和马克·格兰诺维特等前辈对这项研究的影响很大。我们会发现，这些学者的著作之间不仅存在某种一致性，而且是与当今社会学的某些流派相连的"重要一环"（fil rouge）。这些流派的观点都围绕着社会学研究的"生成性"方法。最近，上述研究都以"分析社会学"的名义完成了系统化，其重心放在根据主体的互动解释社会形态上，其中基于主体的建模发挥了关键作用（Hedström and Swedberg 1998；Hedström 2005；Bearman and Hedström 2009；Hedström and Ylikoski 2010；Manzo 2010）。

第二节阐述了这种新型社会学的主要观点，包括：①模型的首要地位，②生成性解释方法，③以务实的方法处理微观与宏观的联系，④过程与变化是社会学调查的关键要素，⑤运用模型进行演绎和归纳、理论和数据之间的协调，⑥倾向于跨学科／问题导向型的研究风格。从①到⑤的思想在文献中已有呈现，第六点仍然处于潜育期，但重要性不言而喻。

第三节阐述 ABM 作为一种工具如何使这种新型研究成为可能。值得注意的是，基于主体的计算社会学不能完全与ABM 混为一谈，因为后者在物理、生物学和计算机科学中也有不同的用途。在这里，ABM 专门针对社会行为和社会

2　互动的属性，解决经验社会学相关的难题。在不涉及技术细节的情况下，比较 ABM 与其他仿真技术，可以检验 ABM 在社会学研究中的特殊性。

最后，第四节介绍了 ABM 的分类，阐述其应用于研究的差异性。某些将理论与经验数据相链接的内涵将在第四章中详细讨论。相关例子和对实质性问题的关注将在第二章和第三章中讨论。

第一节　先驱者和开创者

也许出乎意料的是，ABM 方法在社会学中有着宝贵的思想遗产。与传统的数学社会学一样，有一种观点认为形式化模型可以使社会学更加科学（Coleman 1964a；Fararo 1969）。然而，ABM 方法并没有舍弃解析解或者自上而下的演绎。事实上，ABM 视角支持社会学模型中更复杂的观点，包括理论应该是自下而上的数据探索的结果，模型应该考察非线性、局部的主体互动和全局失衡的系统行为，而不是预先构建的结构行为和均衡。它赞同这样一个观点：计算形式化可以通过揭示非显而易见的机制和提供理论测试来帮助改进理论构建的过程。

然而，ABM 方法目的在于开发社会学丰富的模型，对社会行为及其互动属性进行仿真。事实上，ABM 方法旨在理解在更具功能主义色彩、宏观导向型的仿真方法中，什么是理所当然的，例如系统动态，即主体互动产生的社会形态、结构和行为。这也有助于我们了解某些社会形态在什么条件下可能在现实之中出现。

在对这类研究贡献最大的学者中，有一位并不是社会学家，他是诺贝尔奖获得者赫伯特·A.西蒙。作为20世纪最杰出的社会科学家之一，西蒙在人工智能、组织科学和心理学等广泛学科领域中都颇具影响力。他有一个十分简单的观点，即社会系统在宏观层面和微观层面的复杂性之间没有同构性。在许多情况下，前者不过是在简单的微观过程中互动的结果。因此，计算机仿真在利用微宏观的方法来对复杂的社会系统进行简化和建模方面至关重要（例如，Simon 1969）。

西蒙还对理解他所说的"理解不足的系统"（poorly understood systems）感兴趣。也就是说，建模者对管理内部系统的规律知之甚少或一无所知。针对这些类型的系统，西蒙提出简易计算机仿真的基本原理。他认为：

> 如果我们感兴趣的方面来自各个部分的"组织"，该组织独立于单个个体组成部分的所有属性（少数除外），那么针对不具备内部系统特性的系统行为相似性的研究尤为可行。（Simon 1969，p. 17）

3

第一点启示是，了解个体之间的互动机制对于观察社会系统的复杂行为至关重要；第二点启示是，社会学通过确定互动的解释力，可以省去对每个个体行为的详细了解，同时避免通过假定宏观社会主体的自主性因果关系来理解宏观系统行为。后者应被视为完全由有组织性的微观过程所塑造出来的。

显然，西蒙对于社会科学 ABM 方法的贡献并不仅限于此。值得一提的还有他对人类行为基础的研究和有限理性理论（Simon 1982）。所有受其影响的 ABM 研究者都在试图理解有限理性的群体如何在经济和社会的不同领域自发地、内生地产生集体智慧的模式（例如，Epstein and Axtell 1996）。[①]

20 世纪 70 年代，诺贝尔奖得主托马斯·C. 谢林开创性地研究了微观与宏观的联系，构建了著名的隔离模型，对基于主体的计算社会学产生了不可估量的影响。他于 1978 年出版的《微观动机与宏观行为》一书颇具影响力。在该书的开篇，他使用简单的例子说明了以主体互动理解宏观行为的关键挑战所在：

> 当然，也有一些简单的情况，其中集体仅仅是个体的外延（extrapolation）。如果我们知道每个司机都在

[①] 诺贝尔经济学奖获得者、奥地利经济学家弗雷德里希·冯·哈耶克（Fredrich von Hayek）虽然在社会学领域影响力有限，但他是最早认识到研究集体社会属性重要性的学者之一。他认为，集体社会属性源自主体分散、去中心化、局部的互动（例如，Hayek 1976）。在某种程度上，他可以视作当代复杂适应系统理论的创始人之一。该理论与基于主体的计算社会学有很多共同点。事实上，复杂适应系统理论旨在理解有限理性、自适应的主体之间去中心化、局部的互动，这些主体的简单行为可以创建出具有鲁棒性、智能性和灵活性等特性的集体形态，如灵活性和抗环境干扰的弹性（例如，Anderson, Arrow and Pines 1988）。尽管系统 - 环境方法在很大程度上被社会学家低估了，但是它可能很重要，因为它可能有助于社会学家从个体 / 集体 / 环境的维度扩大对个体 / 集体的关注以及从进化的角度进行推理。值得注意的是，后者在当前社会学中被极大地忽视了。

天黑的时候打开车灯，那么我们可以依此推测出从直升机上能够看到一个区域内的车灯同时亮起来……但如果多数人只是看到部分迎面而来的汽车已经开灯了才打开自己的车灯，那么从空中观察到的景象就会不一样。在第二种情况下，司机根据他人的行为做出反应，并同时影响着他人的行为。人们对周围环境做出反应，而这个环境中的其他人则对他们周围的环境做出反应，而他们的环境又是由人们的反应组成的。有时候这种动态过程是序贯的……有时候这种动力也会相互影响……在人们的行为或选择依赖于其他人的行为或选择的情况下，通常不能通过简单加总或者外推得到集体行为。为了找到它们之间的关系，我们通常需要考虑个体和他们所处的环境之间的互动体系……有时候结果是出乎意料的，不容易猜测到。有时分析起来很困难，无法确定。但这些不确定性的分析也能够提醒我们，不能仅仅以所观察到的集体行为就做出有关个体倾向的结论，也不能仅仅以我们所了解或猜测的个体倾向就做出有关集体行为的结论。（Schelling 1978，pp. 13-14）

当涉及非线性主体互动时，微观和宏观层面的映射困难在于避免各个层面的社会系统分析相互混淆或对比的前提（Squazzoni 2008）。这一点在谢林著名的隔离模式中表现得很明显，现在已成为 ABM 文献中的一个标准例子，其中居民流动和种族、肤色隔离的动态（即美国许多大城市的长期模式）被解释为并非种族主义偏好的结果，而是基于

社会影响和互动方面（我们将在第三章详细讨论这个模型）
（Schelling 1971, 1978）。再以谢林的"偶然行为"（contingent
behavior）思想为例，个体行为取决于他人的行为，强调研
究主体互动的相关性，才可以了解个体行为如何带来非计划
性、非预期性的社会形态。如果仅考察总体层面，社会学无
法解释这些模式的来源[1]。

　　20 世纪 70 年代末和 80 年代初，马克·格兰诺维特有
关理解社会系统中集体行为的学术贡献证实了这一点（例如，
Granovetter 1978；Granovetter and Soong 1983，1988）。继
谢林之后，格兰诺维特贡献了大量关于集体行为的"临界质
量"或"临界点"模型的文章。他也在畅销书排行榜中的大
众科学领域名列前茅（例如，Gladwell 2001；Ball 2004）。

　　格兰诺维特对暴乱人群受到的社会影响进行建模，并检
验互动结构的相关性，证明当互动和偶然行为很重要时，"从
总体结果推断个体倾向（的方法）非常危险"（Granovetter
1978，p. 1425）。在他看来，社会学最重要的一点是理解
"特定情境"（situation-specific）的聚合过程。格兰诺维特的
原话是：

　　　　阈值模型通过将矛盾的结果解释为聚合过程的结
　　　　果，将"陌生感"从集体行为主体的头脑中剔除，将其

---

[1]　这是对迫田（Sakoda）棋盘模型遭到忽视的直觉感知。二战期间，迫
　　　田曾在美国的日本少数民族安置中心工作。20 世纪 40 年代后期，他在
　　　博士学位论文中构建了棋盘模型，后来与谢林的文章发表于同一期杂
　　　志（Sakoda 1971）。

纳入情境的动态。这类模型在小群体环境中以及有大量参与者的环境中可能非常适用。它们最大的用处在于分析众多主体的行为方式取决于彼此所处的情境，在这种情况下，几乎没有制度化的先例，也几乎没有预先存在的结构……为分析它们［这些情境］而提供工具是将社会学理论中微观层面与宏观层面联系起来的重要任务的一部分。（Granovetter 1978，p. 1442）

两位著名社会学家詹姆斯·S.科尔曼和雷蒙·布东也研究了主体互动在决定社会形态中的关键作用。20 世纪 60 年代，科尔曼不但在发展数学社会学方面做出重大贡献（Coleman 1964a），而且致力于通过计算机仿真扩展基于方程的模型。与当时的功能主义思潮相反，他认为计算机仿真可以激发社会学基于主体的转向。他正确地预测到，这种方法将有助于从社会制度传统及其"社会推断的大规模问题"向"可通过系统研究进行研究的问题"的"方式转变"（Coleman 1962，p. 61）。

他还举了一些有趣的例子来说明如何使用仿真模型弥补使用分析演绎模型无法充分详细地研究社会机制的缺陷，以及如何使用定量数据和定性数据。1964 年，在一篇关于基于方程的模型和计算机仿真的评论文章中，他强调，分析演绎使社会学家只能通过孤立、简单的微观过程来反映社会互动的某些组成部分。鉴于社会过程与一个复杂的系统紧密相连，计算机仿真将这些过程综合成形式化的模型以了解其对系统行为的影响变得极为重要（Coleman 1964b，p. 1046）。

在提到一个社会群体中三元关系的齐美尔式案例时，科尔曼写道："这个例子说明了社会仿真的一般策略：将特定结构配置中的已知微观过程连接在一起，以便检验系统层面的结果"（Coleman 1964b，p. 1054）。他强调，可以把仿真模型视为"个体（绝大多数社会学家观察的基础）和其感兴趣的社会系统之间的桥梁"（Coleman 1964b，p. 1055）。他通过预测基于主体的转变得出结论："未来，大部分社会仿真将目标明确的主体作为其主要要素"（Coleman 1964b，p. 1059）。

与此同时，布东研究了一个仿真模型，并检验 1879~1931 年法国国家检察官对废弃案件的起诉率。这个理论模型旨在发现历史数据中的精确统计模式。运用计算机仿真预测数据的主要优点之一，就是可以生成经验性的可测试数据。他指出，该模型旨在"验证关于机制的一组假设，这些机制导致在经验上观察到比率的变化"。他还指出，仿真的附加价值在于帮助形式化模型生成特定模式，"可以根据经验观察的统计模式进行比较"（Davidovitch and Boudon 1964，pp. 212，217–218）。具体而言，该模型的关键在于揭示随着时间推移，犯罪的严重性和频率与起诉分类的变化之间的相互作用。这种互动也导致废弃案例率在经验观察中的变化。

在随后对计算机仿真社会过程更为系统的贡献中，布东解释了分析与仿真模型之间的相似性和差异性。在相似性方面，他强调了规范、简化、简约是任何严格的社会学调查之基石的思想。在差异性方面，他指出计算方法可以帮助社会学家克服数学所带来的分析可处理性的限制，这样的限制使社会学这种处理复杂系统的学科处于不利地位。

因此，布东认为，在某些情况下，计算模型可能不仅仅扩展了基于方程的模型，若系统包含复杂的互动且没有可能的数学对应物时，它们更应该被视为完全的、形式化、全新的方法。在这类情况下，其目的不是帮助进行演绎分析，而是为了促进归纳观察（Boudon 1970，pp. 379–380）。根据有关这些模型的经验，布东还指出通过检验互动效应，仿真模型可以弥补统计模型处理社会学在这些重要方面的不足（Boudon 1970，p. 402）。

这一贡献之所以重要，还有另一个原因。布东引用了布雷顿（Breton）模型的例子。该模型是检验团队组织中合作规范的产生，强调该模型强大的"现实主义"。他所说的现实主义意味着，该模型允许社会学家"排除规范内化概念的不精确因素"，并理解社会规范"可以在社会上支配……仅仅是理性个体行为的综合结果"（Boudon 1970，pp. 386–387）。正如我们将在本书中看到的，这种"现实主义"的附加价值理念和方法论的个体主义基础是基于主体的计算社会学所固有的。

随后，布东提出了社会学中的"生成模型"（generative models）概念，研究社会行为的意外宏观后果（Boudon 1979，1984）。罗伯特·豪泽（Robert Hauser）针对布东关于教育和社会不平等的名著发表评论文章之后，布东在回应文章中通过对比描述性的数据阐述了生成性方法，并讨论了社会学中基于变量的理论化的局限性。他以谢林的隔离模型为例，并为有关简化理论模型附加价值的观点辩护，写道："我们必须超越统计关系，探索它们背后的生成机制"
（Boudon 1976，p. 1187）。

简而言之，这些作者都强调了基于主体的计算社会学的关键思想之一，即通过对微观机制给予应有的关注，"生成模型"能够以主体互动解释社会形态的相关性。这一思想最早由罗伯特·K.默顿（Robert K.Merton）在 20 世纪 40 年代末提出。他认为社会学的挑战既不是产生所有的广泛理论，也不是让世界各地的大学图书馆里塞满详细而引人入胜的经验主义图书，而是如何运用可用的理论模型研究明确的经验性难题的因果机制（Merton 1968）。

科尔曼在 1962 年撰写的一篇关于仿真模型附加价值的文章中也表达了这一观点：

> 仿真也许是个错误的名词，因为它暗示要详细反映一个社会系统的实际运作。与之迥然相异的是，仿真的目的在于对理论过程进行计算机编程，进而考察会生成什么类型的行为系统；在个体层面和人际层面整合某些过程，进而考察在更高水平的系统中会出现怎样的后果。（Coleman 1962，p. 69）

这一观点提及了在社会科学中使用仿真的一个关键点。仿真模型的目的不是反映经验性现实的复杂性，而是抽象出引发系统行为的某些微观社会机制。

最近一位为 ABM 在社会科学领域的普及做出贡献的杰出社会科学家是罗伯特·阿克塞尔罗德（Robert Axelrod）。

1981 年，他与进化生物学家 W.D. 汉密尔顿（W. D. Hamilton）一起在《科学》（*Science*）杂志上发表了一篇文章，构造 ABM 来展示互惠在一群理性自利的主体合作中起到的关键作用（Axelrod and Hamilton 1981）。几年后，他出版了著名的开创性著作《合作的进化》（Axelrod 1984），对 ABM 在合作与社会规范领域的应用产生了重大影响，并展示了实验、博弈论和计算机仿真结合使用的潜力。ABM 领域迅速发展为一种跨学科的方法，并获得《自然》（*Nature*）、《科学》和《美国科学院院报》（*PNAS*）的认可（将在第二章中举例）。

继阿克塞尔罗德最初的贡献之后，美国和欧洲的社会科学研究开始使用 ABM 方法。在美国，20 世纪 80 年代末和 90 年代初建立的位于新墨西哥州的圣塔菲研究所（Santa Fe Institute）成功启动了一项全球研究计划，即探索包括社会科学在内的许多复杂系统的共同特性。他们使用了第一个 ABM 开源仿真平台，即 SWARM（Minar et al. 1996），现在由 SWARM 开发小组（http://www.swarm.org/index.php/ Main_Page）维护。

SWARM 由圣塔菲研究所的一个多学科团队于 1994 年首次发布，从而开始形成一个由开发人员 / 用户组成的大型跨学科共同体。SWARM 的成功证明了存在一个对 ABM 研究感兴趣同时也对社会科学感兴趣的共同体在不断发展。这个共同体活力十足，为丰富的 ABM 平台市场敞开了大门。约书亚·M. 爱泼斯坦和罗伯特·阿克斯特尔（Epstein and Axtell 1996）撰写的《成长中的人工社会：自下而上的社会科学》和阿克塞尔罗德（Axelrod 1997a）撰写的《合作的复杂性：基于参与者竞争与合作的模型》并没有提到圣塔菲研究所主办的复杂系统和经济学研讨会的会议成果（Arthur, Durlauf and Lane 1997），却已将这类研究推广到世界各地，并广受欢迎。

8　　与此同时，在欧洲举办了一系列关于社会科学领域中计算机仿真的基础性会议和工作坊。第一次于 1992 年在吉尔福德举办，对于建立 ABM 社会科学家的科学共同体至关重要。这次会议成果广为流传，首次描绘了 ABM 研究可能跨越社会科学、计算机科学和自然科学学科障碍的画卷（例如，Gilbert and Doran 1994；Gilbert and Conte 1995；Hegselmann, Mueller and Troitzsch 1996；Conte, Hegselmann and Terna 1997）。1998 年《人工社会与社会仿真杂志》的创刊是这一进程的神圣时刻。随后，其他重要杂志出版特辑[1]证明了这一领域的日益成熟。

第二节　基于主体的计算社会学主要观点

基于主体的计算社会学将围绕以下六个方面展开：①模

---

[1]　以下是一些刊载了社会科学领域 ABM 研究的特刊：*American Behavioral Science* 1999, *IEEE Transactions on Evolutionary Computation* 2001, *Journal of Economic Dynamics and Control* 2001 and 2004, *Computational Economics* 2001 and 2007, *Proceedings of the National Academy of Sciences* 2002, *Artificial Life* 2003, *Journal of Economic Behavior and Organization* 2004, *Journal of Public Economic Theory* 2004, *Physica A* 2005, *American Journal of Sociology* 2005, *Advances in Complex Systems* 2008, *Journal of Economics and Statistics* 2008, *Nature* 2009, *Synthese* 2009, and *Mind & Society* 2009。

型优先于宏大理论和描述性描述（descriptive account）；② 生成性解释方法；③以务实的方法处理微观与宏观的联系；④在演绎和归纳、理论和数据之间寻求一个包容的中间地带；⑤关注动态、过程和变化；⑥倾向于跨学科／问题导向的研究风格（Squazzoni 2010）。

一 模型至上

模型是经验性目标对象的一种简化（即规模小、不够具体、不太复杂或以上特点一应俱全）的表现形式，例如社会结构、制度、系统或现象（Gilbert and Troitzsch 2005，p. 2）。它不是直接研究经验性目标对象，因为这不可能或很困难，而是缩小目标对象的规模，将其简化，使其更易于处理，或用类似的案例替代（例如，经济系统的水力学模型或思维的计算机模型）。它可以有一个理论目标，例如理解微观过程的理论假设的宏观含义；或者有一个更具经验性的目标，例如从现有原始数据中描绘直觉感知（Hartmann and Frigg 2006）。

约书亚·M. 爱泼斯坦列举了在社会科学中建立模型的详细原因（未按重要性排序）：

[预测]，解释，指导数据的收集，阐明核心的动态，提出动态化类比，发现新问题，促进科学思维习惯的发展，将（一揽子）结果限制在合理范围内，说明关键的不确定性，提供接近真实的危机选项，展示权衡／建议的效率，通过扰动挑战主流理论的稳健性，利用可

9

用的数据揭示主流知识的矛盾之处，培训从业人员，规范政策对话，教育普罗大众，揭示表面上简单（复杂）事物的复杂（简单）之处。（Epstein 2008，1.9）

不管出于什么原因，通常情况下，模型使现实通过科学术语更易于理解。相当大比例的研究是根据这些术语而不是现实本身开展的（Hartmann and Frigg 2006）。它们具有学习功能，因为科学家通过操纵模型发现特征和确定事实，能够准确地了解目标。在这种情况下，模型本身将成为"真实"的研究对象，因为只有它才能接受同行的审查、扩展、测试和比较。

除了科学模型的一般附加价值外，社会学使用形式化模型还有具体的原因。运用形式化模型，社会学家可以开展学科讨论，将对话从叙事说服转化为有根据、有组织、真正有建设性的批评。模型是理论的初步演练，与实践保持紧密联系。比较和检验叙事经验存在困难以及理论例子的非形式化证明，建模的附加价值在于保证科学发现在主观层面的累积性（Giere 1999；Manicas 2006）。

这一点至关重要。基于主体的计算社会学的主要目标之一是将社会学的焦点从宏大的理论和描述性的经验性理论转移到特定社会现象的形式化模型（Giere 1999；Frank 2002；Buchanan 2007）。这种精确、清晰和详细的区分对于分析复杂的社会现象至关重要。同时，无可辩驳的证据表明，一些属性很难从非形式化、叙事的理论中获得（Hedström 2005）。倡导建模的原因还有，基于主体的社会学也超越了数学社会学的局限性，它克服了后者为了简化分析而做出的绝大多数假定中存在极端简化的问题（更多详细信息参阅下一节）。因此，它可以重新获得那些对数学建模及过度抽象感到沮丧的社会学家的信任（Squazzoni and Boero 2005）。

从模型角度思考对社会学来说还有其他相关优势，爱泼斯坦已列举了一些。首先，如上所述，它运用了社会学的想象力，便于观察现实，不是现实的简单镜像或重复验证，而是重新认识抽象要素和基本要素。其次，它训练社会学家通过泛化进行解释，即在不同的经验性情境中发现共同的属性。必须指出，这项活动在社会学学科中不幸地被大部分人所忽视，而这是任何学科实现科学进步的基础。再次，它预先安排了社会学分析以进行经验性验证，因为这样更容易对模型的假设和发现进行经验性检验，而非结构有误、非形式化的观点。同时，当模型为我们指出方向时，它也更容易收集有趣、适当的数据。此外，由于任何原因（如道德禁忌、时间或资源限制或缺乏来源）无法收集经验数据时，它允许我们处理人工数据。这是 ABM 特定的附加价值。最后，模型可以成为许多学科的焦点，有利于跨学科协作。

二　生成方法

ABM 是理解社会机制、审视宏观模式的一种手段。其理念是自下而上更好地理解社会系统的宏观行为，而非从一组变量及其预定义关系开始。这是 ABM 方法相较于其他运用计算机研究社会形态的真正独特之处（Castellani and Hafferty 2009，p. 135）。

正如之前所示，生成性解释的理念并非最近才发展起来的（例如，Boudon 1979；Barth 1981；Hedström and Swedberg 1998；Cederman 2005）。生成性解释也是某些有影响力的社会学家的目标，他们从未在工作中使用过形式化模型（例如，Elster 2007；Gambetta 2009）。我要强调的是，ABM 允许我们大规模地将这一理念付诸实践，在考察主体互动的宏观含义难以在现实或者以社会学家的想象力实现时具有无与伦比的优势。社会学家的想象力在缺乏具体模型强有力的参照时往往是一种拙劣的操作，或者说只有当真正的天才在追求想象力时才见成效。当模型的学科化帮助我们以组织化、生产性的方式讨论研究成果，有助于模型可重复验证、可验证，社会学的想象力才能更好地发挥力量。总而言之，对社会行为进行描述或者非形式化处理非常难以实现这一点。

约书亚·M. 爱泼斯坦利用"生成性实验"的理念将这种方法总结如下：

> 在一些宏观角度的"解释"——一种规律性的解释的基础之上，基于主体的经典实验如下所示：将自洽、异质的主体初始群体置于相关空间环境之内；允许他们按照简单的、局部的规则进行互动，从而生成或"发展"自下而上的宏观规律……事实上，这种实验并不新鲜，而且原则上它不一定涉及计算机。然而，计算技术的最新进展以及基于主体的计算建模的大规模出现，使生成性研究项目的开展具有前所未有的规模和活力。（Epstein 2006，p. 7）

假设我们需要解释一个宏观模式 k_r，就要构建一个 k_r 的 ABM，因为我们有证据证明或直觉上感觉 k_r 是一个复杂结果，不能完全通过直接观察或分析推断来理解。假定 A，B，C，…是我们在解释 k_r 时要用到的假设、微观规范或模型要素，希望它们在确定 k_r 时能发挥作用。它们可能包括主体的数量和类型、主体遵循的行为规则、互动结构（主体如何交互）和主体所处宏观情境的约束。请注意，我们可以称之为"模型参数"，前提是记住它们可以是定量的（例如主体的数量）和定性的（例如主体遵循的行为规则）。

现在，假设 A_1，A_2，A_3，…，B_1，B_2，B_3，… 和 C_1，C_2，C_3，…是模型要素理论化可能出现的变量。"生成性实验"在于探索要素 A，B，C，…其中之一生成 k_a，即仿真的情境应与实验情境 k_r 进行比较。这里的思路是，如果 A_2，C_1，D_3，N_5 允许我们生成 $k_a = k_r$，那么 A_2，C_1，D_3，N_5 应该被视为 k_r 的"充分生成条件"，因此，这是对 k_r 的生成性解释（Boero and Squazzoni 2005）。

根据爱泼斯坦的研究（Epstein 2006，p. 8），利用 ABM "能够生成利益的宏观规律"是将其作为解释本身的必要条件。如果解释意味着生成（通过主体在给定的环境下的互动模式，在详细检验中确定和显示生成过程），那么 ABM 是确定候选解释的关键，这种解释可以引导经验性研究。如博埃罗、斯夸佐尼、弗兰克、特罗伊奇等人的研究（Boero and Squazzoni 2005；Squazzoni 2008；Frank, Squazzoni and Troitzsch 2009）所讨论的，考虑到社会形态对微小的背景和偶然的微观细节具有高度敏感性，从发现充分性转变到识别充分性和必要的生成性条件需要认真地进行相关性实证检验（详细内容见第四章）。然而，尽管存在不充分和不完整，但发现"候选解释"，如生成性解释，对于社会学自身而言是一个至关重要的进步。

值得注意的是，生成方法有助于解释复杂的社会系统，而自上而下的分析演绎是一个糟糕的方向。复杂系统中充满了相互纠缠的关系，因此分析式的分解难以把握。这仅仅意味着将系统行为分解为各部分的行为是不可行的，因为这样会舍弃互动（Casti 1994，1999）。正如我们将看到的，社会系统"复杂性"的根源在于社会互动，因此个体行为不只是宏观水平上的聚合，好像个体是孤立的"原子"，其行为也要遵循普遍、可预测的原则。

个体在社会结构中的嵌入性决定了聚合过程存在深刻的非线性，这种非线性导致宏观结果极其复杂，很难预测和解释，即使原则上我们了解个体行为（在大多数情况下，我们并不了解）。此外，个体在行为、信息以及社会结构中的地位方面存在内在的异质性，这意味着大数法则以及对平均行为的关注不足以理解系统行为（Miller and Page 2007）。

如果自上而下的分析式分解不成立，那么分析演绎也不成立，因为我们找不到关于系统行为的强有力理论。从宏观层面来总结在微观层面具有统计特性的平均行为基本上是一幅不精确的图样。因此，我们必须采取相反的方向。这就意味着需要自下而上的建模来探索各种微观规范和观察宏观后果。这就是爱泼斯坦提出"生成性实验"（Epstein 2006）背后的理念，也是基于主体的计算社会学最重要的思想。

三　宏观与微观之间的关联 [①]

有关社会系统的微观基础与宏观属性之间的争论是社会学学科的根基（例如，Alexander et al. 1987；Ritzer 1990；Huber 1991；Sawyer 2005）。一方面，许多理性选择和社会学主观主义的支持者认为，对社会结果的解释应该简化为对个体理性和有意义行动的解释；另一方面，结构社会学家和社会系统理论倡导者认为，社会学自身应该脱离行为科学，理解社会现实在结构及其形式和功能方面的具体本体（如"规范""文化""角色"）。因此，宏观社会属性以及个体行为都应被理解为由其他宏观社会属性所产生。在第一种方法中，社会结构的作用和对个体行为的约束被认为是理所当然的。在另一个相反的极端，社会本体论的支持者过于强调社会结构的重要性，而低估了个体异质性和行动相关性（Granovetter 1985）。

这些激烈的争论也可以解释社会学家对"涌现"（emergence）一词的双重理解和矛盾理解。一方面，科尔曼等学者强调理解个体行动如何结合并产生宏观社会系统层面的涌现属性的相关性。科尔曼介绍了"涌现"概念，坚定地宣称，"唯一的行动发生在个体行动者层面，而只有行动系统作为一个整体时，才会存在'系统层面'的涌现属性"（Coleman 1990，p. 28）。这个观点接近于认识论者所说的"弱涌现"、"认识论涌现"或者"随附性"，意指宏观行为是微观行为的结果属性，尽管因果关系通常很难明确（例如，Bedau 1997；

---

① 本节完全参考了 Squazzoni（2008）。

Silberstein and McGeever 1999；Kim 2006）。

另一方面，阿谢尔（Archer 1995）和索耶（Sawyer 2005）等作者强调宏观层面涌现的社会结构可以对微观层面的个体产生因果力（因此可以行动）。在这种情况下，宏观社会层面被视为一个由认识本体的实体构成的"社会阶层"（social stratum），这个实体不同于低级实体（即个体）。这个观点接近于认识论者所称的"本体涌现"、"强涌现"或"向下的因果关系"（Silberstein and McGeever 1999）。

值得注意的是，最近，社会学中相应的立场与过去相比变得越来越模糊。首先，方法论与本体论个体主义的倡导者现在似乎更倾向于考虑将制度和社会结构作为个体行为的宏观约束（Coleman 1990；Udehn 2001；Hedström 2005）。在正式制度、非正式制度/规制和制度组成方面，例如博弈规则、制度设置中的激励或者社会主体的认知和文化行为（和身份）框架，都被视为"社会状态"的主要特征，这种社会状态在使个体行动变得可能的同时对其进行限制（例如，Scott 1995；North 2005）。

此外，继布东和科尔曼之后，大多数方法论个体主义的支持者认为，社会结构对个体行为尤其是在互动情境中所处地位的影响是重要的解释因素（例如，Boudon 1984，1992；Coleman 1990；Hedström 2005）。

其次，一些宏观社会学家似乎比过去更倾向于将宏观分析和基于生成机制的解释结合起来（例如，Manzo 2007）。例如，戈德索普雄心勃勃地尝试将实证研究和理论、统计宏观社会学和个体行动理论结合在一起，他强调"对社会现象的解释不是依据社会系统的功能或目的迫切性，更确切地说应依据个体行为及其预期目标以及意外后果"（Goldthorpe 2007，p. 16）。

为了支持这种趋同，并理解微观和宏观如何具体结合在一起以确定社会系统的行为，运用形式化模型和 ABM 至关重要（Raub，Buskens and Van Assen 2011）。否则，将会延续一场有关本体论上的"鸡和蛋"（chicken and egg）之争，在微观或宏观层面无法得到任何具体解释成果。

从这方面来看，基于主体的计算社会学的主要观点之一就是 ABM 可以加强微观和宏观层面之间的联系，整合框架，并使辩论"世俗化"（secularize）。这是因为它将辩论从基础和哲学层面上升到更务实的层面。ABM 形式化形成微观和宏观层面的严格约束，不是简单的理论建构，而是要厘清以模型为基础的概念。微观社会过程对大规模宏观模式的影响可以被验证，因而也能被详细地理解。宏观模式的微观影响亦然（后续章节将提供例子）。

社会学家运用 ABM 可以研究微观机制和宏观模式形成的局部过程，以及后者对前者的时序影响，使自组织性的社会形态得以实现建模、观察、重复验证和理解。不同层次的过程之间的关系在社会学中一直难以得到实证检验，现在可以进行详细的研究了（Squazzoni 2010）。

综上所述，基于主体的计算社会学使我们能够对社会互动进行建模，这将涉及抽象和规模问题（即局部互动和整体结果），而不是本体论和范畴层面的问题（即"个体"或"社会"至上）（Petri 2011）。

14

四 过程和变化

社会学的一个传统难题是需要方法与工具来理解社会结构和制度的演化特征。大多数社会学家承认社会现象的过程性，但为了便于处理或者因为缺乏合适的建模工具，他们使用的理论和模型并没有严格反映这一理念。长期被忽视的德国社会学家诺贝特·埃利亚斯精辟地强调了其所谓的"社会学家撤退到当下"（the retreat of sociologists into the present）给理论发展和实证研究带来的风险（Elias 1987）。他的对策是"过程视角"，此举能够将当前的社会形态纳入适当的时空维度，发现历史变化、动态和过程的影响，以理解当下。

ABM 是将过程、变化和长期动态结合起来作为社会学核心的重要手段。利用计算机，ABM 具备了再生产、合成和可视化时空动态的能力，有助于社会学家根据主体互动和随时间变化的过程来思考社会形态。社会形态不再是固定的结构或者线性变化的结果，而是类似于具体社会现实的非线性互动过程的结果，其中主体的行为受制于社会影响，同时又作用于社会影响。没有仿真，就无法开展"倒带"（rewinding the tape）过程和探索不同场景，而这些正是研究长期、复杂的社会动态的关键（例如，Frank，Squazzoni and Troitzsch 2009）。

不幸的是，除了少数例外，这种视角在人类学或考古学中比在社会学中似乎更加广泛（例如，Costopoulos and Lake 2010）。例如，在人类学中，兰辛和克雷姆对巴厘岛的农业社区进行建模，该社区受到 20 世纪 60 年代以来"绿色革命"引发的危机的影响。当时，自上而下的规划者都批评农民使用旧式社会结构管理灌溉和农业，支持大规模的农业技术进步。运用一个基于实证的 ABM，他们展现了巴厘岛的社会文化结构与其环境约束随着时间推移共同演化为自组织、可持续发展的路径（Lansing and Kremer 1993）。仿真结果有助于展现过去的社会结构相比于激发大规模农业技术的"绿色革命"如何更具适应性，因此农民的抵制并非如规划者所宣称的那样由宗教保守主义驱动。这个模型的说服力及其结果也有助于决策者改变其做法。这是一个很好的例子，说明一个模型如果着眼于动态、进化和随时间的社会变迁，就能获得很好的解释性结果。

另一个著名的例子是阿纳萨齐（Anasazi）模型。它与政策含义的关联性不大，但是对从环境到社会要素等各种类型的经验数据具有示范意义，这些数据可用于校准重要的模型参数。这个模型由圣塔菲研究所一个跨学科团队开发，调查了一个古老社区的历史，该社区从公元前最后一个世纪到公元 1300 年位于美国西南部四角地，但在几年时间里就从该地区消失了，并没有任何敌人入侵或发生严重环境灾难的证据（Dean et al. 2000）。

15

仿真有助于"倒带"，证明先前使用环境因素的相关性解释阿纳萨齐故事是错误的。与之类似，贝尔热、内宁格、范德莱乌（Berger，Nuninger and van der Leeuw 2007）建立了一个基于实证的模型，考察公元前 1000 年至公元 1000 年的中莱茵河谷，研究其特殊的社会文化结构如何解释古老社会系统应对环境扰动的进化弹性（另见 Kohler et al. 2007；Varien et al. 2007；Wilkinson et al. 2007）。

通过检验复杂社会结构或者长期制度演变的决定机制，并运用仿真重构特殊的历史细节，研究可以提供演变的解释，将定量发现和定性观察结合在一起（Lane et al. 2009）。

五　左右逢源

社会学的一个主要问题在于理论和实证研究很少相互加强甚至相互理解。罗伯特·K. 默顿就是最早强调社会学发展理论和经验主义之间过度脱节的学者之一（Merton 1968）。ABM 的建模态势在这方面可以产生潜在的创新性后果，因为它可以对经验证据与理论进行调和（Squazzoni and Boero 2005）。

首先，ABM 可以追求"科学研究的第三条道路"，即将演绎和归纳结合起来（Axelrod 1997b）。像演绎一样，建模者从一套关于严格审查的系统的假设着手，但其目的不是给出定理的分析证明。相反，模型会产生适合归纳分析的（人工）数据，有助于全面理解假设的逻辑含义，以及发展对互动过程宏观结果的直觉感知。同时，相比于典型的归纳，数据来自人工观测系统，而非对真实世界的直接观测（例如，Axelrod 1997b；Gilbert and Terna 2000）。

这一点很重要，因为社会学家常常被迫调查现实，但没有机会收集经验数据。而通过生成"真实的"数据，有利于根据经验数据（如果有的话）验证调查结果，并且可以更有效地指导数据收集过程。与此同时，也可以进行经验验证，以及从经验数据中提取理论含义。

事实上，ABM 可以在演绎和归纳之间左右逢源，显示出其受到各种社会科学的影响，这取决于目前演绎或归纳在运用中谁更具有统治地位。在数学形式主义领域，抽象和演绎是其研究风格的支柱。就像在经济学中，ABM 已经成为一种将更多的基于经验的假设转化为理论的方式，由此放弃了大量高度抽象的假设。

特别是 ABM 为基于主体有限理性和非均衡动态的复杂性开辟了方法上的可能性（例如，Tesfatsion and Judd 2006）。在定性证据、叙述性描述以及由归纳构成主导研究风格的学科中，如人类学，ABM 通过形式化、简化复杂的叙事结构以及经过理论测试后扩大经验证据等手段加强了严谨性（Squazzoni 2010）。考虑到社会学领域自身基本上包含了这样的差异，ABM 可以在学科中倡导定性和定量的学者群体之间架起跨越鸿沟的桥梁。

六 跨学科

ABM 提高了科学学科之间跨学科重组的可能性，甚至带来了希望（例如，Kohler 2000）。这是因为模型可以聚焦各类专家的观点，达成综合的方法，将有关方面整合进同一模型（Epstein 2008）。一个很好的例子是 ABM 文献中最早流行的模型之一，即爱泼斯坦和阿克斯特尔命名的"糖域"（Sugarscape）（Epstein and Axtell 1996）。该模型包括在空间结构中造成污染、死亡、自我再生产、继承资源、共享信息、交易、传播疾病、互动的主体，因而可以合并检验人口、

16

经济和社会方面及其对集体行为的影响。

20 世纪 90 年代，在社会科学领域，"人工社会"的初始理念已经渗透到 ABM 最初的一些例子中（详情见第四节），也就是将计算机仿真视为一种手段，探索学科之间不寻常的联系，并帮助相关领域的各类专家之间开展对话（例如，Conte，Hegselmann and Terna 1997）。

跨学科重组从研究问题的首要性而不是学科专业出发，涉及"共同工作"（working together）理念和不同研究方法的交叉。这点非常重要，因为现实问题没有学科界限。在这个过程中，ABM 不只是一种方法，还发挥主导作用，帮助连接定性和定量研究结果、微观证据和宏观含义。一个很好的例子是，在社会生态系统和共同资源管理中已经开展这类研究。在这类研究中，定性案例研究、定量调查、田野和实验室实验以及 ABM 相互关联，甚至共同进行（例如，Poteete，Janssen and Ostrom 2010）。

跨学科重组过程仍处于初级阶段，学科自然会倾向于自行其是。然而，这可能会对社会学的未来产生重要影响。首先，鉴于社会学关注的问题范围广泛，涉及不同的实体、过程和层次，跨学科性增强了实现理论概括和制定分类方法的可能性。

例如，在跨学科合作领域（见第二章），可以在原子、分子、个体、社会和生态层次上对解释机制进行区分、比较和排列，研究人员因而开始彻底理解一般特征以及任何特定层次上出现的特殊性。这可以增进专家之间的相互理解，为个体现象或者利益层次的全局性影响描绘一幅更加连贯的画面。

17

其次，跨学科有利于共享建模路径、技术和最优方法实践，有助于创新的传播。对于社会学而言，减少学科领域的自我参照和降低狭隘性非常重要。社会学是一门相当保守的学科，研究技术和方法的创新总是受到各种约束。因此，有理由期望，只有同其他学科分享观点和方法，社会学家才能参与这样一个真正的集体事业。

显然，这种研究是最近的创新，因而这方面仍然是潜在性的。目前，我们还无法预测专家之间的合作日益加强后在认识论和制度上产生的全部结果，因为专家们过去都被限制在各自狭隘的特定领域，可能最终形成惯性。然而，显而易见的是，ABM 的观点倾向于创新过程。事实上，目前，知识前沿毫无疑问地围绕着跨学科的本质问题，比如合作、社会生态系统和社会应用性计算。以上几个例子说明不同学科的专家正在切实地开展合作并分享观点、方法和概念。

第三节 什么是 ABM

ABM 可以定义为"一种能够帮助研究人员利用在环境中互动的主体组成的模型进行创造、分析和实验的计算方法"（Gilbert 2008，p. 2）。从技术角度来看，这种建模工具代表了人工智能的历史性转折及其在社会科学领域的应用。[①]

作为 ABM 的基础，分布式人工智能的兴起和面向对象

---

① 对社会科学领域的计算机仿真进行技术分析，以及对各种已经得到充分开发的仿真工具进行比较，可以参考 Gilbert and Troitzsch（2005）；对 ABM 的技术分析，参见 Gilbert（2008）。

技术的普及始于 20 世纪 90 年代。研究人员能够将主体建模作为计算机程序独立的部分或不同的部分，其中可能包含异构变量、参数和行为。主体可以通过交换信息和通信协议进行互动，并且能够对环境做出反应，学习、适应和改变行为规则。因此，建模者可以让计算系统中的主体具有人类的典型认知和行为属性，同时可以通过对环境（即社会结构和制度）进行编程来仿真真实社会不同程度的细节。

与基于方程、统计和标准仿真的模型不同，ABM 可以帮助社会学家：①通过对个体行动者进行建模，仿真真实世界行为者的认知和社会特征，实现模型和真实世界在本体论上的关联；②纳入主体的异质性，例如行为规则、信息、资源以及在既定社会环境中的地位，而基于方程的标准模型为了实现分析的可处理性，通常假设同质、代表性的主体或者根本没有主体；③从宏观上研究非线性主体的互动（以各种形式）及其（长期）后果，这样可以将宏观模式作为局部互动自下而上涌现的特征，进行历时研究（Fararo and Hummon 2005）；④提供明确、具有代表性的环境（即地理空间、制度规则和 / 或社会结构）及其对主体行为和互动的约束；⑤提供复杂的可视化技术，能够观察和研究复杂、动态的互动（Epstein and Axtell 1996；Gilbert 2008）。

因为具备这些特性，ABM 不同于计算机仿真的那些先驱，如系统动力学、微观仿真和细胞自动机（例如，Troitzsch 1997）。系统动力学将社会系统行为视为社会结构互动的结果；尽管微观仿真以微观单位为基础，如家庭或个体，但无法观察社会互动。最后，尽管细胞自动机在许多方面与 ABM

相似，但其提供的有关人类行为和社会互动的内容过于简单。让我们对这些计算机仿真技术的特征进行详细分析。

系统动力学最初是在 20 世纪 50 年代发展起来的，目的是帮助企业管理者更好地理解工业流程，现在通常用于支持公共部门与私营部门的政策分析和管理。系统动力学虽然包括非线性互动，即任何给定系统变量的变化取决于其他变量的行为，但从一开始便假定系统行为是系统的结构成分、因素或变量之间循环和延时关系的结果（Randers 1980；Hanneman and Patrick 1997；Gilbert and Troitzsch 2005）。因此，它不允许对异质的微观行为以及宏观变量之间的相互依赖和反馈进行建模。正因为如此，其前提是系统结构的完整事前知识和描述，刚好与基于主体的计算社会学的真正解释背道而驰（Grüne-Yanoff and Weirich 2010）。

微观仿真是一种侧重于个体单元的建模技术，例如个体、家庭、车辆或公司，并将其视为包含唯一标识符和一组关联属性的记录。如果这个单元是个体列表，那么记录来自经验调查或数据集，可能与年龄、性别、婚姻和就业状况有关。建模者假设某些确定的转换概率足以改变每个模型单元的状态和行为。这可能是税收的变化或预测结婚概率的随机过程。其目的是估计转换概率对某些利益的聚合变量的影响。尽管微观仿真包括主体的异质性，但至少在分布参数方面（但不是行为方面），微观仿真不包括单元之间的互动，因此无法深入了解社会互动（Gilbert and Troitzsch 2005）。

细胞自动机在许多学科中用于对单元之间的局部互动进行建模并观测其宏观含义。细胞自动机由规则的细胞网格组成，每个细胞网格都处于有限数目的状态之一，例如"开"和"关"。随着时间的推移，细胞网格根据相邻细胞的状态而改变状态。细胞自动机的许多属性和 ABM 有诸多重叠之处，但它将分散的微观实体之间的互动问题简化为单个的同质参数。主体行为同步更新的理念对于理解复杂的社会互动来说只是贫乏的近似（Hegselmann 1996；Troitzsch，1997，2009；Gilbert and Troitzsch 2005）。

可以说，社会学家已经发现 ABM 作为合适的建模工具，用以从复杂社会系统的主体互动来考察社会形态的涌现（Gilbert 1996），这并不会让人吃惊。然而，目前在社会学中甚至在所有社会科学学科中，还没有对运用 ABM 的常见方式形成普遍共识。

在理想情况下，我们可以确定两种方法，对 ABM 与传统分析研究之间的关系进行不同的解读（Axtell 1999）。第一类研究者运用 ABM 来支持和补充分析模型，其目的是利用计算能力扩展演绎分析。某些固定、闭合的解决方案在原则上和事实上是可能的，但通过微分方程系统找到解决方案几乎不可能或者非常困难。因此，ABM 被设想为数学模型的扩展，使用面向对象编程语言来重复验证或转换基于方程式的对象。

第二类研究者是在面临分析模型不适用时，使用 ABM 完全替代该分析模型。在这种情况下，使用面向对象编程语言及其逻辑对一个自洽、异质的主体系统进行建模（Liebrand 1998），其中宏观系统行为事先是未知的且不可能得到一个固定、闭合的均衡解。利用编程语言的逻辑和强大功能以及仿真模型，可以具体地观察和理解这种系统的行为（Bedau

1997）。这样，这种方法便实现了 ABM 语言（即面向对象，基于逻辑、指令和规则）和大多数社会学理论能表达出来的语言之间的最优同构（例如，Gilbert and Terna 2000）。

正如我们所见，这两种理想的典型方法在基于主体的计算社会学中实现了共存，使那些很难理解该领域演变的模型和具有长期潜力的模型之间有了明确的技术区别。第一种方法更倾向于泛化，通常与传统的理论框架相关联，例如博弈理论。因此，ABM 社会学家与传统的形式化科学走得更近。

第二种方法更适合构建复杂且经验性强的模型，其中主体行为异质性的实证细节的水平更为重要。在这一方法下，ABM 社会学家更接近实证社会科学家。鉴于 ABM 方法在社会学中的相对新颖性，有理由预测，这些差异在未来并不会减少。这也许是有益的，因为社会学将继续是一门分支众多的学科，会以不同的方式、方法和细节程度来调查现象。

第四节　ABM 在社会研究中的应用分类

从模型的目的以及模型与实证的联系来看，可以将社会研究中的 ABM 分为五种类型（见表 1-1），即人工社会、抽象模型、中层混合模型、基于案例的模型和应用仿真。抽象模型、中层混合模型和基于案例的模型是 ABM 分析应用的模板，其作用是明确解释社会现象（尽管它们处于不同的实证细节和理论概括层面）。人工社会更多地与"人造的"（synthetic）方法和探索性方法结合起来使用计算机仿真。应用仿真是一种研究 / 行动方法。

20

表 1-1　ABM 在社会学领域的运用

	人造模型		分析模型		应用模型
	人工社会	抽象模型	中层模型	基于案例的模型	应用仿真
定义	在计算机上构建的社会系统替代品	有关普遍社会现象的理论模型	已经明确说明实证范围（即明确说明实证现象类别）的理论模型	（时空）界限分明的实证现象	重复验证具有适当细节的给定真实系统
目的	整合现实社会生活的组成部分，以探索无法通过实证或实验进行研究的社会行为和结构演变重要方面的直觉感知	通过不反映任何具体明确的实证案例的模型进行理论建构和发展	增进对某类特征验现象在不同实证案例之间差异性和相似性的理解，有助于对建立在特定实证难题之上的理论的经验案例进行比较	经过仔细筛选后得到系统典型，合理评估社会系统的复杂性	获得有关给定系统功能的知识以解决问题，协助规划者和决策者，或者提高对真有关主体的行为以及其决策结果的相关认识
积极的结果	在更精确的研究中结合／尝试使用新的视角，有助于专业知识之间的连接，扩大研究社会难题的视野	研究泛化，揭示社会系统不显眼的属性，拓展揭示性假设，为实证研究提供理论框架	增强理论与经验证据之间的联系，逐步发展并一以贯之阐明有关特定经验难题的理论解释	相关的阐述性案例研究可以为理论大厦的扩建提供直觉感知，为中程理论提供现有理论	改进研究／行动方法，改进对真实生活的学习，通过利益相关者的参与调整现有理论
批评的观点	很难将结果转换为经验性，可测试的发现	很容易忽略真实的经验解释（explanandi）	很难概括研究结果，也难以对单一案例进行实证检验	理论泛化	理论泛化

21, 22

在详细介绍每种模型之前，有必要提醒的是，为了描绘 ABM 在社会学中的应用景象，我们将不会关注不同类型模型之间的关系。以博埃罗和斯夸佐尼（Boero and Squazzoni 2005）提出的鱼类市场模型（fish market models）为例，我们将 ABM 的不同分析应用视为"连续统一体中的类型"。这更多地涉及模型泛化和验证的认识论问题，与此处的论述无关（详见第四章）。

显然，另一个需要提及的重要问题是，这些类型模型的开发程度并非完全一致，因为在社会学中占主导地位的还是分析性应用，但这并没有削弱每种类型模型的附加价值及其推动学科发展的潜力。

人工社会是在计算机上构建的社会系统替代品。建模者的目标是使用计算机真实地再现社会生活的形式，以便研究出于各种原因在实证研究或实验研究中无法观察到的社会现象，例如受到道德、时间、预算的限制或者缺乏数据。因此，这种类型的模型无法精确地解释实证难题或者检验经验数据，它们只是探索现实社会系统的替代品。创建这种替代品意味着整合社会生活的基本组成部分，其最初理念是"人工生活"（artificial life）研究（例如，Langton 1997），即在计算机上构建系统帮助探索以实际系统中的社会行为演变为重要方面的直觉感知。

这类模型本质上是跨学科的，因为它们通常涉及不同领域和学科的视角，如人口学、语言学、社会学、经济学、环境和认知科学。例如，坎杰洛西和帕里西（Cangelosi and Parisi 2002）将这类模型应用于研究语言学的影响。目前，除了吉尔伯特等人（Gilbert et al. 2006）之外，这种类型的研究在社会科学领域的进展很慢。但其重要性体现在通过连接以前不相关的专业知识，可以勾勒远大的前景，为更精确的研究提供新视角。此外，这类模型还可以提供"假设"（what-if）场景，可以揭示不易被察觉的现实特征。

抽象模型关注普遍范围的社会现象。它们既不是在受限的经验现象中精挑细选的代表，也不是经验现象特定类别的模型。抽象模型的目标是支持理论建构和发展，主要特征之一是泛化。在卡莉（Carley 2002）看来，如果基于案例的模型是基于"真实性"的，那么抽象就是以"透明性"为基础的，因为它们的目标是在"奥卡姆剃刀"（Occam's razor）下对细节进行抽象，以简化对主体间性的审查。正如我们将看到的，运用抽象模型，建模者可以发现社会互动不为察觉的属性，并提供可用于实证研究的理论框架。

23

中层模型是基于实证的理论模型，旨在研究引发具有共同特点的经验现象的特定社会机制。这类模型可能基于程式化的事实或直接的经验证据。在另一部著作中，我们使用"类型化"（typification）概念来表示这类模型是韦伯式的（即启发式模型），能够帮助我们理解在特定类型的经验中运作的某些社会机制，例如生物技术集群中的创新，当地社区的共同财产管理或者鱼市中的制度设置（Boero and Squazzoni 2005）。[1]

---

[1] 正如科塞所强调的，韦伯式的"理想类型"至少有三种（Coser 1977）。第一种是历史路径中的理想类型，如著名的"新教伦理"或"资本主义"例子。第二种是有关社会现实的抽象概念，如"官僚制"。第三种是社会行为的合理化类型，例子有经济理论和理性选择理论。这些都是"理想类型"一词可能具有的不同含义。我们认为，前两种类型是指启发性的理论结构，旨在理解经验现实，而第三种是"纯粹"的理论（以及规范）目的。这种冗余的含义遭到强烈的批评。根据我们的分类，中层模型仅包括前两种含义，而第三种含义指我们所说的抽象模型。

这类模型具有启发价值和实用价值，但并不完全适用于经验现实，因为这类模型的设计不是为了代表所有可能的经验实例，而经验现实正是其解释的目标（Willer and Webster 1970）。因此，原本对基于案例的模型来说非常重要的定量分析要素，如准确度、精密度和真实性在这类模型中就不那么重要了。

根据韦伯式的"理想类型"，这类模型综合了"许多扩散、离散、或多或少存在、偶尔不存在的具体个体现象，根据片面强调的观点将这样的现象安排为一个统一的分析结构"（Weber 1904），其原则是这些模型距离实证案例越远，启发价值越强。

在这里，我们将所谓的中层模型视为默顿式函数，因为这类模型位于抽象模型和简单的经验描述之间，指向明确的解释范围或目标，往往在理论和实证分析之间架起一座桥梁，有利于特殊实证领域理论研究成果的系统化。

它们有助于增进对常见现象类型的经验数据之间的差异性和相似性的理解（例如，Hedström and Udehn 2009）。默顿认为，这类模型既有助于发展成熟的理论从而获得可验证的发现，又能够从根本上发展和阐明理论解释（Merton 1968）。

基于案例的模型具有实证的时空限定目标域。这是因为经过详细审查的现象具有特殊性和个体特征，也就是马克斯·韦伯所说的"历史性的个体"（Weber 1904）。建模者的目标是获得关于实证状态的准确性、精确性和可靠性的完备知识。正如拉金所言，基于案例的模型的目标在于"找到合适的复杂性"，而不是"实现通用性"（Ragin 1987）。社 24

会学中的某些方法论传统，如民族志方法论，过于强调理论模型和理论性描述之间的差异。例如，这方面研究尝试主观地表达主体的直接经验。显然，不能将基于案例的模型视为"理论的"模型。事实上，它们是建立在预先设定的理论假设的基础之上，通常使用通用建模框架。碎片化的理论发现或众所周知的理论经常被用来解决实证困惑与构建模型。

毫无疑问，继韦伯（Weber 1904）之后，基于案例的模型有时只允许我们叙述一个"特定的故事"。然而，无可争议的是，基于案例的模型的相关性及可能性在很大程度上取决于其与理论框架之间的关系。这就意味着，科学案例大多只是一种更广泛现象之中的特例，比如中层理论的一部分。为了泛化局部解释，基于案例的研究结果必须推广到其他类似的现象和普遍的理论层面的抽象，例如与中层模型进行比较或有所发展。

回到前面提到的阿纳萨齐模型的例子，不得不强调的是，通过重构居住在四角地的古代人口的特定历史，研究发现有助于说明类似的人口在类似的历史时期面临的某些历史和环境问题。因此，相关的阐述性案例研究可以为理论建构提供启示。为此，可以使用不同的标准方法将案例研究泛化成中层理论（例如，King，Verba and Keohane 1994；George and Bennett 2004）。

最后但也非常重要的一点在于，应用仿真是对具有充足细节的给定真实系统的重复验证，以便获得关于解决重要的实际问题的知识，协助规划人员和决策者，支持在组织中重新设计选项，或者提高真实系统中个体的知识和自反性。

在这里，分析者构建的特别模型应该尽可能接近真实系统，因为必须根据具体情况制定政策，重新设计结论。在应用社会科学、环境科学以及管理科学和组织科学中，这类模型改进了研究 / 行动方法，促进真实主体的学习，在某些情况下通过利益相关者参与而调整现有理论（例如，Squazzoni and Boero 2010）。此外，这类模型还可以帮助人们正确认识科学研究对解决实际问题的直接贡献。

最后，值得注意的是，最近其他作者提出了和我们相似的分类。格吕内 - 亚诺夫和魏里希提出了类似的 ABM 分析方法（Grüne-Yanoff and Weirich 2010）。他们提出"完整解释"和"潜在解释"的划分，前者包括经验现象的类型，用于解释具体的经验现象（例如我们提出的中层模型）；后者意味着对大规模解释域的理论抽象（例如我们提出的抽象模型）。在我们的案例中，这种分类试图将模型目标和解释的特殊性联系起来。吉尔伯特提出"抽象"、"中层"和"重复验证"（facsimile）模型的划分（Gilbert 2008），可谓殊途同归。

综上所述，每种模型都有自身的积极特点和有待商榷的问题。人工社会可以支持探索难以观察的社会学难题，促进反事实思维，克服学科障碍。不幸的是，很难将这类模型的发现转化为可以进行实证检验的内容。抽象模型对于科学的进步至关重要，但是抽象研究很容易忽略与实证相关的方面。中层模型在很大程度上可以将证据和理论联系起来并专注于特定的社会机制。然而，运用这类模型对单一的重要案例进行实证检验以及理论概括对我们来说都是很难完成的挑战。

25

基于案例的模型可能有助于确认通用模型的有效域，使用历史案例可能会促进理论建构，但其理论泛化需要收集大量组织良好的证据，这些证据并不总是唾手可得。最后，应用仿真可能有助于弥补代表性和现实性之间的差距，并促进针对具有挑战性的社会问题制定解决方案。不幸的是，通常很难将其研究发现转化为科学的调查。

参考文献

Alexander, J.C., Giesen, B.,Münch, R., and Smelser, N.J. (eds) (1987) *The Micro-Macro Link*, University of California Press, Berkeley.

Anderson, P.W., Arrow, K.J., and Pines, D. (eds) (1988) *The Economy as an Evolving Complex System*, SFI Studies in the Sciences of Complexity, Addison-Wesley, Reading, MA.

Archer, M.S. (1995) *Realist Social Theory: The Morphogenetic Approach*, Cambridge University Press, New York.

Arthur,W.B., Durlauf, S.N., and Lane, D.A. (eds) (1997) *The Economy as an Evolving Complex System II*, Addison-Wesley, Reading, MA.

Axelrod, R. (1984) *Evolution of Cooperation*, Basic Books, New York.

Axelrod, R. (1997a) *The Complexity of Cooperation: Agent-Based Models of Competition and Collaboration*, Princeton University Press, Princeton.

Axelrod, R. (1997b) Advancing the art of simulation in the social sciences. *Complexity*, 3(2), 16–22.

Axelrod, R. and Hamilton, W.D. (1981) The evolution of cooperation. *Science*, 211, 1390–1396.

Axtell, R. (1999) Why agents? On the varied motivations for agent-based computing in the social sciences, in *Proceedings of the Agent 1999 Workshop on Simulation: Applications, Models, and Tools* (eds C.M. Macal and D.L. Sallach), Argonne National Laboratory Report, Chicago, pp. 3–24.

Ball, P. (2004) *Critical Mass. How One Thing Leads to Another*, Arrow Books, London.

Barth, F. (1981) *Process and Form in Social Life: Selected Essays of Fredrik Barth*, Routledge & Kegan Paul, London.   26

Bearman, P. and Hedström, P. (eds) (2009) *The Oxford Handbook of Analytical Sociology*, Oxford University Press, Oxford.

Bedau, M.A. (1997) Weak emergence. *Philosophical Perspectives*, 11, 375–399.

Berger, J.-F., Nuninger, L., and van der Leeuw, S. (2007) Modeling the role of resilience in socioenvironmental co-evolution. The Middle Rhône Valley between 1000 BC and AD 1000, in *The Model-Based Archaeology of Socionatural Systems* (eds T.A. Kohler and S. van der Leeuw), SAR Press, Santa Fe, NM, pp. 41–59.

Boero, R. and Squazzoni, F. (2005) Does the empirical embeddedness matter? Methodological issues on agent-based models for analytical social science. *Journal of Artificial Societies and Social Simulation*, 8(4), accessible at: http://jasss.soc.surrey.ac.uk/8/4/6.html.

Boudon, R. (1976) Comment on Hauser's review of *Education, Opportunity, and Social Inequality. American Journal of Sociology*, 81, 1175–1187.

Boudon, R. (1970) *L'analyse Mathématiques des Faits Sociaux*, 2nd edn, Plon, Paris.

Boudon, R. (1979) Generative models as a research strategy, in *Qualitative and Quantitative Social Research: Papers in Honor of Paul F. Lazarfield* (eds R.K. Merton, J.S. Coleman, and P.H. Rossi), The Free Press, New York, pp. 51–64.

Boudon, R. (1984) *La place du Désordre. Critiques des Théories du Changement Social*, Presses Universitaires de France, Paris.

Boudon, R. (1992) Action, in *Traité de Sociologie* (ed. R. Boudon), Presses Universitaires de France, Paris, pp. 21–55.

Brainbridge, W.S. (2007) Computational sociology, in *Blackwell Encyclopaedia of Sociology* (ed. G. Ritzer), Blackwell Reference Online.

Buchanan, M. (2007) *The Social Atom. Why the Rich Get Richer, Cheaters Get Caught, and Your Neighbor Usually Looks Like You*, Bloomsbury, New York.

Cangelosi, A. and Parisi, D. (2002) *Simulating the Evolution of Language*, Springer, London.

Carley, K.M. (2002) Simulating society: the tension between transparency and veridicality, in *Proceedings of the Agent 2002 Conference on Social Agents: Ecology, Exchange and Evolution* (eds C. Macal and D. Sallach), Argonne National Laboratory, Arbonne, IL, pp. 103–114.

Castellani, B. and Hafferty, F.W. (2009) *Sociology and Complexity Science. A New Field of Inquiry*, Springer-Verlag, Berlin Heidelberg.

Casti, J. (1994) *Complexification: Explaining a Paradoxical World through the Science of Surprise*, John Wiley & Sons, Ltd, New York.

Casti, J. (1999) The computer as a laboratory: toward a theory of complex, adaptive systems. *Complexity*, 4(5), 12–14.

Cederman, L.-E. (2005) Computational models of social forms: advancing generative process theory. *American Journal of Sociology*, 110(4), 864–893.

Coleman, J.S. (1962) Analysis of social structures and simulation of social processes with electronic computers, in *Simulation in Social Science* (ed. H. Guetzkow), Prentice Hall, Englewood Cliffs, NJ, pp. 63–69.

Coleman, J.S. (1964a) *Introduction to Mathematical Sociology*, MacMillan Publishing Co., New York.

Coleman, J.S. (1964b) Mathematical models and computer simulation, in *Handbook of Modern Sociology* (ed. R.E.L. Faris), Rand McNally and Company, Chicago, pp. 1027–1062.

Coleman, J.S. (1990) *Foundations of Social Theory*, The Belknap Press of Harvard University Press, Cambridge, MA.

Conte, R., Hegselmann, R., and Terna, P. (eds) (1997) *Simulating Social Phenomena*, Springer, Berlin Heidelberg.

Coser, L.A. (1977) *Masters of Sociological Thought: Ideas in Historical and Social Context*, Harcourt Brace Jovanovich, New York.

Costopoulos, A. and Lake, M.W. (eds) (2010) *Simulating Change: Archaeology into the Twenty-First Century*, The University of Utah Press, Salt Lake City.

Davidovitch, A. and Boudon, R. (1964) Les mécanismes sociaux des abandons de poursuites: Analyse expérimentale par simulation. *L'année sociologique*, 3, 111–244.

Dean, J.S., Gumerman, G.J., Epstein, J.M., *et al.* (2000) Understanding Anasazi culture change through agent-based modeling, in *Dynamics in Human and Primate Societies: Agent-Based Modeling of Social and Spatial Processes* (eds T.A. Kohler and J.G. Gumerman), Oxford University Press, New York, pp. 179–205.

Elias, N. (1987) The retreat of sociologists into the present. *Theory, Culture and Society*, 4(2), 223–247.

Elster, J. (2007) *Explaining Social Behavior: More Nuts and Bolts for the Social Sciences*, Cambridge University Press, New York.

Epstein, J.M. (2006) *Generative Social Science. Studies in Agent-Based Computational Modeling*, Princeton University Press, Princeton.

Epstein, J.M. (2008) Why model? *Journal of Artificial Societies and Social Simulation*, 11(4), accessible at: jasss.soc.surrey.ac.uk/11/4/12. html.

Epstein, J.M. and Axtell, R. (1996) *Growing Artificial Societies. Social Science from the Bottom Up*, The MIT Press, Cambridge, MA.

Fararo, T.J. (1969) The nature of mathematical sociology. *Social Research*, 36, 75–92.

Fararo, T.J. and Hummon, N.P. (2005) The Emergence of Computational Sociology. *Journal of Mathematical Sociology*, 20(2–3), 79–87.

Forrester, J.W. (1971) *World's Dynamics*, Wright-Allen Press, Cambridge, MA.

Frank, R. (2002) *The Explanatory Power of Models. Bridging the Gap between Empirical and Theoretical Research in the Social Sciences*,

Kluwer Academic Publishers, Dordrecht.

Frank, U., Squazzoni, F. and Troitzsch, K.G. (2009) EPOS-Epistemological perspectives on simulation: an introduction, in *Epistemological Aspects of Computer Simulation in the Social Sciences* (ed. F. Squazzoni), Springer-Verlag, Berlin Heidelberg, pp. 1–11.

Gambetta, D. (2009) *Were They Pushed or Did They Jump?. Individual Decision Mechanisms in Education*, Cambridge University Press, New York.

George, A.L. and Bennett, A. (2004) *Case-Studies and Theory Development in the Social Sciences*, The MIT Press, Cambridge, MA.

Giere, R.G. (1999) *Science Without Laws*, University of Chicago Press, Chicago.

Gilbert, N. (1996) Holism, individualism and emergent properties. An approach from the perspective of simulation, in *Modelling and Simulation in the Social Sciences from the Philosophy Point of View* (eds R. Hegselmann, U. Mueller, and K.G. Troitzsch), Kluwer Academic Publishers, Dordrecht, pp. 1–27.

Gilbert, N. (2008) *Agent-Based Models*, Sage Publications, London.

Gilbert, N. and Abbott, A. (2005) Introduction. *American Journal of Sociology*, 110(4), 859–863. 28

Gilbert, N. and Conte, R. (eds) (1995) *Artificial Societies: The Computer Simulation of Social Life*, UCL Press, London.

Gilbert, N. and Doran, J. (eds) (1994) *Simulating Societies: The Computer Simulation of Social Phenomena*, UCL Press, London.

Gilbert, N. and Terna, P. (2000) How to build and use agent-based models in social science. *Mind and Society*, 1, 57–72.

Gilbert, N. and Troitzsch, K.G. (2005) *Simulation for the Social Scientist*, 2nd edn, Open University Press, Maidenhead.

Gilbert, N., den Besten, M., Bontovics, A., *et al.* (2006) Emerging artificial societies through learning. *Journal of Artificial Societies and Social Simulation*, 9(2), accessible at: http://jasss.soc.surrey.ac.uk/9/2/9.html.

Gladwell, M. (2001) *Tipping Point. How Little Things Can Make a Big Difference*, Abacus, London.

Goldthorpe, J.H. (2007) *On Sociology. Volume One: Critique and Program*, Stanford University Press, Stanford.

Granovetter, M. (1978) Threshold models of collective behavior. *American Journal of Sociology*, 83(6), 1420–1443.

Granovetter, M. (1985) Economic action and social structure: the problem of embeddedness. *American Journal of Sociology*, 91, 481–510.

Granovetter, M. and Soong, R. (1983) Threshold models of diffusion and collective behavior. *Journal of Mathematical Sociology*, 9, 165–179.

Granovetter, M. and Soong, R. (1988) Threshold models of collective behavior: Chinese restaurants, residential segregation, and the spiral of silence. *Sociological Methodology*, 18, 69–104.

Grüne-Yanoff, T. and Weirich, P. (2010) The philosophy and epistemology of simulation: a review. *Simulation & Gaming*, 41(1), 20–50.

Hanneman, P. and Patrick, S. (1997) On the uses of computer-assisted simulation modelling in the social sciences. *Sociological Research Online*, 2(2), accessible at: www.socresonline.org.uk/2/2/5.html.

Hartmann, S. and Frigg, R. (2006) Models in science, in *The Stanford Encyclopedia of Philosophy* (ed. E.N. Zalta), Stanford University, Stanford, accessible at: http://plato.stanford.edu/entries/models-science/.

Hayek von, F. (1976) The New Confusion about Planning. *The Morgan. Guarantee Survey*, January, pp. 4–13, reprinted in *New Studies in Philosophy, Politics, Economics and the History of Ideas*, 232, 236 [1978].

Hedström, P. (2005) *Dissecting the Social. On the Principles of Analytical Sociology*, Cambridge University Press, Cambridge, MA.

Hedström, P. and Swedberg, R. (eds) (1998) *Social Mechanisms. An Analytical Approach to Social Theory*, Cambridge University Press, Cambridge.

Hedström, P. and Udehn, L. (2009) Analytical sociology and theories of the middle range, in *The Oxford Handbook of Analytical Sociology* (eds P. Bearman and P. Hedström), Oxford University Press, Oxford, pp. 25–47.

Hedström, P. and Ylikoski, P. (2010) Causal mechanisms in the social sciences. *Annual Review of Sociology*, 36, 49–67.

Hegselmann, R. (1996) Cellular automata in the social sciences: perspectives, restrictions, and artefacts, in *Modelling and Simulation in the Social Sciences from the Philosophy Point of View* (eds R. Hegselmann, U. Mueller, and K.G. Troitzsch), Kluwer Academic Publishers, Dordrecht, pp. 209–233.

Hegselmann, R., Mueller, U. and Troitzsch, K.G. (eds) (1996) *Modelling*

29

47

and Simulation in the Social Sciences from the Philosophy Point of View, Kluwer Academic Publishers, Dordrecht.

Heise, D.R. and Simmons, R.G. (1985) Some computer-based developments in sociology. *Science*, 228, 428–433.

Huber, J. (ed.) (1991) *Macro-Micro Linkages in Sociology*, Sage, London.

Kim, J. (2006) Emergence: core ideas and issues. *Synthese*, 151, 547–559.

King, G., Verba, S., and Keohane, R.O. (1994) *Designing Social Inquiry: Scientific Inference in Qualitative Research*, Princeton University Press, Princeton.

Kohler, T.A. (2000) Putting social sciences together again: an introduction to the volume, in *Dynamics in Human and Primate Societies: Agent-Based Modeling of Social and Spatial Processes* (eds T.A. Kohler and J.G. Gumerman), Oxford University Press, New York, pp. 1–18.

Kohler, T.A., Johnson, C.D., Varien, M., *et al.* (2007) Settlement ecodynamics in the prehispanic Central Mesa Verde region, in *The Model-Based Archaeology of Socionatural Systems* (eds T.A. Kohler and S. van der Leeuw), SAR Press, Santa Fe, NM, pp. 61–104.

Lane, D., Denise, P., van der Leeuw, S.E., and West, G. (eds) (2009) *Complexity Perspectives in Innovation and Social Change*, Springer-Verlag, Berlin.

Langton, C.G. (ed.) (1997) *Artificial Life. An Overview*, The MIT Press, Cambridge, MA.

Lansing, J.S. and Kremer, J.N. (1993) Emergent properties of Balinese water temple networks: coadaptation on a rugged fitness landscape. *American Anthropologist*, 95(1), 97–114.

Liebrand, W.B.F. (1998) Computer modelling and the analysis of complex human behavior: retrospect and prospect, in *Computer Modeling of Social Processes* (eds W.B.F. Liebrand, A. Nowak, and R. Hegselmann), UCL Press, London, pp. 1–14.

Manicas, P. (2006) *A Realist Philosophy of Social Science: Explanation and Understanding*, Cambridge University Press, Cambridge.

Manzo, G. (2007) Le modèle du choix éducatif interdependant. Des mécanismes théoriques aux données empiriques françaises et italiennes. *Archives Européennes de Sociologie*, 48, 3–53.

Manzo, G. (2010) Analytical sociology and its critics. *European Journal of Sociology*, 51(1), 129–170.

Merton, R.K. (1968) *Social Theory and Social Structure*, The Free Press, New York.

Miller, J.H. and Page, S.E. (2007) *Complex Adaptive System. An Introduction to Computational Models of Social Life*, Princeton University Press, Princeton.

Minar, N., Burkhart, R., Langont, C., and Askenazi, M. (1996) The Swarm Simulation System: A Toolkit for Building Multi-Agent Simulations. Santa Fe Institute, NM, accessible at: http://www.santafe.edu/media/ workingpapers/96-06-042.pdf.

North, D.C. (2005) *Understanding the Process of Economic Change*, Princeton University Press, Princeton.

Petri, Y. (2011) Micro, macro and mechanisms, in *The Oxford Handbook of Philosophy of the Social Sciences* (ed. H. Kincaid), Oxford University Press, New York.

Poteete, A.R., Janssen, M.A., and Ostrom, E. (eds) (2010)*Working Together: Collective Action, the Commons, and Multiple Methods in Practice*, Princeton University Press, Princeton.

Ragin, C.C. (1987) *The Comparative Method: Moving Beyond Qualitative and Quantitative Strategies*, University of California Press, Berkeley.

Randers, J. (1980) *Elements of the System Dynamics Method*, The MIT Press, Cambridge, MA.

Raub, W., Buskens, V., and Van Assen, M.A.L.M. (2011) Micro-macro links and microfoundations in sociology. *Journal of Mathematical Sociology*, 35, 1–25.

Ritzer, G. (1990) Micro-macro linkage in sociological theory: applying a metatheoretical tool, in *Frontiers of Social Theory. The New Syntheses* (ed. G. Ritzer), Columbia University Press, New York, pp. 347–370.

Sakoda, J.M. (1971) The checkerboard model of social interaction. *Journal of Mathematical Sociology*, 1(1), 119–132.

Sawyer, R.K. (2005) *Social Emergence: Societies as Complex Systems*, Cambridge University Press, Cambridge, MA.

Schelling, T. (1971) Dynamic models of segregation. *Journal of Mathematical Sociology*, 1, 143–186.

Schelling, T. (1978) *Micromotives and Macrobehavior*, W. W. Norton, New York.

Scott, R.W. (1995) *Institutions and Organizations*, Sage, London.

Silberstein, M. and McGeever, J. (1999) The search for ontological emergence. *The Philosophical Quarterly*, 49, 182–200.

Simon, H. (1969) *The Sciences of the Artificial*, The MIT Press,

Cambridge, MA.

Simon, H. (1982) *Models of Bounded Rationality, Volumes 1 and 2*, The MIT Press, Cambridge, MA.

Squazzoni, F. (2008) The micro-macro link in social simulation. *Sociologica*, 2(1), doi: 10.2383/26578, accessible at: http://www.sociologica. mulino.it/journal/article/index/Article/Journal:ARTICLE:179.

Squazzoni, F. (2010) The impact of agent-based models in the social sciences after 15 years of incursions. *History of Economic Ideas*, XVIII(2), 197–233.

Squazzoni, F. and Boero, R. (2005) Towards an agent-based computational sociology: good reasons to strengthen cross-fertilization between complexity and sociology, in *Advances in Sociology Research. Volume II* (ed. L.M. Stoneham), Nova Science Publishers, New York, pp. 103–133.

Squazzoni, F. and Boero, R. (2010) Complexity-friendly policy modelling, in *Innovation in Complex Social Systems* (ed. P. Arhweiler), Routledge, London, pp. 290–299.

Tesfatsion, L. and Judd, K.L. (eds) (2006) *Handbook of Computational Economics. Agent- Based Computational Economics. Volume II*, North Holland, Amsterdam.

Troitzsch, K.G. (1997) Social science simulation: origins, prospects, purposes, in *Simulating Social Phenomena* (eds R. Conte, R. Hegselmann and P. Terna), Springer, Berlin Heidelberg, pp. 41–54.

Troitzsch, K.G. (2009) Multi-Agent Systems and Simulation: A Survey from an Application Perspective, in *Multi-Agent Systems. Simulation* and Applications (eds A.M. Uhrmacher and D. Weyns), CRC Press, Boca Raton, pp. 53–75.

Udehn, L. (2001) Methodological Individualism: Background, History and Meaning, Routledge, London-New York.

Varien, M.D., Ortman, S.G., Kohler, T.A., et al. (2007) Historical ecology in the Mesa Verde Region: results from the village project. American Antiquity, 72(2), 273–299.

Weber, M. (1904) Objectivity of social science and social policy, in The Methodology of the Social Sciences (eds E. Shils and H. Finch), Free Press, New York [1949].

Wilkinson, T.J., Christiansen, J.C., Ur, J.A., et al. (2007) Urbanization within a dynamic environment: modeling bronze age communities in Upper Mesopotamia. American Anthropologist, 109(1), 52–68.

Willer, D. and Webster, M. (1970) Theoretical concepts and observables. American Sociological Review, 35, 748–757.

第二章
合作、协调与社会规范

　　如果我们从长期进化的角度来看待人类事件，有一点使我们与其他物种相区分，即两个毫无关系的个体可以通过社会规范和制度进行各种复杂形式的合作。毕竟，如果没有社会规范和制度来帮助我们克服"搭便车"的习惯并鼓励合作，金融市场、慈善信托、社会服务和献血还会存在吗？关键是，与受亲属选择驱动的社会性动物（如蜜蜂和白蚁）之间的合作不同，人类合作主要基于道德约束和文化力量，而与亲属选择相比，道德约束和文化力量不那么容易得到定义、完善或预测（例如，de Waal 2005）。

　　某些已得到研究的社会机制可以用来解释以上观点，实验结果和仿真模型之间也建立了紧密的交叉交流。最近，各种专家在绞尽脑汁地理解"合作"这一难题，有时通过协作的方法，有时通过模型测试、重复验证或扩展等间接方法。与单一学科的研究相比，各类学科之间的界限日益模糊，跨学科合作的激增将带来更多问题。对于包括社会学在内的许多学科来说，学科间的互动很有可能是一种创新，因为可以重组目前杂乱无章的学科专业。

本章着眼于社会互动中的合作与协调。以此作为讨论起点有很多原因。第一，笔者引用的例子可以凸显某种机制，这种机制在解释社会秩序的出现方面具有广泛意义，而这是有史以来最引人注目的社会学重要难题。一般而言，对社会制度和大型社会结构是如何自发和内生地从主体互动中产生 33 的理解是社会学家和社会科学家的基本辩论之一。截至目前，这场辩论还没有依赖现在可能实现的可控数据或建模技术。第二，即使我们不直接牵扯社会学家，这些例子也强调了重要的社会学要素，例如主体互动的作用和社会结构在宏观层面所起的决定性作用。

第三，某些例子使我们能够结合经验数据和模型来理解跨方法论研究的潜力。的确，从相对简化和抽象的主体互动模型着手，社会学家可以预先安排自己的研究，进行实证性校准和验证。这些例子将 ABM 置于归纳逻辑和演绎逻辑之间，这是目前社会学研究薄弱的领域。

显然，这些例子大多是对博弈论框架的扩展或修改。博弈论对于研究社会互动非常有用（例如，Kollock 1998）。博弈论容易转化为实验室实验，并通过实验进行测试。因此，了解受到良好控制的互动中的个体行为是重要的数据来源。此外，在行为科学与社会科学统一路线方面，围绕一般博弈论的概念和以模型为导向的研究风格最近迈出了重要的一步（例如，Gintis 2009）。

同样值得注意的是，研究 ABM 的科学家在社会互动建模方面遵循一种不同于传统博弈论的更具有社会学风格的方法。首先，他们不注重完美的理性和平衡，而是侧重于有限的理性、异质性和社会影响，即更为现实的社会行为和互动图景。其次，他们考虑社会结构对集体成果的影响。这些例子使我们能够回应社会学家对博弈论的批评，如斯韦德贝里认为博弈论过于注重经济学，有关社会学的内容很少（Swedberg 2001）。

一般来说，下面的例子证明了 ABM 的高度可塑性。ABM 可以弥补用标准数学模型求解析解的不可能性，从而扩展解析方法（例如，阿克塞尔罗德及鲍尔斯和金迪斯的案例）。但专家们也可以保留简式和数学约束来看待不平衡和复杂的模式，从而替代 ABM。此外，专家们强调分析解决方案以外的观察的附加价值（例如，博埃罗等人的案例）。

这些例子与学者在合作和社会规范方面进行的 ABM 研究之间存在另一个显著的区别。一些研究者的动机是找到最低限度的条件来解释社会系统中由自我构成的理性主体的合作。这个想法由两方面组成。一方面，鉴于合作是普遍存在的经验现象，对合作的最低限度理解有助于我们确定共同属性，并区分人类和非人类群体的特殊性；另一方面，这甚至可以帮助我们解释人类社会的起源（例如，Sigmund 2010）。在这种情况下，重要的是消除附加条件，例如声誉、正式协议和制度实施，这些附加条件针对特定的人，本质上具有社会性，可能会从经验上解释社会系统中合作的普遍性。 34

这样，我们的注意力可以集中于合作的核心要素上，这些核心要素可能适用于大规模的互动，而不仅仅局限于社会现象。通过比较，这些研究可以让我们发现是什么使社会行为真正具有人类的特性。而寻求最低限度的条件有助于我们通过创造条件来促进在广泛社会领域（如市场、工作场所和政治舞台）中的合作，因此，社会可以逆转自然选择，"好人也能得好报"——道金斯（Dawkins 1989）如是说。

另有一部分人受到某种想法的鼓动和驱使，即以牺牲普遍性原则为代价，去考虑那些已经被模型所排除的因素（例如，Conte et al. 2001；Conte and Paolucci 2002）。在这两种情况下，这些研究的解释性假设对于理解社会群体如何自发地发展自我强化的规范来调节集体利益的相互作用至关重要。这是一个重要的问题，尤其是在当今这个社会与经济以个体主义和团体及社区自主、自律为特点的时代。

最后，ABM 在社会学和社会科学领域的方法论问题上的见解有显著区别。虽然大多数例子是抽象模型，但有两个例子表明，使用经验数据建立和校准模型，可以更紧密地结合证据和 ABM。这些跨方法的例子说明了如何使用计算机仿真来概括实验室的调查结果，并理解社会互动对更大、更复杂社会系统的影响（例如博埃罗、布拉沃和斯夸佐尼关于伙伴选择的模型和博埃罗等人的声誉模型）。我们将在第四章中解释这些要点。

以下各节将重点介绍能够解释合作的各种社会机制。第一节阐释了当个体趋向于频繁互动时，比如在家庭、友谊网络和新的社交媒体中，直接互惠的优势和持续的互动有利于各种情况下的合作。第二节拓展了从二元互动到多元社会困境的视角，考察了社会制裁的关联。这有助于我们认识到，在个体层面、社会群体内部以及社会群体之间，人类社会的选择比自然界其他选择具有更微妙、更复杂的运作方式（例如，Boyd and Richerson 2009）。值得注意的是，多层次选择的可能性对于理解自然和社会的演变具有重要意义，因为它可能会修改达尔文主义思想，并考虑更复杂的内生选择力（例如，Fodor and Piattelli-Palmarini 2010）。第三节介绍了合作行为的文化传播，并给出了先前模型的两次拓展和重复验证，从而为模型对理论构建的附加价值提供了清晰的思路。第四节指出了动态社交网络的重要性，研究了伙伴选择作为基于信任的合作驱动力的相关性，并提供了数据与理论结合的示例。第五节着眼于受信誉机制约束的主体在市场环境下的合作。最后，第六节将视角从竞争博弈转向协调博弈，并着眼于有关强调主体行为而非社会结构的社会惯例产生的研究。此处的目标是研究可以解释规范均衡并从微观层面理解其影响的社会机制。

值得一提的是，这些例子均未明确表明或认可有关社会互动中合作的一般法则。与科学一样，一切都需要继续讨论和改进。这些例子清楚地说明了基于主体的计算社会学两个最重要的优点。首先，它们提高了我们对社会行为与"情境"之间联系的认识（即在社交环境中主体互动产生的特定条件）；其次，它们让我们能够以合作性、建设性和富有成效性的方法评估科学成就。

第一节　直接互惠和互动的持久性

继阿克塞尔罗德与汉密尔顿（Axelrod 1981，1984，1997；Axelrod and Hamilton 1981）之后，许多学者构建了有效的模

型，证实二元互动的重复因其存在的互惠关系，可以为许多社会情境中的合作创造演进的条件。这一观点由阿克塞尔罗德于 20 世纪 80 年代初提出，当时他发表了有关著名的"囚徒困境"循环赛的研究成果。这个比赛出现在 20 世纪 70 年代后期，各种专家对此提出的不同策略之间相互冲突。

"囚徒困境"是一个著名的博弈，可以对各种社会互动进行建模，即使社会互动可以保证所有人都获得更好的回报，个体也有可能选择不合作。表 2-1 总结了该博弈，其中 T 代表背叛的诱惑，R 代表合作的报酬，P 代表背叛的惩罚，S 代表受骗支付。参与者模仿一种策略互动，参照彼此的行为，奖励依赖于彼此，博弈的结构基于回报的不平等。因此，得出不等式 T>R>P>S（详细说明见 Kuhn 2007）。

阿克塞尔罗德的竞赛假定参与者重复博弈的次数有限，且随着时间的推移寻求最合适的策略。竞赛获胜者被称为"以牙还牙"（TIT-FOR-TAT）策略，即"先合作，然后回报对方的所作所为"。它最初由出生于俄罗斯的著名数学心理学家阿纳托尔·拉波波特（Anatol Rapoport）提出，是仅有 4 行代码的最简单的策略之一。[1]

---

① 最近，阿克塞尔罗德对其早期的工作发表了一些个人评论，特别是他如何想到举办一场计算机竞赛来解决重复出现的"囚徒困境"。当他重新对计算机象棋和人工智能感兴趣时，他提出了自己的想法，即由一些专业的人类玩家来发现对抗计算机的最佳策略。值得注意的是，詹姆斯·S.科尔曼是最初受招募的参与者之一，他被要求运用"以牙还牙"策略参与竞赛。阿克塞尔罗德写到，在比赛结束时，与科尔曼的讨论证实了运用"囚徒困境"探索人类事务中策略互动微妙之处的潜力。

表 2-1　"囚徒困境"支付矩阵

	合作	背叛
合作	R, R	S, T
背叛	T, S	P, P

注：第一个字母表示该行参与者的支付，第二个字母表示该列参与者的支付。　36

"以牙还牙"的成功归因于其策略具有某些积极的特征。事实上，"以牙还牙"好在一开始就假定对方值得信赖且具有报复性，因此能对背叛迅速做出反应并原谅对方。因为"以牙还牙"容易理解（当对手参与博弈时）和学习（当参与者被邀请参与博弈时），因而可以恢复合作，而且很容易被主体理解。

阿克塞尔罗德创造了"未来的阴影"（shadow of the future）一词，意思是只要互动重复的概率足够大，个体就会预期其当下的行为会影响到其他人的未来行为，因此在短期内减少回报的行为，例如合作，在长期获得更高的回报是合理的 (Axelrod 1984)。

一方面，不同的学科对这种互惠策略在重复互动中的相关性进行了各种拓展、应用以及实证、实验和仿真测试。例如，科古特成功地将其应用于理解商业领域的合资企业（Kogut 1989），汉森成功地将其应用于理解私营企业中道德行为的促进作用（Hanson 1991），孔德林成功地将其应用于理解律师之间如何解决争议（Condlin 1992）。[①] 另一方面，

---

① 罗伯特·阿克塞尔罗德和莉萨·丹布罗西奥（Lisa D'Ambrosio）编写了一份令人称赞的注释性参考书目，列举了截至 1996 年针对阿克塞尔罗德的文章（Axelrod 1984）进行应用、拓展或批评的文章和著作，可访问 http://www.cscs.umich.edu/old/research/Publications/Evol_of_Coop_Bibliography.html。其中，针对阿克塞尔罗德模型的博弈论基础进行严厉批评的内容可参见 Binmore（1998）。

包括社会学家在内的一些人强调了互惠策略的局限性，因为它迫使主体保持关系的平衡，可能会导致一系列潜在的长期报复性事件（Nowak and Sigmund 1992）。

通过运用计算机仿真模型，科洛克发现，由于对相互策略误解的可能性，需要比"以牙还牙"更灵活的互惠策略，例如能够对其他错误做出积极反应（Kollock 1993）。阿克塞尔罗德在一篇文章中指出，解决噪声环境问题的某些社会机制可以提高运用"以牙还牙"进行合作的可行性（Axelrod 2011）。此时，主体犯错、误解或错误地实施了其他策略，因此，其行动与本意并非一致（例如，Fudenberg and Maskin 1990；Bendor, Kramer and Stout 1991）。的确，遵循"以牙还牙"策略，以背叛来迅速回应背叛，无论是否出于本意，主体都会被卷入一连串的相互背叛。

学者们还发现其他一些策略的报复成分受到较少限制，经测试要优于"以牙还牙"，尤其是在合作建立之后的维持方面，例如"宽容以牙还牙"（generous TIT-FOR-TAT）（尽管对方背叛，仍然在给定概率下进行合作）、"赢定输移"（win-stay, lose-shift）（即只要得逞，就会重复以前的决定）（Nowak and Sigmund 1993）。鲍尔斯和金迪斯（Bowles and Ginits 2004）对直接互惠的优势和运用"以牙还牙"来解释在所有多人困境中的合作提出质疑，在这种情况下，互动是重复的但不是二元的（见下文）。

问题是，这些例子中的大多数对随机混合群体中互惠策略的有效域提出了质疑。在这个问题上，一种对社会学更为友好的观点认为，应该分析社会结构对创造有利于合作的演进条件的影响，因为在真实情况下主体有可能不与其他人互动。有人提出了空间模型（spatial models），即主体与不同规模的局部邻居进行社会困境博弈。这些内容考虑了局部互动的相关性，可以创造一些有利于合作的结构性条件。

诺瓦克和梅（Nowak and May 1992）对合作者和背叛者之间的"迭代囚徒困境"进行了仿真，认为通过允许主体在二维空间的邻域进行互动，合作者可以在空间上聚集互助，从而大幅减少作弊者的利用机会。桑托斯、帕切科和莱纳茨（Santos，Pacheco and Lenaerts 2006）研究了不同的社会困境，包括将主体嵌入社会网络并能够选择社会纽带的"囚徒困境"。

仿真结果表明，当主体可以修改其社会纽带的网络拓扑结构，使其具有较高的平均连通性，并带有从单一到广泛的异质性时，合作者可以清除背叛者。值得注意的是，这些拓扑特征描述了社会网络在各种经验环境下的特征，例如科学家之间的协作网络、大公司董事会之间的联系或好莱坞演员之间的联系（例如，Watts 1999；Barabási 2002；Ohtsuki et al. 2006）。

尽管如此，在我们看来，理解社会结构对合作的影响的最有趣尝试是由科恩、廖洛和阿克塞尔罗德（Cohen，Riolo and Axelrod 2001）提出的。他们在很大程度上受到诺瓦克和西格蒙德（Nowak and Sigmund 1992）的启发，其模型着眼于社会互动，其中社会结构的某些特征为敌对环境下的合作提供了"语境保护"，在这种环境下，背叛者很可能占主导地位。作者仿真了一个有限迭代的"囚徒困境"博弈，其

中 N 个（N=256）主体在每个时期与另外 4 个主体进行博弈（见表 2-2）。根据表 2-1 的支付矩阵，T（背叛诱惑）=5，R（合作报酬）=3，P（背叛惩罚）=1，S（受骗支付）=0。根据概率函数，有三种可能的策略：始终背叛、"以牙还牙"、始终合作（关于函数的详细内容见下文）。假定主体具有一定的社会影响力，允许主体重复与其匹配的最合适参与者的策略，这样便可能出现仿真错误。

38

表 2-2 不同仿真场景下的合作

仿真场景	合作度高的运行比例	平均报酬	高度合作均衡中的时间比例
随机混合接触	0.3	1.091	0.015
空间嵌入	1.00	2.557	0.997
小世界网络	1.00	2.575	0.995
固定随机网络	1.00	2.480	0.942
重联概率为 0.1 的固定随机网络	1.00	2.385	0.884
重联概率为 0.3 的固定随机网络	1.00	2.100	0.402
重联概率为 0.5 的固定随机网络	0.93	1.257	0.061

资料来源：根据科恩、廖洛和阿克塞尔罗德的研究（Cohen，Riolo and Axelrod 2001，p.9）制作。

注：固定的随机场景在 3 种不同的重联概率下进行了测试，其原始版本没有重联。在每个时期，每组随机选择一个新的主体，以给定的概率进行替换。当概率接近 1 时，固定随机网络更类似于随机混合总体。需要注意的是，为了检查可能的随机过程，每个单独的场景对参数值的每一种组合都运行了 30 次仿真，每次运行起始于随机数生成器中不同的种子。因此，左边第二列显示了在大多数情况下合作占主导地位的每种场景的运行比例。平均报酬是指所有运行的最后 1000 步中，整个群体中每个决策的平均得分。右侧的最后一列显示了主体保持高水平合作的时间比例。这就提供了一个在每个场景仿真中合作鲁棒性的概念。

　　我们创建了 7 个仿真场景，其中不同的社会结构（"谁与谁互动"）或多或少与空间嵌入有关，假设如下：①随机混合接触场景，其中每个主体与另外 4 个主体匹配，这 4 个主体是以相同的概率从每个时期的整个群体中选出的；②空间嵌入结构场景，它是一个 16 × 16 的二维环形晶格，每个主体与另外 4 个固定的主体相邻（分别位于北、南、东、西），且与这些邻居相邻的主体具有相关性；③类似于小世界的社交网络场景①，同②一样也是一个 16 × 16 的二维环形晶格，但主体与其相邻单位的相邻主体之间没有相关性，而是每轮运行随机选择，这样主体之间是通过共同的熟人联系起来的（Watts 1999；有关结构构建的详细内容参见（Cohen, Riolo and Axelrod 2001，pp.30-32）；④固定随机网络，根据概率函数，随机分配相邻单位，但随着时间的推移保持不变（见表 2-2）。

　　仿真结果表明，互动模式的持久性才有利于合作，而非相邻单位的空间嵌入（见表 2-2）。众所周知，仅仅通过空间嵌入就可以促进合作（例如，Nemeth and Takács 2007），这表明不同类型的社交网络同样可以促进合作，而无须假设空间相关性。然而，在随机混合接触场景下，合作会崩溃。关键是嵌入的空间性质并不意味着有不同性质的行为，尽管这确实需要进一步的条件，例如跨空间主体的固定相关性。

　　关键在于，互动持久性足以创建一个环境，其中行为相互兼容的主体通过相互仿真保持在一起。通过对个别情况的

39

---

　　①　在小世界网络中，大多数节点都不相邻，但可以经过少量步骤到达其他任何节点。从社会学角度来看，这意味着嵌入这种类型网络中的个体是通过共同的熟人联系在一起的（例如，Watts 1999）。

研究，学者们提出了解释这些发现的某些机制。

在模型中，每个主体策略由 3 个参数 y、p 和 q 表示，其中 $0 < y$，p，$q < 1$。参数 y 表示主体在博弈第一步中选择合作的概率，p 表示主体在其他人合作后选择合作的概率，q 表示被其他主体背叛后主体选择合作的概率。因此，p 值高的主体策略具有较强的合作性，而 q 值较低的主体策略则具有较强的报复性，因为主体以背叛的形式回应背叛。

在随机混合接触场景下，高 p 值的策略很容易被利用，因为背叛者可以利用其他合作者，获得更高的分数，从而通过模仿在社会上扩散。如果是这样的话，低 q 值策略的扩散很可能是一种回应，导致主体陷入相互背叛的境地。

然而，高度合作的脆弱时期出现的可能性仍然是偶然的。在随机混合接触场景下，只要 q 值上升，就可以预见 p 值会降低（见图 2-1），因为 p 值和 q 值较低的每个剩余策略都会形成任何合作策略。例如，一个低水平 p 值和 q 值的策略总是在与之相反的情况下背叛并获得 5 分，而且比与其结合的其他合作变体（如"以牙还牙"）要好，因为它没有利用任何一个合作变体。接触的随机性增加了在 q 值极低的情况下，这些条件持续存在的机会，以防偶尔因仿真错误而导致的合作爆发。

在更具有结构性的条件下，比如空间嵌入和社会网络，从背叛向合作过渡是有可能的。这是因为在相互背叛的初始阶段之后，p 平均值的上升意味着合作策略相互作用，比其他策略（和其他策略组合）得分更高，并且随着时间的推移不断重复。

图 2-1 和图 2-2 显示了两种示例场景下的 p-q 图，即随机混合接触场景（图 2-1）和固定随机网络场景（图 2-2）。

在随机混合接触场景中，参数空间的吸引子围绕 p 和 q 的低水平区域旋转（空间的左侧区域下方），而固定随机网络场景中的吸引子指向两者的较高水平（空间的右侧区域）。此外，在固定随机网络场景中，底部的箭头指向右侧而不是左侧，并且处于较高的位置。这意味着，在群体的平均 q 值水平相同的情况下，固定随机网络场景中的主体的 p 值水平更高。

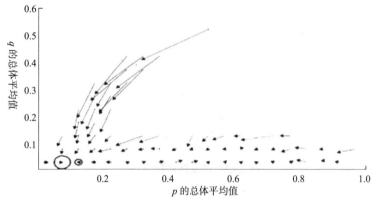

图 2-1 随机混合接触场景

资料来源：根据 Cohen，Riolo and Axelrod（2001，p. 18）制作。
注：图中描述了整个总体中参数 p 和 q 的平均变化。箭头指向平均值。圆圈表示整个群体在参数空间的不同区域花费的时间。圆圈越大，主体在该区域花费的时间就越多。其他圆圈相对于最大的圆圈进行缩放。高处的左指向箭头显示，当偶尔的合作消失时，平均 p 参数急剧下降。

如果把注意力集中在空间的关键区域，即 p 的 0.30~0.35 和 q 的 0.05~0.10 之间，社会网络场景与随机混合接触场景的结果不同。在随机混合接触场景中，整个总体的 p 平均值趋于 0 以下，在这种情况下，p 值则相反。这里没有公布的其他数据表明，虽然在随机混合接触场景中，匹配的主体的 p 值之间的差异很大，但在其他情况下，处于互动状态的主体的 p 值之间存在更紧密的相关性（Cohen，Riolo and Axelrod 2001，pp. 22-24）。因此，接触的随机性增加了合作策略与利用策略相匹配的机会，从而将总体吸引到一个 p 值较低的区域。

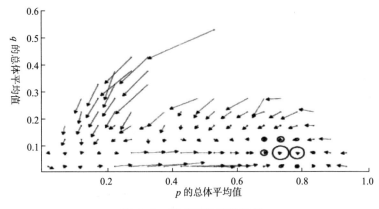

图 2-2　固定随机网络场景

资料来源：根据 Cohen，Riolo and Axelrod（2001，p. 18）制作。

在其他场景中，合作策略被相邻单位模仿。互动的持续性创造了更能保护合作免受背叛的环境。这是因为背叛者与只能对其他叛逃者做出回应的情况相匹配，然后随着时间的推移被淘汰。

阿克塞尔罗德、廖洛和科恩（Axelrod，Riolo and Cohen 2002）进一步扩展了该模型，他们对各种社会结构进行了测试，结果表明，即使没有空间嵌入的支持，合作也可能具有鲁棒性。因此，互惠和频繁的互动可以解释为什么我们看到人们在去空间化（despatialized）的社会网络中进行合作，比如博客、Facebook 和其他社交媒体。

毫无疑问，这些例子中施加的某些限制条件，如二元相互作用、"未来的阴影"、互动过载和无博弈退出，都会破坏其研究结果的普遍性。然而，重要的一点是，这些研究使我们能够了解社会行为（如自私和互惠）与"情境"特征（如二元互动、频繁接触和无退出）之间的联系，这是所有社会学分析社会互动的一个重要方面。

第二节 强大的互惠和社会制裁

每个人都能理解，制裁可以维护社会秩序，尤其是在大型社会系统中。但有时我们会忘记，制裁总要有人付出代价。即使我们正式建立制度（例如合同和罚款）来规范特定的互动，在社会上分担监督和惩罚的成本，制裁的影响也会放大；并且当制裁得到监督和监控的支持时（例如在组织中），必然有人会付出代价（例如在第一种情况下是纳税人，在第二种情况下是股东）。

42

在许多情境下，如家庭、友谊网络、科学合作和社会团体，制裁是非正式的，依靠同伴维护，没有复杂的监控或费用分摊机制。在这种情况下的制裁是一种"社会制裁"，更多地与基于道德动机的社会不认同有关，并且其影响不容易计算或转化为罚款。

以公共物品博弈为例，上面提到的大多数限制通常不成立。在公共物品博弈中，主体可以选择将多少钱投入一个公共池，也知道这个公共池是用来为每个人（甚至是那些没有供款的人）购买商品，并且某些人消费这些物品不会降低其他人的可得性。例如，私人公司付出高昂的费用购买绿色技术，就是此类博弈。这种情况下的逻辑是，如果没有主体来承担惩罚成本，即使群体中有大量的好人，也不足以减少作弊者的机会。

值得庆幸的是，实验结果表明，许多个体愿意为惩罚不法分子牺牲个人利益（例如，Ostrom，Walker and Gardner 1992；Fehr and Gätcher 2000；Gintis et al. 2005；Hauert et al. 2007）。这可以解释为情感和道德因素（如对不公平行为受害者的同情或对作弊行为的愤怒）以及社会文化因素（如对有益于群体的社会规范的有意保护）。这些动机使我们对惩罚群体中的一些成员或所有成员的不良行为进行报复，尽管这意味着降低自身对他人利益的适应力，并且不确定现在或将来有没有物质回报，也不确定其他人会不会反过来为自身这样做。这一点已经得到了神经科学研究的证实（例如，de Quervain et al. 2004）。

这种行为被称为"利他性惩罚"，个体以这种方式表现为"强大的互惠者"（Gintis 2000；Fehr and Gätcher 2002；Bowles and Gintis 2004）。以上术语传达了这种行为是利他主义的思想，因为这种行为会给一个群体的其他成员带来好处，即使是那些不遵守规范的人和 / 或那些不惩罚违反规范者的人。这种行为也很强大，因为违反规范的人将面临严重的后果，惩罚者也会付出巨大的个人代价。"利他性惩罚"不同于"间接互惠"（我们帮助另一个体，期望其他人反过来帮助我们），无法用合作的演进理论来理解，如"未来的阴影"、亲属选择或互惠利他主义论点，这些内容将在后文看到（例如，Gintis 2000；Boyd et al. 2003）。

关于这一问题，鲍尔斯和金迪斯（Bowles and Gintis 2004）给出了一个有趣的 ABM 案例。他们基于对更新世（Pleistocene）晚期的流动狩猎采集群体（我们的祖先）的实证研究来研究强互惠。他们构建了一个多人参与的"囚徒困境"模型（$n=400$），着眼于社会历史语境下最基本的要素，即个体参与狩猎、食物分享和共同防御等公益活动，而不像现代社会依赖中央机构、精确监测、组织角色和正式制裁。因此，这些群体之间的典型互动是由对公共产品的贡献很少或根本没有贡献的策略所主导的。

43

该模型以实证类文献为基础，从以下假设出发：①个体生活在中等规模的群体中（平均 20 名成员）；②没有中央集权的治理结构，因此制裁由同伴实施；③许多没有亲属关系的个体组成了社会群体，因此利他主义无法完全由亲属选择支持；④社会地位差异很小，因此个体在权力和影响力方面相对同质化；⑤经济以物品的分享和即时消费为基础，而不是积累；⑥排斥是主要的社会制裁；⑦个体对制裁的可能性和影响进行了主观评估；⑧存在群体间流动。

更详细地说，作者假设群体由三种类型的主体组成，即强大的互惠者、自私者和合作者。强大的互惠者无条件地为公共利益做出贡献（根据群体的预期贡献水平），监督他人（尽管只是随机的），并以牺牲自身适应度为代价惩罚逃避者。考虑到逃避被发现的概率（取决于群体里有多少强大的互惠者）和被惩罚的成本（取决于主体被迫放弃群体的时间长度，而这又取决于随时间而改变的群体成员和被孤立成员之间的人口分布），自私主体选择一个能够使其适应度最大化的逃避级别。合作者无条件地为公益事业做出贡献（根据群体的预期贡献水平），但从不惩罚逃避者。

群体的贡献水平取决于群体的规模和每个成员的适应度。一旦减去惩罚成本和逃避者所付出的努力，群体成员就会平等地分享产出（Bowles and Gintis 2004，p. 19）。受惩罚的概率和成本是异质的、内生的。在惩罚成本方面具有较高价值的自私主体表现得像合作者，但如果群体中没有强大的互惠者，那么他们不会做出贡献。惩罚意味着被群体排斥，而无法分享公共利益，即失去适应度。进化机制（如行为遗传和变异）假定行为特征在主体代际间传递（例如，Bowles and Gintis 2004，p. 19）。

群体的数量和总人口是固定的，但群体通过接纳新成员（占所有成员的一小部分）发生改变，这些新成员既有被孤立的主体，也有的来自其他群体。假设每一代主体的迁入率为 12%，并假定一个期望的迁出率。当成员人数低于 6 人的最低人数时，群体就解散了，取而代之的是从人口最多的群体中随机挑选的主体组成新群体，群体的初始规模得以恢复。值得注意的是，在仿真之初，整个群体是由自私主体组成的。仿真参数见表 2-3。

表 2-3 仿真参数

数值	说明
0.2	主体产出，没有逃避
0.1	工作成本，没有逃避

续表

数值	说明
0.1	惩罚成本
0.05	迁入率
0.03	迁出率
20	初始群体规模
20	群体数量
-0.1	公共池中的适应度
6	群体最小规模
[0,1]	预期排斥成本的初始化种子
0.01	突变率

资料来源：Bowles and Gintis 2004，p.21。

表2-4为仿真统计数据。第一个结果是三种行为随着时间的推移在一种动态平衡中共存。更重要的是，强大的互惠者在维持群体方面起着关键作用，他们在群体中的地位越高，逃避就越少。自私主体和合作者更有可能出现在被解散的群体中（见表2-4中公共池里各类主体的比例）。图2-3显示了典型仿真运行中各类主体分布和平均逃避率的演变。这一模式证实了三种主体类型在群体中的共存有助于降低由强大的互惠者平衡的逃避水平。

表2-4 仿真结果

数值	说明
37.2%	互惠者比例

续表

数值	说明
24.6%	合作者比例
38.2%	自私主体比例
11.1%	平均逃避率
4%	公共池中人口的比例
0.38%	公共池中互惠者的比例
0.48%	公共池中合作者的比例
10%	公共池中自私主体的比例
4%	互惠者占主导的公共池比例
3%	合作者占主导的公共池比例
93%	自私主体占主导的公共池比例
1.21	解散的群体中合作者与互惠者的比率
3.4	解散的群体中自私主体与互惠者的比率

注：数值为 25 次仿真中平均 5 万个仿真周期的最后 1000 个仿真周期的平均值。

资料来源：Bowles and Gintis 2004，p. 21。

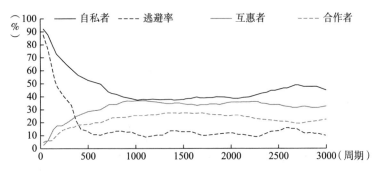

图 2-3　典型仿真运行中的行为动态和逃避率

资料来源：Bowles and Gintis 2004，p. 21。

72

如图 2-4 所示，通过一个群体的典型历程，可以更详细地观察主体类型和群体的动态变化。假定每个群体都由一定比例的自私主体、合作者和强大的互惠者组成。在达尔文式选择性环境中，合作者利用惩罚逃避者的效果，积累资源来对抗逃避者和互惠者，因此合作者在表现上可以胜过互惠者。现在，假设合作者适应度更好，取代了群体中强大的互惠者（如图 2-4 中第 330、340 个周期之后发生的）。由于群体中存在一些强大的互惠者，预期的逃避成本降低了。自私主体开始逃避并压榨合作者，而合作者无条件地继续为公共利益做贡献。前者获得了更高的回报，最终取代了后者。当这种情况发生时，该群体的平均适应度急剧下降，最终解散（见图 2-4 中的第 390 个周期）。

这个历程为在公共物品困境中强互惠的相关性提供了逻辑上的解释，其中也考虑到多层次的选择，例如在个体和团体两个层次上都起作用的选择。的确，仿真结果表明，合作者可以将强大的互惠者驱逐出他们共存的单个群体，但在总体层次上无法这样做。

排挤强大的互惠者为自私主体提供了一个环境来增强群体内部的逃避水平（利用合作者的贡献），导致群体的适应度降低，因此相关群体更容易解散。然而，仿真结果表明，在总体中，强大的互惠者的表现优于合作者（见表 2-4），因为平均群体适应度和合作者的频数呈负相关 [参见鲍尔斯和金迪斯（Bowles and Gintis 2004，p.23）的价格方程式]。因此，社会系统中的选择也包括群体。反过来，这表明强大的互惠者对社会秩序起作用，并且是一种典型的人类行为，

46

因为这需要高水平的认知能力来监控他人的行为和社会组织的惩罚技术（见下文）。

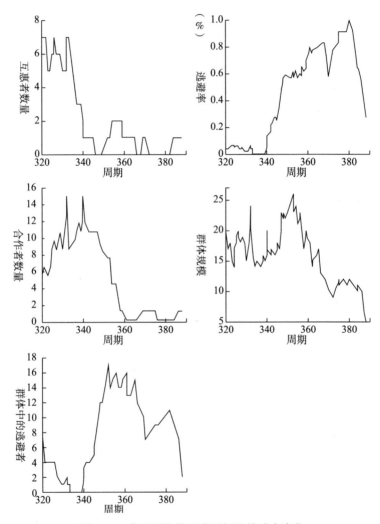

图 2-4　典型群体从形成到解散的动态变化

　资料来源：Bowles and Gintis 2004，p. 22。

按照这种逻辑，卡彭特等人（Carpenter et al. 2009）通过研究群体规模和生产力对惩罚与合作的影响，拓展了鲍尔斯和金迪斯的模型来研究组织中的团队合作。他们还运用马萨诸塞大学的实验群体参与的公共物品博弈，对强互惠的影响进行了实验检验。

结果表明，自我管制过程可以降低监督成本，社会制裁作为其中的一部分，能够促进高生产率的工作合作，有利于对行为进行更精确的监管（因此将同伴制裁合法化），并向组织成员发送有关适当行为的适当信号。与提倡自私行为而适得其反的物质激励措施不同（例如，Bowles 2008），社会制裁往往会维护社会互动的道德层面，并且对监管和信息等方面的成本要求较低。

值得注意的是，两个偶然条件仍然很重要，即群体中存在频数相当大的强大的互惠者以及群体规模不算太大。这意味着，第一，如原始模型所示，互惠者在减少作弊者利用合作者的机会方面起到关键作用；第二，大规模群体中的合作需要建立执法机构。

博伊德、金迪斯和鲍尔斯（Boyd，Gintis and Bowles 2010）针对协调惩罚进行建模，进一步阐述了制裁对于合作的力量，即主体集体惩罚不法行为者的能力。从民族志到实验行为学，许多领域都有证据表明，遵守规范者利用流言蜚语、名誉和其他沟通渠道来协调惩罚，而这被绝大多数群体成员视为加强合作的合法途径（例如，Dunbar 1996，2004；Wiessner 2005；Piazza and Bering 2008）。根据向主体发出惩罚意愿的可能性和集体实施有效惩罚的能力，扩大制裁规模的回报往往有利于合作，尽管大量强大的互惠者认同惩罚仍然是必要条件。

总之，鲍尔斯和金迪斯的模型能够让我们关注互惠与合作的一些重要方面，而这些被阿克塞尔罗德的研究低估了。首先，在群体不稳定、渗透性强和面临解散威胁的情况下，仅仅依靠互动的重复性可能无法维持合作。在这种情况下，"未来的阴影"为"深渊阴影"腾出了空间，群体可能会解散，因此任何利他主义行为都可能被视为一种巨大的牺牲，在未来不可能实现利益互惠。若其他人因预期群体将解散而未采取交互制裁，惩罚的可能性会降低。

当互动不是二元的（例如阿克塞尔罗德的示例），而是 n 个参与者之间互动，情况也是如此。在公共物品困境和许多经验情境下也是如此，除非间接地通过第三方声誉、标签、刻板印象或偏见进行调节（例如，Nowak and Sigmund 2005），否则互惠预计也不会发挥关键作用。其次，基于同伴之间互惠的制裁没有制度安排和监督或执行，而是依靠独特的社会认知和沟通能力，包括制定和共享社会规范，就共同价值观达成共识，甚至通过声誉和流言蜚语来监控行为。

从逻辑上讲，这些研究结果表明复杂的制度安排深深植根于人类对利他性惩罚的倾向，因此制度最初可能是通过这种方式发展起来的（例如，Ostrom 2000）。根据博伊德、金迪斯和鲍尔斯（Boyd，Gintis and Bowles 2010）的观点，有理由认为随着社会群体规模扩大，如在现代社会，就会在科技进步的加持下，创设新的机构（例如警察和其他社会控制机构）来利用规模经济进行制裁。与此同时，在凝聚力较低、异质性更强的社会群体中，社会监督变得至关重要。因此，这些发展为建立正式机构提供了背景。

显然，尽管没有得到实验或仿真验证的支持，但直觉研究和传统的非ABM研究可能得出相同的结论，然而，重要的是要认识到一个正式的模型也可以激发关于社会演变的定性直觉，从而激发进一步的实证研究。

第三节 不成比例的事先接触

在童年、青年时期、朋友之间或工作场所，社会主体可能受到社会互动行为模式的文化传播的影响。文化是通过代际传承和社会互动在社会上传播的一套知识。与遗传传递不同，文化传播涉及来自不同具有影响力的人物复杂的社会互动形式，例如父母、老师、地位很高的同事和朋友，更不用说大众媒体了。这些互动是社会学习的基础，如模仿、效法、指导和解释。

解释文化对合作影响的机制之一是"不成比例的事先接触"（disproportionate prior exposure）。其理念很简单，即以某种方式（例如合作或自利）行事的主体在习得这种行为之前已经进行不成比例地接触到这种行为（Mark 2002，p. 328）。虽然这一理念的根源可以追溯到古典社会学，例如涂尔干和帕森斯，但首次运用微分方程模型正式研究这一机制相关性的当属诺厄·马克（Mark 2002）。

诺厄·马克的模型基于一个大规模的主体总体参与一次

性"囚徒困境"博弈的序列，其中：①主体最初有固定的行为（合作或自私）；②主体随机配对；③主体比较了自身的适应度；④主体按照①行事；⑤各主体根据互动情况获得相应的报酬；⑥如果主体的伙伴在步骤③中的适应度高于自身，那么主体会采用伙伴的行为。在序列的最后，主体习得新的适应水平和新的行为，博弈重新开始。支付矩阵遵循表 2-1，T（背叛诱惑）=3，R（合作报酬）=2，P（背叛惩罚）=1，S（受骗支付）= 0。

49

诺厄·马克假设每一轮博弈中合作者与背叛者配对且不改变行为时，下一轮其适应度为 0；而合作者与其他合作者配对，其适应度为 2。每一轮博弈中背叛者与其他背叛者配对，下一轮其适应度为 1；而背叛者与合作者配对且不改变行为时，下一轮其适应度为 3。诺厄·马克的假设是，背叛者总是与合拍的合作者互动并从后者的行为中获益后成为合作者。例如，如果适应度为 1 的背叛者与适应度为 2 的合作者配对，则背叛者成为适应度为 3 的合作者。

诺厄·马克指出，在这些情况下，只要在行为和适应度的所有组合中分配任何主体，都有可能出现合作。例如，即使最初 99% 的主体是适应度为 3 的背叛者，而 1% 的主体是适应度为 0 的合作者，在大约 10 万次仿真中，总体朝着完全合作的方向发展。据此，诺厄·马克得出结论，不成比例的事先接触可以解释合作在人类社会中的普遍性，主体有一种独特的文化传播倾向。

诺厄·马克研究结果的普遍性受到了后续研究者的质疑。继比恩斯蒂克和麦克布勒德（Bienenstick and McBride

2004）的重复实验之后 ① [另见马克（Mark 2004）的回复]，韦尔泽、格利夫和沃恩（Welser，Gleave and Vaughan 2007）运用 ABM 检验了诺厄·马克模型的某些扩展，使得"不成比例的事先接触"机制更具有说服力 ②。

　　事实上，诺厄·马克对人类社会合作的概括与许多针对合作进化的 ABM 研究（如上文所述）所揭示的合作脆弱性形成了鲜明对比，有些在前文中已经提到。问题在于诺厄·马克没有认真考虑对自利行为的激励。鉴于社会学家通过强调过度社会化和规范内化提出了大量理论来解释合作，对于 ABM 科学家来说，最关键的挑战是理解在一个由理性主体构成的总体中使合作成为可能的条件，这些主体并非被动地接受规范，而是采取策略性的行为。除了从原始模型中消除这种偏见外，韦尔泽、格利夫和沃恩还极大地改进了模型，使之更加有利于社会学关注文化传播和社会学习的社会机制，而这正是原始模型中所缺失的。

　　韦尔泽、格利夫和沃恩首先对诺厄·马克的模型版本进

---

① 比恩斯蒂克和麦克布勒德明确指出，诺厄·马克的结果强烈依赖于一系列不明确的假设和有问题的矛盾。首先，在诺厄·马克的模型中，占主导地位的合作机制建立在适应度和行为解耦的基础之上。这意味着，在许多情况下，与高适应度的合作者配对的背叛者成为合作者，即使后者的适应度是由先前的背叛造成的。其次，诺厄·马克假设合作依赖于大规模的总体，而规模较小的总体更容易出现背叛。比恩斯蒂克和麦克布勒德纠正性地提出，一个雄心勃勃的关于人类社会合作的一般理论应该首先解释小规模群体内部合作的演变。最后，他们质疑文化传播可以被恰当地定义为一种混合动机博弈，因为它更类似于一种协调博弈，双方都能从趋同行为中获益。值得注意的是，这种批评得到了模型重复实验结果的支持。我们将在第四章探讨重复实验的重要性。

② 在此感谢作者提供的宝贵信息和模型代码。

行重复实验，然后将异质性引入主体的行为级别和互动。假设存在"短视"、好胜的主体，他们最初是合作的，但如果被其他主体的背叛所伤害，他们很容易背叛。对此，韦尔泽、格利夫和沃恩拓展了诺厄·马克模型中主体学习的决策规则。主体会模仿其他主体的行为，就像诺厄·马克的模型版本一样，但主体也可能遵循不同的学习顺序，将合作伙伴的适应度与博弈中的具体行为进行比较。正如比恩斯蒂克和麦克布勒德（Bienenstick and McBride 2004）所提出的，这被称为"短视"的模仿，并将适应度和行为联系起来。

因此，现在总体中有两种不同的社会学习机制混合在一起。然而，在诺厄·马克的模型中，主体没有计算模仿其他行为的物质后果，就好像他们只是在追随榜样而没有了解所采取行为的物质后果（Mark 2002）。而在"短视"的情况下，主体可能会为了追求短期的物质结果而表现得自私，也就是说，他们对个体利益有清晰的了解。

该模型由三个参数组成：①适应度等级（0，1，2，3）；②最初的行为（合作或背叛）；③学习机制（模仿或"短视"的模仿）[①]。在不同的仿真场景中更改并检验所有参数。在一种情况下，合作者的比例为 0~0.20（初始背叛者占主导）；而在另一种情况下，合作者的比例为 0.8~0.99（初始合作者占主导）。对于第三个参数，"短视"模仿者的比例在 0 到

[①] 值得注意的是，作者首先遵循诺厄·马克的微分方程建立了一个系统级模型，然后构建了 ABM，重复验证并拓展了原始模型，并增加了主体异质性和更细微的社会学习机制。这也证实了 ABM 较之于宏观功能仿真方法（例如系统动力学）所具有附加价值。

0.15 之间变化，并且在所有情况下都经过了检验。该模型包
括 400 个主体，经过 1 万次仿真或整个总体趋于合作或背叛
之前，仿真结束。

在初始合作者占主导的合作场景和初始背叛者占主导
的背叛场景中，"短视"模仿者的比例都有变化。结果表明，
即使在初始合作者占主导的情况下，所有"短视"模仿者都
被初始化为合作者，一小部分持续背叛者（占总体的 12%）
也会建立起破坏合作关系的进化力量。如图 2-5 所示，当背
叛者的比例为 0~10%，合作对于背叛者的利用仍具有鲁棒
性，但背叛在大多数参数空间中占主导地位，因为少数持续
背叛者的存在将模仿的动力转化为背叛的扩散机制。

51

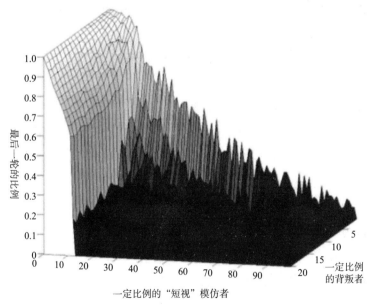

图 2-5 合作场景仿真运行

资料来源：Welser，Gleave and Vaughan 2007，p. 187。

这些结果表明，为了解释在文化影响下的合作，诺厄·马克的假设设置了非常严格的条件，特别是缺乏背叛的诱因，这导致我们无法了解使模仿成为合作渠道的条件。

为了填补这个空白，韦尔泽、格利夫和沃恩详细阐述了先前的模型，重点关注主体如何在社会互动中学习其他行为，其中社会文化影响很重要。他们在主体学习中增加了三个补充性的认知属性，即记忆、更加智能的社会观察、更加智能的适应度比较。主体能够记录互动伙伴的行为和适应度，比较与其经历过的合作和背叛相关的适应度。主体采取了长期以来不成比例的事先接触行为。适应度比较意味着主体能够评估在社会环境中自身相对于其他人的适应度，而不仅仅是相对于互动伙伴。通过这种方式，作者允许主体发展出更智能的社会观察。

他们探索了三种情况：第一种是主体只能观察互动伙伴的适应度（与原始版本一样），第二种是主体可以计算 10 个其他主体（包括当前和过去的互动伙伴以及他们自己）的平均适应度，第三种是伙伴和样本合并的混合场景。值得注意的是，由于该模型包含了在社会学意义上丰富的主体，这些补充性的属性对于在社会学上以更精确的方式来看待不成比例的事先接触尤其重要。主体可以监控其他人，并评估不同行为模式的适用性。

作者探讨了三种不同的不成比例的事先接触机制，即接触频率（主体看到越多其他人背叛，就越有可能转向背叛）、"出类拔萃"（world-beating）（主体评估适应度较高的行为并转向这种行为）和丧失资格的失败者（主体评估适应度较低的行为并转向相反的方向）（详情参见 Welser，Gleave and Vaughan 2007，p. 190）。因此，针对所有参数组合，即暴露源（伙伴、样本、组合）和事先接触机制（上述三种机制），对九种不同的仿真场景进行了检验[①]。

　　仿真为我们提供了更精确的图像，说明不成比例的事先接触机制对合作的影响（见图 2-6，其中有一些结果是选择伙伴作为接触源）。接触频率是最简单的文化学习机制，产生合乎逻辑的结果，其中初始条件对结果具有绝对主导的作用。例如，当伙伴是接触源，预测是主体将与那些接触过他们的人合作。除了 50% 的初始合作水平外，初始总体的大多数行为成为普遍行为（见图 2-6）。

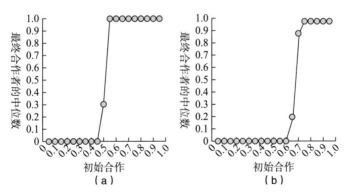

图 2-6　接触频率（a）和"出类拔萃"（b）机制的仿真结果

资料来源：改编自 Welser，Gleave and Vaughan 2007，p.194。

　　因此，当背叛者占初始多数时，就需要补充性机制（如社会网络效应）扭转互动以及对其他行为的解释，使他们转

[①]　模型的其余部分沿用了之前的版本，对一些细节做了改动（Welser，Gleave and Vaughan 2007，p. 191）。

变为合作者。正如我们将在第三章中看到的，社会影响可以
解释为什么初始条件中的微小差异会非线性放大，导致反常
和不可预测的行为，我们可以说，从所有背叛者到所有合作
者，都围绕着特定参数进行转换。我们稍后再回到这一点。

"出类拔萃"机制产生了与前一机制相同的总体模式，
只是合作需要 50% 以上的初始合作者，并且受到接触源的
强烈影响。结果表明，在混合总体中，背叛者仍具有适应
度优势，而当合作者比例大于 50% 时，合作成为行为榜样，
表现优于背叛。当仅限于伙伴时，接触源明显倾向于支持
背叛，因为需要更高水平的初始合作来维持合作 [见图 2-6
（ b ）]。这是因为适应度和行为的联合分布使背叛看起来比
最终实际结果更加有利可图。因此，接触源的限制越少，背
叛的概率就越高。

显然，强加的例外情况限制了这一机制促进合作的动力。
此外，还可以考虑其他额外的机制，将普遍背叛转化为全部
合作，如受过良好教育的家庭、社会化实践、好学校和以福
利为导向的工作场所，在这些环境中，个体与适应度高的背
叛者接触较少，与适应度低的合作者接触较多。丧失资格的
失败者机制提供了背叛者占主导地位的语境，比其他机制更
糟糕，因为在随机混合总体中，背叛者从合作者的存在和高
适应度中获得相对利益，背叛成为主导行为。

总的来说，除了指出重复验证具有附加价值的重要方法
学经验外，这些研究结果还得出了两个重要的结论。首先，
模型的互动结构是基于随机混合互动的，在这个语境下背叛
最终会得到回报。当背叛被排除在外时，因为极少数的背叛

者在初始状态下没有机会与"短视"的模仿者配对，他们很快就转向了合作。

这是随机混合造成的，并给我们提供了重要启示，即在社会结构和制度系统地强加了关于与谁互动的规则的社会环境中，很可能包括诺厄·马克（Mark 2002）最初研究的不成比例的事先接触效应。在此基础上，后续的示例增加了新的启示。其次，不成比例的事先接触可能取决于文化传播的社会机制，这在很大程度上扭转了对自私行为适应度的认识。当父母、老师和教会领袖讲述令人印象深刻的故事时，可能发生这种情况，在家庭、学校和教堂里，好人总是第一个完成任务。

第四节　伙伴选择 [1]

作为一种重要的社会机制，伙伴选择可以使主体降低在许多真实的社会互动中被欺骗的风险。在具体的社会环境下，个体可以优先选择退出给定的互动（例如，Slonim and Garbarino 2008）。伙伴选择不仅是个体做出好的优先选择的一种手段，而且为伙伴提供了一种激励，使其变得可靠并忠诚于他人，从而避免社会孤立（Ashlock et al. 1996）。乔伊斯等人（Joyce et al. 2006）构建了ABM，在很大程度上受到前文提到的阿克塞尔罗德的著名竞赛的启发。这表明有条件的联合策略（即主体离开背叛自己的伙伴并留在与自己合

54

---

[1]　本节广泛借鉴了 Boero，Bravo and Squazzoni（2010）。

作的伙伴那里）的表现优于"以牙还牙"策略。阿克蒂皮斯
（Aktipis 2004）、黑尔宾和余（Helbing and Yu 2008）也提出
了一个类似的结论，即区分好伙伴和坏伙伴的权变策略的相
关性。总而言之，被排除出社会交往是一种低成本的社会制
裁形式，可以通过减少利用机会来打击作弊者。

这些互动问题可以用两个论点解释，即降低策略不确定
性和承诺偏差。前者强调理性策略，后者是指内心的其他方
面或者情感动机。科洛克（Kollock 1994）在一项关于市场
交易的实验研究中强调了第一个立场。在市场交易中，处理
信息不对称和他人可信度不确定性的挑战使得长期互动伙伴
看起来比其他人更有吸引力。波多利尼（Podolny 2001）指
出在不确定性程度较高的市场中操盘的投资银行家可能更愿
意与过去打过交道的同事进行互动。古拉蒂（Gulati 1995）
对企业联盟的实证研究也得出相同的结论。

最近，贝克曼、豪恩席尔德和菲利普斯（Beckman,
Haunschild and Phillips 2004）对 1988~1993 年美国 300 家
大型企业的连锁和加盟网络进行了实证研究。他们发现，市
场不确定性的类型与伙伴选择网络的稳定性或不稳定性有很
强的相关性，即与面临集体市场不确定性的企业相比，面临
特定不确定性的企业的选择性较低，对新关系更开放。豪克
（Hauk 2001）开发了一个迭代"囚徒困境"的仿真模型，其
中伙伴选择是不确定环境中主体的一种学习策略。主体学会
了如何甄别伙伴是否值得信赖，以及如何奖励或者惩罚他人。
合作者根据所选择的伙伴来修改策略，学会了如何在总体中
阻止作弊者的利用策略。

山岸、库克和渡部（Yamagishi，Cook and Watabe 1998）在美国和日本进行了两项实验，也发现不确定性能提升伙伴之间的忠诚度。值得一提的是，那些信任他人的个体更依赖于普遍信任，比怀疑论者更不容易建立起忠诚关系。

第二点指出，交换的风险和不确定性为伙伴提供了展示其可信性的机会。因此，行为承诺和信任是以非正式和自发的方式维持合作的信号，没有在社会交换研究中假设的协商、谈判或约束性协议（例如，Molm，Takahashi and Peterson 2000）。最近的仿真研究表明，伙伴选择可能会产生一种"承诺偏差"，因此人们对现有伙伴的承诺会超出工具性因素，这源于其他内在动机的力量（Back and Flache 2006）。

55

巴克（Back 2010）在一项实验室承诺困境博弈中检验了这一假设。在该博弈中，实验对象（扮演艺术家出售绘画）与计算机仿真收藏家（购买绘画）在荷兰、中国和美国三个国家的六个地方进行市场交换。他指出，即使在控制不确定性和物质利益的情况下，买方的初始承诺对伙伴选择也有积极的影响。

虽然这些研究提出了重要的见解，但没有认真考虑复杂社会结构的相关性，尤其是低估了某些社会结构配置中伙伴选择的后果。大多数关于伙伴选择的实验文献研究了选择决策的内在方面，而不是其随时间推移产生的后果（例如，Kagel and Roth 2000；Haruvy et al. 2006）。

最近，斯洛宁和加尔巴里诺（Slonim and Garbarino 2008）通过一个投资博弈和一个独裁者博弈的变体，研究了实验室中伙伴选择同信任与利他主义的相关性。在这项研究中，伙伴是外部强加的或内生选择的。然而，他们对从社会学角度研究伙伴选择相关性的考虑不足，即研究在网络形成过程中网络结构和伙伴选择如何相互影响。关键在于伙伴选择是网络形成、稳定和变化的驱动力（例如，Beckman，Haunschild and Phillips 2004；Chiang 2008）。

所有关于网络形成的研究都以分析为导向解释在社会和经济环境下合作的重要方面，而非明确地基于实验数据。此外，他们没有认真考虑复杂和大型社会系统（例如，Jackson and Wolinksy 1996；Calvó-Armengol 2001；Jackson and Watts 2002；Dutta et al. 2005）或者伙伴选择作为网络变动驱动力的关键作用（例如，de Vos，Smaniotto and Elsas 2001）。

为了填补这一空白，我们以一个基于实验的 ABM，研究在信任情境下的社会互动和社会结构之间的联系。我们假设，虽然阿克塞尔罗德式"未来的阴影"情境可以提供合作的理由，但在现实中主体更有可能相互选择。这就可以解释为什么社会互动结构特别是战略和经济交换情境具有某种有序的形状和性质，而不是随机接触。考虑到我们不能在实验室里检验复杂的社会互动结构，我们构建了一个 ABM，对实验室研究发现进行扩展，绘制复杂的社会互动结构下基于实验的行为后果。

首先，在实验中，N 名（$N=108$）受试者参与一个重复版的投资游戏。受试者配对后，通过计算机网络匿名进行互动，每轮随机重新配对（例如，Berg，Dickhaut and McCabe 1995）。投资博弈是标准的实验框架，非常适合于研究具有信息不对称和不确定性特征的经济互动中的信任，因为它反映了一种典型的社会互动，其中"自我"被要求信任"他人"，"他人"也被要求尊重信任。

游戏规则很简单。在每轮游戏中，受试者随机配对，并被分配两种不同的角色，即投资人 A、受托人 B。两名参与者都获得了初始资金 E_1 和 E_2，以 ECU（实验货币单位）表示，其汇率遵循真实货币的固定汇率。

首先，投资者必须决定是否将全部或部分资金委托给与之配对的受托人，保留剩余部分（如果有的话），或者保留全部。由投资人 A 委托的金额用 M_1 表示，由实验者乘以因子 m（在本例中，$m=3$）并交给受托人，剩余资金保留。参数 m 应解释为受托人对投资者的投资回报。

其次，受托人决定是否将收到的全部或部分资金返还给投资者，或全都不返还。受托人返还的金额（K_2）不是倍增的。每轮比赛结束时，都会通报参与者获得的回报。在每一轮，投资者获得回报（V_1）为：$V_1=E_1-M_1+K_2$，而受托人（V_2）获得的回报为：$V_2=E_2+mM_1-K_2$。参数 M_1 表示投资者对受托人的信任程度，参数 K_2 反映受托人值得信任的程度（Barrera 2008，pp. 10-11）。

在游戏结束时，每个参与者的最终收益是 N 轮游戏收益的总和。这个游戏被称为"投资博弈"，将投资者投入金额相乘的规则意味着：①投资者在互动开始时处理支付成本的不确定性，从而在交易结束时尽可能获得更高的收益；②受托人从投资者的决策中获得回报。

这个游戏是一次性博弈序列，没有关于过去行为的信

56

息，参与者知道游戏的结构，并能通过反向归纳来预测对手的行为。理性选择理论的预测是，由于预计受托人通过选择 $K_2=0$ 来实现其效用最大化时，投资者便通过选择 $M_1=0$ 实现其收益最大化。因此，不委托和不返回是均衡选择，这带来了帕累托次优完美均衡，双方都保留了自己的全部资金。相反，如果 $M_1<E_1$，可能得到帕累托改进；当投资者投入全部资金时，即 $M_1=E_1$ 时，达到最大效率；当受托人的回报高于投资者的投入时，即 $K_2>M_1$，结果是公平的（Barrera 2008，p. 11）。

尽管有理性选择预测，但我们的研究结果与最近的文献基本一致（例如，Berg，Dickhaut and McCabe 1995；Ortmann，Fitzgerald and Boeing 2000），这并不奇怪。受试者平均将初始资金的 35% 用于投资，回报略低一些。

我们使用这些可靠的实验数据来校准一个在实验室里重现受试者行为的 ABM，以研究更复杂的互动结构的影响。首先，我们估计了一个系数 β_i，表示投资者每轮修改投资额的数量，它是上一轮投资额与受托人回报金额之差的函数。对于参与者 i 和第 t 轮，计算差额 $X_{it}=R_i-I_i$，其中 I_i 和 R_i 分别是 i 在上一轮投资中的投资金额和投资回报。然后，我们提出了一个模型：

$$Y_{it} = \alpha_i + \beta_i X_{it} + \varepsilon \qquad (2\text{-}1)$$

其中 Y_{it} 是参与者 i 在第 t 轮中的投资额，因此，每个扮演投资者的受试者都得到了两个参数 α_1 和 β_1。方程（2-1）考虑了一种事实情况，即投资者可能具有个体恒定信任倾向，以个体截距 α_1 表示，同时也有对过去经验做出反应的能力，

57

以 β_i 系数表示。第一个参数反映受试者的普遍态度,第二个参数则与游戏中实际发生的事情有关。值得注意的是,α_i 与 β_i 呈显著的正相关($r=0.44$,$p<0.001$)。这意味着信任他人的受试者也是值得信任的。

其次,我们构建了一个 ABM 的基线版本(称为"实验型"),运用实验校准的参数精确地重复验证了实验。在每轮周期,主体进行配对,分别作为投资方或受托人参与投资游戏,遵循系数 α_i 和 β_i 估量的行为(详情参见 Boero,Bravo and Squazzoni 2010)。基线模型的平均投资和回报分别为 3.57 ECU 和 2.76 ECU。对个体投资或收益的 t 检验证实,模型与实验没有显著差异(分别为 $t=0.288$,$p=0.774$ 双侧检验;$t=-0.085$,$p=0.933$ 双侧检验)。

然后我们设计了其他场景,可以修改互动结构。我们增加了周期,检验双向互动,主体在同一互动过程中同时扮演两个角色("双向"场景);检验不同的静态互动结构,如固定伙伴、密集网络、小世界网络和无标度网络(详情参见 Boero,Bravo and Squazzoni 2010)。接着,我们根据一个简单的幸福阈值函数,引入了主体断开链接并创建新链接的可能性,即当受托人的回报与之前的互动相同或更多时,投资者会感到幸福。

在一个场景("动态 1")中,根据被孤立的主体和新的主体之间可以形成新的链接这一规则,只有在主体被孤立时,断开的链接才会被替换。在另一个场景("动态 2")中,一旦一个链接断开,随机选择两个先前配对的主体中的一个来创建一个新的链接,而主体有可能被孤立。

　　最后一个假设是每轮游戏保持链接数量不变。我们从随机配对和全连接网络着手检验最后两个场景（详情参见 Boero，Bravo and Squazzoni 2010）。表 2-5 总结了所有情况。

表 2-5　仿真场景

场景	说明
实验型	每轮周期的随机配对
	单向互动
双向	每轮周期的随机配对
	双向互动
固定配对	固定耦合
	双向互动
密集网络	固定全连接网络
	双向互动
小世界网络	固定的小世界网络
	双向互动
无标度网络	固定无标度网络
	双向互动
动态 1 配对	动态网络
	断开的链接被替换为孤立的主体
	双向互动
	初始随机配对
动态 1 密集	动态网络
	断开的链接被替换为孤立的主体
	双向互动
	初始密集网络

场景	说明
动态 2 配对	动态网络
	断开的链接只被以前链接的两个主体之一所取代
	双向互动
	初始随机配对
动态 2k10	动态网络
	断开的链接只被以前链接的两个主体之一所取代
	双向互动
	初始规则网络的水平为 10

资料来源：Boero，Bravo and Squazzoni 2010。

　　仿真结果表明，静态互动结构不会改变实验结果。而动态网络引入了伙伴选择，结果并不相同（见表 2-6）。通过对仿真周期的单独分析，可以看出，合作者之间更多的链接和更多的互动为投资的高收益和更稳健的合作提供了空间。这在"动态 2 配对"和"动态 2k10"场景中尤为明显，更高的回报与信任行为和可信行为显著相关（见表 2-7 中的参数 α_i，该参数估计了每个主体和 y_i 的信任倾向，并根据实验中每个参与者 B 的回报进行了校准）。

表 2-6　原始实验与动态网络场景下的平均投资和收益

模型	第 1~10 期		第 11~20 期		第 21~30 期	
	A 投资	B 回报	A 投资	B 回报	A 投资	B 回报
动态 1 配对	3.65 (2.58)	2.92 (2.96)	3.67 (2.60)	2.95 (2.90)	3.68 (2.62)	2.96 (2.93)

模型	第 1~10 期		第 11~20 期		第 21~30 期	
	A 投资	B 回报	A 投资	B 回报	A 投资	B 回报
动态 1 密集	3.79 (2.67)	**3.32** (3.20)	3.66 (2.60)	2.96 (2.96)	3.68 (2.62)	2.97 (2.94)
动态 2 配对	3.82 (2.68)	**3.37** (3.42)	**4.48** (3.01)	**5.02** (4.50)	**4.63** (3.11)	**5.58** (5.12)
动态 2k10	**4.11** (2.82)	**4.00** (3.59)	**4.43** (3.01)	**4.85** (4.30)	**4.49** (3.04)	**5.02** (4.50)
实验	3.48 (2.69)	2.79 (3.58)	—	—	—	—

注：括号内为标准偏差，与实验显著不同的平均值（10% 水平）用粗体标出。

资料来源：Boero，Bravo and Squazzoni 2010。

表 2-7　每次运行的平均回报与主体参数之间的相关性

模型	周期	α_i	β_i	γ_i
动态 1 配对	1~10	−0.18***	0.11	−0.80***
	11~20	−0.78***	0.16	−0.67***
	21~30	−0.68***	0.21*	−0.66***
动态 1 密集	1~10	0.02	−0.18	0.64***
	11~20	−0.72***	0.17	−0.66***
	21~30	−0.66***	0.15	−0.61***
动态 2 配对	1~10	−0.13	−0.05	0.53***
	11~20	0.37***	−0.14	0.96***
	21~30	0.37***	−0.14	0.95***

模型	周期	α_i	β_i	γ_i
动态 2k10	1~10	0.32***	−0.19	0.87***
	11~20	0.36***	−0.18	0.96***
	21~30	0.35***	−0.19	0.97***

注：***$p<0.001$，**$p<0.01$，*$p<0.05$。

资料来源：Boero，Bravo and Squazzoni 2010。

图 2-7 显示了"动态 2 配对"和"动态 2k10"运行 30
个周期后的网络形状。在第一种情况下，合作的主体周围有
大量的孤立主体；而在后一种情况下，即使没有孤立的主
体，也存在大量链接的合作主体。值得注意的是，拥有 5 个
或更少链接的主体的 α_i（信任倾向）平均值为 2.73，而拥有
5 个以上链接的主体的 α_i 平均值为 4.17。简而言之，在第一
种情况下，欺骗者被孤立，其他人聚集在高度合作的主体周
围；在后一种情况下，欺骗者之间必然有一些联系，而且只
有彼此之间的联系。这意味着，即使没有模仿、人际承诺和
声誉，合作也可以作为社会结构的一种效应而产生，也就是
说，社会机制能够自然而然地培育合作。

这些结果有助于理解互惠策略的局限性。毫无疑问，阿
克塞尔罗德式"未来的阴影"是解释敌对环境下合作的一个
重要因素。关键在于，当运用于静态社交网络时，一旦信任
被欺骗所侵蚀，遵循条件策略的主体之间的链接稳定性只会
带来一系列永无休止的相互背叛。动态网络中的伙伴选择减
少了欺骗者的利用机会，合作者不必相互背叛，因为他们可
以找到新的伙伴来进行合作互动。

59

60

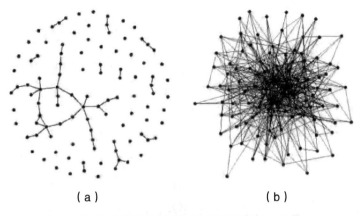

（a）　　　　　　　　　　（b）

图 2-7　"动态 2 配对"（a）和"动态 2k10"

（b）场景中运行 30 个周期后的网络形状

资料来源：Boero，Bravo and Squazzoni 2010。

　　我们的理解是，这一发现对于市场的性质和演化具有特别的意义，尤其是考虑到诺思（North 2005）提出的历史和制度背景。首先，特定的市场框架可能比其他市场框架更有效，因为它们将伙伴选择制度化，作为对欺骗者相对低成本的制裁。这不仅适用于生产者和消费者之间的互动，也适用于生产伙伴在共同设计或共同生产商品时的合作。其次，如果怀特（White 2004）所强调的市场也是一种网络的观点是正确的，那么特定的市场结构配置可能是从伙伴选择机制演化而来的，复杂的市场结构可以看作相对简单的社会机制的放大，比如我们以基于实验的模型所进行的研究。

　　显然，为了更详细地研究这些影响，需要构建关注个体行为和互动结构共同演化的模型。基于实验的模型就是一个例子，它聚焦于伙伴选择，将其作为引导行为和结构之间自我强化的共同演化的一种社会机制。我们的发现也很重要，因为它们可以指导我们设计新的实验，在实验室里进行研究，例如了解个体在典型的信任情境下决定破除关系的具体条件。因此，模型与实验之间的关系可以是双重的：模型不仅可以帮助概括实验结果，而且能让我们调整实验设计来检验新的方面。

61

　　也就是说，其他社会机制，如标签和人际承诺，可以促进伙伴选择，使人际网络更加稳定。每天我们都会大量使用标签对他人进行分类和识别他人，以及向他人传达某些个体属性。从社会学角度来看，标签中隐含着个体或群体的某些属性，可以看作社会共享的交流信号。例如，说方言或特定的口音，穿着优雅，驾驶花哨的定制跑车，或者在公司的网站上发布一个自负的道德准则。这些属性或行为在社会上可能被用来预测其他人的行为，特别是当我们与未知的伙伴互动时。虽然标签会传递无意、不准确、任意或错误的信息，但也可以在没有过去的互动经验、记忆以及互惠动机或声誉信号的情况下促进合作。因此，标签可以取代过去伙伴选择的直接经验。正因为如此，ABM 文献在不同的社会互动情境下对标签进行了广泛的研究（例如，Hales 2000；Riolo，Cohen and Axelrod 2001；Edmonds and Hales 2003；Hammond and Axelrod 2006；Kim 2010）。

　　人际承诺也是如此，即伙伴之间基于无条件合作建立长期合作关系。这并不能为建立关系时的伙伴选择提供直接帮助，但随着时间的推移有助于维持这种关系。正如德沃斯、斯马尼奥托和埃尔萨斯（de Vos，Smaniotto and Elsas 2001）与巴克和弗拉什（Back and Flache 2006）所示，在合作者可能被欺骗者利用的选择性环境中，相比于互惠和有条件的合作，人际承诺能对合作施加更强大的演化压力。

比如，巴克和弗拉什（Back and Flache 2006）构建了一个互助的交换困境博弈模型，表明人际承诺比有条件合作策略更能防止背叛，因为它避免了后者"保持账目平衡"的恶性循环。显然，在未来的实验室实验中，开展新的仿真，对这些机制约束进行更精确的剖析至关重要。

第五节　声誉[①]

在现实生活中，我们并不是简单地依靠市场信号、个体经验或常识来决定该做什么，因为我们经常与有知识的人交流，并受到他们的影响。例如，当我们寻找有能力且值得信赖的建筑商来修补度假屋时，附近居民的意见、建议和传言可以起到作用。与他人交流有助于缩小我们已知和应知之间的差距，并让我们有充分的理由去冒险与未知的伙伴互动。因此，有关个体对他人诚信评判的社会分享和传播是弥补个体交往经验缺失的基本信息来源。

市场、团体和社区越来越倾向于在现实环境中自我组织，在这种环境中，个体没有机会相互了解，这就突出了声誉的相关性。为了维持合作，交易伙伴之间内生了可靠的排名。

最近有关一系列不同市场环境下的实验结果证实，人类对自己的声誉以及有关他人声誉的传言和信息都极为敏

---

① 本节广泛借鉴了 Boero et al.（2010）。

感，即使预计不会直接影响其物质回报（例如，Sommerfeld et al. 2007；Piazza and Bering 2008；Boero et al. 2009a，2009b）。对此，解释性假设是，声誉是人类重要的规范性参考，可以增强信任和合作的可能性。这些可能是社会认可对于个体幸福的价值，以及对他人利益做出承诺的重要性。

合作声誉的研究已经成为 ABM 研究和实验研究的重要领域，并且在网络社区管理方面的应用也很有趣。具体研究涉及两个方面，即作为社会秩序支柱的声誉和作为社会学习基础的声誉（Buskens and Raub 2002）。

孔特和保卢奇（Conte and Paolucci 2002）运用 ABM 对第一个方面进行了研究，表明声誉使社会能够依靠一种低成本的社会制裁形式，帮助区分欺骗者和保护规范遵守者。声誉是第三方对主体信任度评估的社会共享，尽管这种评估不够准确、武断且主观，但可以使欺骗成为一种危险的策略，尤其是在互动重复时。主体嵌入社交网络，而"未来的阴影"成为抵抗自利诱惑的强大力量。

博埃罗等人（Boero et al. 2010）运用基于实验的模型研究了第二个方面。基于其方法论见解，我决定集中讨论最后一个例子。

博埃罗等人（Boero et al. 2010）的声誉模型基于从实验室中收集的数据，这个实验要求 64 名参与者在不确定的环境中做出投资决策。该实验的设计就是为了明确生成一个数据集来校准 ABM，并从微观主体互动中得到复杂系统的宏观含义。目的是检验他人的意见对投资主体的影响以及声誉在具有不确定性的经济市场中作为学习基础的相关性。

实验游戏的组织如下。受试者的初始资金为 1000ECU（与欧元有固定的汇率）以及一份随机分配、具有给定收益率的证券。实验环境由 30 种证券组成，证券的收益率都是未知的。受试者可以在每一轮要求获得一份新的证券。证券探测的顺序是一个固定的序列。游戏在 17 轮后结束，但受试者只知道每轮应该以概率 =0.1 结束。每轮受试者只知道在前几轮发现的证券。寻找新证券是一项风险投资，受试者要承担探测成本。游戏结束时的预期最终利润取决于受试者所发现证券的收益率。

每名受试者与 3 名具有预定行为的自动机玩家配对，受试者与其交换自身发现的证券信息。实验指引会告知受试者在实验中与其他参与者（A、B 和 C）的互动是匿名的，这是为了简化互动，加强对受试者行为的控制。

有关证券收益率的信息可能是真的，也可能是假的，例如受试者可能低估或高估收益率，或传达其最佳证券的真实收益率（详情参见 Boero et al. 2010）。因此，受试者面临的一个关键挑战是如何找出值得信赖的伙伴。投资策略包括：①在环境中随机搜索新证券（考虑不确定的收益率）；②根据其他暗示购买证券（可能是真的，也可能是假的）；③利用已经发现的证券。

首先，我们对实验数据进行了探索。通过两步聚类分析，我们追踪到某些一致的行为模式：遵循其他主体暗示的受试者反过来向其他人告知真实的暗示；不遵循提示且更倾向于采用开发或随机探索投资策略的受试者提出虚假暗示。一旦从实验数据中追踪到行为模式，就可以构建一个 ABM 来复制主体的数量、游戏结构和环境特征。根据实验中发现的受试者行为的聚类分布，对模型进行校准（见表 2-8）。仿真参数如表 2-9 所示（关于实验与模型之间的细微差异，参见 Boero et al. 2010，5.2）。

表 2-8 根据实验聚类 ABM 中的主体分布

信息	投资			
	根据提示进行投资的探索型受试者	即使存在可靠提示也倾向于随机探索的受试者	遵循可靠提示的受试者	总计
合作型受试者传达真实的提示	12.50%	1.56%	12.50%	26.56%
互惠者向值得信赖的主体传递真实提示而向欺骗者传递了虚假提示	17.19%	4.69%	28.13%	50.00%
欺骗者总是向每个人传递错误提示	1.56%	7.81%	14.06%	23.44%
总计	31.25%	14.06%	54.69%	100.00%

资料来源：根据博埃罗等人（Boero et al. 2010，5.1）的研究制作。

64

表 2-9 仿真参数

仿真参数	值
主体	100
证券	1000000
收益率分布的标准差	500
初始资金	1000ECU
探测成本	8000 ECU
互动次数	495

资料来源：Boero et al. 2010，5.2。

我们按照实验的思路来操作，即创建一些基线场景，引入增量、精确的参数修正，并比较、衡量它们对某些变量的影响。然后，我们创建了 7 个仿真设置来修改伙伴的可信度评估机制。特别是我们测试了个体经历（设置 4 和 5）和声誉（设置 6 和 7）对在集体分享个体评估的影响。

在第一种情况下，主体能够认出以前见过的其他主体，对他们的可信度形成一种看法和记忆，用于以后的接触。伙伴可信度的反馈规则是，当主体遇到一个已被证明不可靠的伙伴（例如提供有关证券虚假收益率的信息）时，便在自己的记忆中将其记录为欺骗者。主体根据一个非常简单的规则不断更新他们的记忆：①计算其他主体传递的真实或错误暗示的总和；②如果某个主体提供真实暗示的总和高于总体平均值，则认为该主体值得信赖。

在第二种情况下，我们在可信度评估中加入了社会声誉层。也就是说，我们在系统级引入了一段记忆，其中主体的评估（可信者或欺骗者）是个体形成的，同时对于所有主体又是公开、同质且可用的。简言之，现在每个主体都在更新对彼此行为的记忆，并且所有主体持续不断共享评估结果。所以不需要个体互动经验，就可形成对伙伴的意见（见表 2-10）。

表 2-10　仿真设置

仿真设置	规则
基线设置	
1. 仅利用（exploit_only）	纯粹利用：主体可以简单地利用仿真初始随机分布的证券

续表

仿真设置	规则
2. 仅探索 （explore_only）	纯粹探索：当主体有足够的资源时，主体可以简单地通过随机搜索进行探索
没有可信度评估	
3. 总是倾听 （listen_always）	不可信评估：主体按照实验中观察到的信息进行交流并信任大家
个体级的可信度评估	
4. 个体积极态度 （'individual_J_pos）	主体探索伙伴的可信度，而不与他人分享任何个体经验，并以"积极态度"对待未知的伙伴（推定伙伴值得信任）
5. 个体消极态度 （'individual_J_neg）	主体探索伙伴的可信度，而不与他人分享任何个体经验，并对未知的伙伴持"消极态度"（推定伙伴不值得信任）
在系统级共享可信度评估（声誉）	
6. 集体积极态度 （collective_J_pos）	主体了解伙伴的声誉（可信者或欺骗着），并对未知的伙伴持"积极态度"（推定伙伴值得信任）
7. 集体消极态度 （collective_J_neg*）	主体了解伙伴的声誉（可信者或欺骗者），并对未知的伙伴采取"消极态度"（推定伙伴不值得信任）

注：* 处原文为"集体积极态度"，经核实，应为"集体消极态度"。——译者注

资料来源：根据博埃罗等人（Boero et al. 2010, 5.1）的研究制作。

　　仿真结果侧重于这些假设对某些相关总变量的影响，如主体的最终利润、探索能力和资源储量。首先，研究结果证实了一种直觉，即社会信息的交流和传播比个体探索和开发策略更能提高主体的利润。如图 2-8 所示，虽然主体无法评估伙伴的可信度，但信任所有人（也包括错误暗示）相比于原子策略（即不受其他主体暗示影响的探索和开发）能够获得更高的利润（详细信息参见 Boero et al. 2010, 6.1, 6.2）。

65

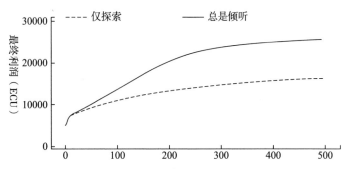

图 2-8 "仅探索"和"总是倾听"仿真设置中主体的最终利润动态

资料来源：Boero et al. 2010，6.2。

通过对没有可信度评估（"仅探索"）、引入更复杂的可信度评估认知能力（"个体积极态度"）以及引入社会声誉（"集体积极态度"）等几种设置的比较，进一步证实了上述观点（详细信息参见 Boero et al. 2010，6.3，6.4，6.5）。结果证实，对主体来说，分享对伙伴可信度认知评估的声誉机制和一般信息的社会共享，能保证获得更高的利润（见图 2-9）。

66

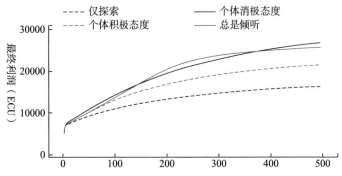

图 2-9 "仅探索"、"个体积极态度"、"个体消极态度"
和"总是倾听"仿真设置中主体的最终利润动态

67

资料来源：Boero et al. 2010，6.5。

这个结果并非微不足道，尤其是因为没有一般规律或无可争议的实验证据清楚地表明，声誉机制相比于其他更简单的微观原子机制更能让主体应对不确定的环境而不受潜在的错误信息影响。

关键在于，虽然在"个体积极态度"和"个体消极态度"设置中，对伙伴可信度的真实评估基于个体经验，并且主体随着时间的推移进行累积和调整，但对于声誉机制（"集体积极态度"和"集体消极态度"设置），其中潜在的错误评估在系统中传播得更多。声誉提高了其他主体行为信息的可用性，取代了对个体经验的需要，但以牺牲信息的可靠性为代价。

接着，我们统计了在这四种设置（有信誉和无信誉）中，随着时间推移主体遵循的错误暗示（称为"柠檬"）的平均数量，并测量了一段时间内的平均利润来作为暗示。我们发现声誉机制下柠檬数量的减少甚至超过了个体经验（见图2-10）。因而确保了主体具有更强的探索能力。尽管所有人的利润都稳步增长，但欺骗者的利润高于其他所有人（见图2-11；关于对伙伴的消极态度和积极态度设置的其他结果，参见 Boero et al. 2010，6.7，6.8）。

这些结果对于研究人类社会尤其是市场声誉的影响具有重要意义。首先，这些结果可以解释，为什么主体知道社交渠道经常提供虚假信息，但仍倾向于遵循声誉和流言信号。令人好奇的是，当通过社交渠道共享的信息的具体附加价值确实值得怀疑时，这种情况也会发生。例如，在金融市场上，主体可以获得非常丰富的机构信息和结构化信息，而任何新信息的附加价值大多是噪音（例如，Schindler 2007）。

68

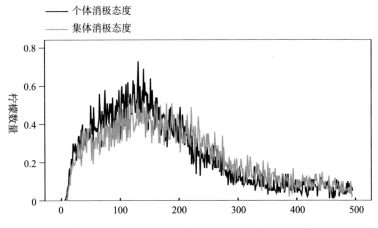

图 2-10 "个体消极态度"和"集体消极态度"
仿真设置中柠檬平均数量的动态变化

资料来源：Boero et al. 2010，6.7。

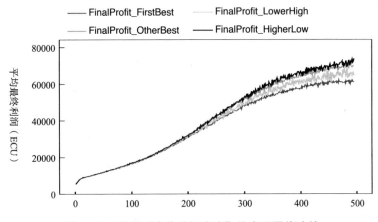

图 2-11 根据"个体消极态度"仿真设置传达的
信息类型主体获得的平均最终利润动态

注：FinalProfit_FirstBest 指主体传达有关最佳证券的真实暗示；FinalProfit_OtherBest 指主体传达了关于平均收益率证券的真实暗示；FinalProfit_LowerHigh 指主体传达有关所探索的最佳证券收益率低于实际收益率；FinalProfit_HigherLow 指主体传达的平均证券收益率高于实际收益率（例如，Subiaul et al. 2008）。

我们的研究结果表明，首先，从宏观层面来看，信息传播有助于提高系统的探索能力。其次，当声誉不会导致歧视、社会偏见和刻板印象时，它会通过降低主体与未知伙伴互动的风险来扩大主体社交圈。这样，声誉可以比直接基于经验的伙伴选择更好地支持合作。事实上，人类复杂认知系统进化的原因之一可能是掌握来自各种网络的异质性和多元化的社会信息的需求（例如，Subiaul et al. 2008）。

第六节　规则的涌现

到现在，我们已经介绍了一些关于个体目标与集体利益之间存在冲突的社会困境的例子，例如"囚徒困境"。问题在于社会互动并不总是基于主体之间的竞争，其参与的竞争博弈的严格程度不一。每天，人们的互动环境都面临着趋同于相同或相应策略的挑战，其中可能存在多个纳什均衡。在这些情形下，主体进行"协调博弈"。因为从博弈均衡最终发展为健全的社会规范或制度的角度来理解社会机制存在一定的难度，所以这些博弈令人费解。

同时，在这些情况下，借助于形式化模型和计算机仿真，越来越多的社会科学研究已深入解释公约、规范和制度涌现的某些社会机制，如路径依赖、社会整合、惯例和服从（例如，Conte and Castelfranchi 1995；Dosi et al. 1996；Durlauf and Young-Peyton 2001；Kenrick，Li and Burtner 2003；Tummolini et al. 2011）。我选择了两个简单的例子，侧重于解释机制，厘清当前关于社会习俗和规范进化本质的争论。

69

第一个例子来自霍奇森和克努森（Hodgson and Knudsen 2004）的研究，解释惯例与服从在特定社会习俗的产生和维持中所起的作用，例如关于在路的哪一侧行驶的交通规则。结果表明，在大多数情况下，人类主体能够有效地一起追求共同目标，而不管他们有没有能力建立合理的期望并对未来场景进行复杂计算，但可以依赖习惯建立、加强和维护特定的社会规范。

第二个例子来自爱泼斯坦（Epstein 2001），他研究了另一种（相关的）社会机制，可以解释社会规范的力量，即"学会少思考"（learning to be thoughtless）。意思是社会规范一旦建立，就可以帮助主体通过宏观情境和微观决策之间的自我强化反馈来降低做决策的认知成本。

在第一个例子中，霍奇森和克努森（Hodgson and Knudsen 2004）遵循了瑟尔（Searle 1995）的观点，即规则是制度约束的特殊实例。例如，所有国家都有婚姻规则来规范伴侣之间的社会契约。但无论是一夫多妻制还是一夫一妻制，这些规则大多数是"任意性"的。按照这种观点，这些"任意性"的规则可能是特定历史、某些计划外的重要社会事件或某个特定国家的其他突发事件的产物。

在这方面，学者们想阐明决定规则产生的"强制性"机制。此外，他们指出，能够固定下来且为人所遵守的传统（尽管被大多数经济学家忽视），可以追溯到所谓的"旧制度主义"。此处的观点是，惯例、规范和制度不只是主体前瞻性理性行为总和的产物，还被视为塑造人们偏好的内生力量，并深深地嵌入社会心理因素（如模仿、社会认同、习惯和惯例），在很大程度上依赖于过往行为的驱动，在这种情况下，伦理观念也会强化社会规范[1]。

70

我们只需提及索尔斯坦·凡勃伦（Thorstein Veblen）和约翰·R. 康芒斯（John R. Commons）的观点，即个体偏好的"可塑性"对于理解规范均衡（也是个体行为的产物和结果）至关重要（例如，Veblen 1899；Commons 1934）。习惯（从经济学角度来看，在很大程度上习惯也是非理性的）被视为一种手段，据此规范和制度随着时间推移得以在社会上维持。

霍奇森和克努森（Hodgson and Knudsen 2004）提出货币作为一种经济制度的影响，就是一个特别好的例子。正如凡勃伦的学生韦斯利·米切尔（Wesley Mitchell）所说，货币制度一旦建立，就改变了人类世代相传的心态、偏好和思维方式。与此同时，货币制度自身又会不断强化，成为比较与衡量经济和社会领域中一切事物价值的普遍规则（Mitchell 1937）。[2]霍奇森和克努森模型尝试以简单和抽象的方式来考察这些重要的问题。

这个模型是基于随机分布在 100×2 细胞环（cell ring）中的 N 个（$N=40$）主体，这些主体必须决定按顺时针还是逆时针围绕细胞环转动以避免碰撞。他们将面临一个受限

---

[1]　这里值得一提的是，杰弗里·霍奇森本人在其职业生涯的大部分时间里致力于经济学中的"旧制度主义"方法的系统化和普及（例如，Hodgson 1998）。

[2]　这里值得一提的是，在"旧制度主义"之前，这种货币作为一种经济制度的概念（改变了人们的偏好和行为，例如将个体的理性计算扩大到现代社会的许多领域）在西梅尔（Simmel 1907）和门格（Menger 1892）的研究中就有所体现。

制的空间部分（即前方的 10 个"细胞"，详情见下文），可以计算其中每条路线和每个方向上的其他主体。决策依赖于五个异质性参数：①同向敏感性；②反向敏感性；③回避；④习惯基因；⑤习惯化。前三个参数是固定的，在仿真开始时根据正态分布进行随机分配，后两个参数随着时间推移发生变化。

参数①是与主体所在路线同一方向的前方其他主体的加权比重，以此测量主体的因循守旧（conformism）的趋势。参数②是与主体在相反路线向相反方向前进的其他主体的加权比重，以此测量主体避免拥堵的趋势。参数③是距离非常近的主体的加权数，以此测量主体的风险规避程度。参数④表现主体的习惯基因，因为主体或多或少有偏好的习惯。参数⑤表示主体更重要的习惯（在左边或右边行驶），习惯会随着过去做出类似选择的次数减少而发生改变（请注意，在仿真开始时，每个主体的此项参数设置为零）。

解释主体行为的方程如下：

$$LREvaluation_n = w_{Sdirection} \times SSensitivity_n \times (2S_{L,n,t}-1)$$
$$+ w_{Odirection} \times OSensitivity_n \times (2O_{L,n,t}-1)$$
$$+ w_{Avoidance} \times Avoidance_n \times (C_{R,n,t}-C_{L,n,t})$$
$$+ w_{Habit} + Habitgene_n \times Habituation_{n,t}$$

其中，W_X 系数是所有主体都有的固定权重，$S_{L,n}$ 是所有同向移动主体的比例，$O_{L,n}$ 是所有反向移动主体的比例，$C_{L,n}$ 和 $C_{R,n}$ 是任何方向上距离非常接近的主体数量（L 指左侧，R 指右侧）。如果 $LREvaluation_n$ 大于 0，则主体向左移动；反之，主体向右移动。假设存在一个误差概率。最后，当两个主体因相撞而消失，新的主体以随机分配的值取而代之。[①]

　　结果表明，当习惯水平提高时，主体向右或向左规则的收敛性更高，且独立于误差水平（见图 2-12）。随着 w_{Habit} 从 0 增加到 1，在所有误差水平下，围绕规则的收敛性更强。对大参数空间的广泛统计检验（此处未报告）证实了这一发现的鲁棒性（Hodgson and Knudsen 2004，p. 30）。

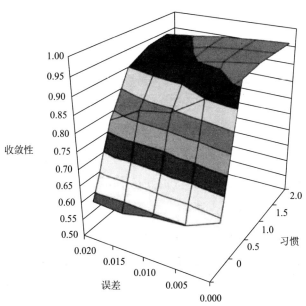

图 2-12　不同习惯水平和不同误差概率的总体在共同规则上的收敛性

　　注：收敛值越大，向右或向左的特定惯例的扩散越大。收敛的计算方法是主体位于左侧或右侧的时段总数除以主体数量与时段数之积。

　　资料来源：Hodgson and Knudsen，2004，p. 29。

72

────────────

①　值得注意的是，作者在探索了许多涉及认知和行为方面的参数后，得出了这个简化模型，例如惯性在决策中的作用。然后他们意识到这些参数并不是影响系统行为的决定性因素。在我们看来，这是一个重要的方法论教训，即简约模型比复杂模型更有效，尤其当前者是对大量参数进行探索的结果时。

例如，我们估计一个虚拟回归，将 w_{Habit} 作为自变量，并将收敛性作为因变量。结果表明，习惯在整个参数空间增强了收敛性，前者的线性效应解释了后者 62% 的变化（Hodgson and Knudsen 2004，p.31）。表 2-11 显示了在误差（ε）和习惯权重（w_{Habit}）的大组合下 200 次运行的平均结果，每次基于 20000 个周期。t 检验表明，当 $w_{Habit}=1$ 时，预期的收敛值会大于 0 或 0.5；当值更大时（如 1.5 或 2），也没有发生重大变化。

表 2-11　向左或向右规则的收敛程度

ε 的均值	w_{Habit}					ε 的标准差	w_{Habit}				
	0	0.5	1	1.5	2		0	0.5	1	1.5	2
0.000	0.638	0.966	0.975	0.974	0.971	0.000	0.123	0.056	0.032	0.032	0.036
0.005	0.599	0.899	0.962	0.968	0.967	0.005	0.075	0.109	0.032	0.034	0.034
0.010	0.592	0.843	0.946	0.959	0.962	0.010	0.064	0.135	0.055	0.033	0.028
0.015	0.572	0.827	0.931	0.941	0.951	0.015	0.058	0.125	0.069	0.049	0.032
0.020	0.577	0.778	0.902	0.932	0.944	0.020	0.056	0.128	0.082	0.053	0.032

注：值 1 表示在整个仿真运行中，所有主体都位于左侧或右侧，而值 0.5 表示没有平均收敛。

资料来源：Hodgson and Knudsen 2004，p. 42。

值得注意的是，习惯有利于收敛的独特性可能与某些认知过程密切相关。考虑到这一点，作者在不同的决策时界下进行了各种仿真。表 2-12 显示了从主体的无知（=0）到主体无所不知（=100）的时界的结果。结果表明，习惯对规则涌现影响最有利的参数空间是决策时界的 0~25 区间。虽然习惯对无所不知的主体也有积极的影响，但惊人的结果是，习惯弥补了无所不知的主体的欠缺之处。

表 2-12　向左或向右规则在不同决策时界的收敛程度

时界	$w_{Habit}=0$	$w_{Habit}=1$	习惯效应	p 值效应
0	0.50	0.53	0.03	0.00
5	0.51	0.80	0.30	0.00
10	0.56	0.88	0.32	0.00
15	0.69	0.95	0.26	0.00
20	0.85	0.98	0.13	0.00
25	0.94	0.98	0.04	0.00
30	0.98	0.98	0.00	0.15
50	0.99	0.99	0.00	0.77
100	0.98	0.98	0.00	0.36
随机	0.97	0.98	0.01	0.00
突变	0.50	0.84	0.33	0.00

注：p 值是 t 检验的值，即比较 $w_{Habit}=0$ 和 $w_{Habit}=1$ 的平均值。"随机"仿真场景指作者假设在总体中初始随机分配时界值（0~100）。"突变"指作者假设主体发生碰撞时的时界值随机分配。

资料来源：Hodgson and Knudsen 2004，p. 45。

除关键的误差参数之外，作者发现了另一个重要条件，可以在特定情况下改变规则的涌现，即存在相当一部分"灵活的"（agile）主体。这些典型的主体习惯基因水平通常较低，能够通过从一条路线切换到另一条路线来避免拥堵和碰撞。当一部分主体避免了死亡，从而排除了替代和突变，就能成功地在局部建立多重均衡，不同的社会规范随着时间推移最终得以共存。但这也阻止了系统向独特的规则收敛。

对于对人类事务感兴趣的学者而言，这一发现绝非微不足道，正如根据历史叙事和社会学叙事，我们非常清楚在许多社会环境中，即使是少数聪明但无耻的人，也会给社会制度增添噪声，危害社会规范和制度。但这只是硬币的一面。

事实上，假设需要解释的不是 N 个竞争规范中涌现的特定均衡，而是不对称环境下规范的变化。例如，范数平衡已经建立，在 N 个相互竞争的范数之间存在非对称的关系。正如在社会中经常发生的那样，可以假设存在成熟的权力结构维护已有的均衡（例如，North 2005）。在这个特定的仿真场景中，可以从不同角度看待"灵活的"人，他们是规范变化的重要来源，尤其是在涂尔干主义的集体兴盛时期。

爱泼斯坦（Epstein 2001）创建了一个类似的模型来研究社会规范的强度和降低个体在决定所作所为时付出的认知成本之间的联系，从而针对从众的优势提出了一种进化论观点（即不假思索地坚持一种根深蒂固的规范，而将时间和精力投入处理其他问题）。与以前不同的是，爱泼斯坦没有假设习惯或过去的决定会产生任何影响，主体会利用当前关于其他主体行为的信息来预测未来的结果。

如前所述，该模型包含由 N 个（$N=191$）主体组成的环，主体要在两个规范之间进行选择（例如是靠左行驶还是靠右行驶），而这取决于主体能观察到其他人行为的取样半径。与之前主体具有固定决策时界的情况不同，此时，主体半径是异质的且随着时间发生变化，以模仿主体在决策不确定时寻求更严谨调查的需要。

更准确地说，主体有一个异质的半径 r，计算分别遵循规则 L（靠左侧行驶）或 R（靠右侧行驶）的其他主体的相对频率 F。他们会简单地依从其半径内的其他大多数主体。为了决定遵循哪种规范，他们采取了一种快速而简约的方法：如果在较大半径的取样中发现了差异，就会加大调查力度；如果没有发现差异，则会减少搜索。最后，不同水平的噪声用来仿真当主体随机遵循某一规范时，有关其行为的信息可能会被误解（见下文的场景）。

爱泼斯坦创建了一些仿真场景，了解规范和个体计算之间的联系。在第一个场景下，主体最初被分配一个规范，其半径很大且当前没有噪声。正如所预期的，结果是个体计算会随时间推移而减少甚至消除。在第二个场景下，主体被随机分配两个规范，其半径有限且仍然没有噪声。结果表明，规范在系统空间的不同区域共存。这意味着主体在局部范围内依从，但系统全局内呈现多样化模式。此外，位于两个区域边界的主体进行广泛计算，而那些坚守其中一个规范的主体则不然。接着，将噪声参数设置为 0.15、0.30、0.50，直到各种场景下的最大值。这些场景显示，规范的涌现表现为间断均衡（时间相对较长的规范均衡被快速变化所打断），主体的计算努力在规范之间的边界最为密集，并且向均值为 2.0 的搜索半径内生收敛。显然，搜索值是非均匀分布的，因为搜索在规范共存的系统空间区域内更加密集。

这个实验预计噪声会对搜索产生决定性影响。扩展性统计检验表明，当噪声值为 0.15 时，搜索半径的稳态均值为

[1.89，2.03]；当噪声值为 0.30 时，搜索半径的稳态均值为
[2.89，3.04]；当噪声值为 0.50 时，搜索半径的稳态均值为
[3.73，3.81]；当噪声值为最大值时，搜索半径的稳态均值
为 [4.53，4.63]。因此当噪声达到最大值时，个体计算并没
有达到最大值。这一有趣的发现可以通过灵敏度参数分析进
一步研究，即考虑搜索半径和噪声，并操纵不同取样值的容
忍度参数 t 和大规模的仿真运行。结果表明，主体扩大半径
的倾向与容忍度成反比。即使在容忍度最低的情况下，平均
搜索半径也没有达到最大值；即使在噪声不受限的情况下，
搜索也受到限制（见图 2-13）。

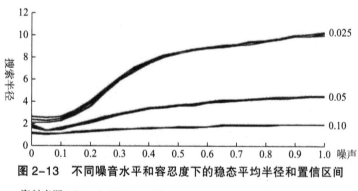

图 2-13　不同噪音水平和容忍度下的稳态平均半径和置信区间

资料来源：Epstein 2001，p. 22。

　　这些发现表明，首先，规范出现后，通过减少个体计算
反馈给主体决策；其次，当一个社会系统的噪声水平很高，
例如，当个体发现很难解释行为或者对规范的评估具有严重
不确定性时，上述发现在一定程度上也是有效的；最后，这
些发现再现了有关规范在社会系统中演变的某些众所周知
的典型事实，例如间断均衡以及局部依从性与全局多样性的

动态关系，这些都是复杂系统行为的特征（例如，Axelrod 1997）。

综上所述，这两个例子都从社会学角度提供了有趣且合乎逻辑的良好解释，即为什么我们的日常生活中充斥着各种社会规范，这些规范有助于我们协调能够实现集体利益的行动。与理性选择观点强调前瞻性的全知决策不同，第一个例子的结果证实了先前的实验结果，即人类决策者在复杂社会环境中具有迅速而精简的探索能力（例如，Gigerenzer and Selten 2001）。这也表明，社会学模型可以从以实验为基础的个体行为图像中获得种种益处。第二个例子的结果证实了一种直觉，即规范是社会秩序的支柱，因为其中包含的可行指令能够降低个体决策成本（例如，March 1994）。

此外，这两个例子都证明了两种众所周知的机制在制度演化研究中的强大作用，即路径依赖（例如，David 1985；Arthur 1994；North 2005）和间断均衡（例如，David 1985；Arthur 1994；North 2005）。在第一种情况下，一个社会系统向唯一的规范均衡收敛的概率极大地依赖于一组特定的初始条件，因为时间的流逝意味着主体在局部范围内找到良好解决方案的回报会增加。也就是说，随着时间推移，那些没有发生碰撞的主体存活下来，增加了特定解决方案跨越空间和时间在社会上扩散和代际传播的机会。若如此，任何有关社会系统均衡的预测都是极其困难的，更重要的是，其解释价值低于对涉及具体细节的特定实现机制和维护机制的理解（例如，Epstein and Hammond Ross 2002）。

76

规范均衡的间断形式也是如此。值得注意的是，所有对检验规范和制度很重要的机制在实证分析中都不容易研究，也不可能在没有计算机仿真的情况下进行全面检验。其次，这两个例子都强调了选择压力的重要性。强大的选择压力保证了一个特定均衡的收敛，推动系统清除糟糕的局部解决方案。这可以让我们认识到将宏观 - 微观反馈建模为演化机制的重要性：当某个规范出现时，依从者得以生存下来。随着时间推移，总体也会因自我强制执行规范而发生变化。

很明显，这种方法并不排斥那种认为在社会系统中结构和经济因素也会产生某种自上而下影响的理念，比如在相对不发达的国家，食品价格的急剧上涨可能会引发暴乱。它也不排斥除这样一种观点，即宏观 - 微观反馈可以通过主体认知进行调节，也就是说，主体有能力对其行为的宏观后果和其所嵌入系统的某些宏观属性做出反应，从而认可或比较已有的规范（例如，Squazzoni 2008）。

关键在于，通过观察选择压力可以揭示长期变化，这在社会学中是一个被低估的维度。因此，规范可能是强大、稳健且有效的，尤其是有效的选择环境会对主体行为施加压力，例如通过对好与坏之间进行明显的区分。

逻辑上，当主体行为在社会环境中的选择性较低时，例如社会秩序解体以及监督和社会指责急剧减弱，主体可能会发现很难理解什么是规范以及遵守规范的益处。因此，不道德行为会激增，损害集体利益。简言之，我们周围典型的社会环境往往具有选择压力较弱的特征（例如，我们很难了解环境的特点，难以清楚地了解未来对我们和同龄人的影响），这可以解释包括犯罪组织、城市暴力、金融犯罪等消极社会后果区域泛滥的各种社会状况。

再者，这些例子有助于我们更详细地理解，在许多具体的社会互动中，主体的偏好并不是理所当然的，因为他们是模型的外生参数。相反，如果假设个体偏好是可塑的，并且受社会影响，那么这些可能是理解为什么我们能够建立和维持有效的社会规范来管理集体利益的最重要解释来源。同时，这一观点为许多经济学家反复论证的论点提供了新的视角，即特定的社会规范之所以出现，是因为个体对它们有明确的偏好，从而假定个体拥有完美的知识和信息，可以合理地定义自己的偏好。

77

参考文献

Aktipis, A. (2004) Know when to walk away: contingent movement and the evolution of cooperation. *Journal of Theoretical Biology*, 231, 249–260.

Arthur, W.B. (1994) *Increasing Returns and Path Dependence in the Economy*, University of Michigan Press, Ann Arbor.

Ashlock, D., Smucker, M.D., Stanley, E.A., and Tesfatsion, L. (1996) Preferential partner selection in an evolutionary study of prisoner's dilemma. *BioSystems*, 37, 99– 125.

Axelrod, R. (1981) Emergence of cooperation among egoists. *American Political Science Review*, 75, 306–318.

Axelrod, R. (1984) *Evolution of Cooperation*, Basic Books, New York.

Axelrod, R. (1997) *The Complexity of Cooperation: Agent-Based Models of Competition and Collaboration*, Princeton University Press, Princeton.

Axelrod, R. (2011) Launching 'The Evolution of Cooperation'. *Journal of Theoretical Biology*, in press.

Axelrod, R. and Hamilton, W.D. (1981) The evolution of cooperation. *Science*, 211, 1390–1396.

Axelrod, R., Riolo, R.L., and Cohen, M.D. (2002) Beyond geography: cooperation with persistent links in the absence of clustered neighborhoods. *Personality and Social Psychology Review*, 6, 341–346.

Back, I.H. (2010) Commitment bias: mistaken partner selection or ancient wisdom? *Evolution and Human Behavior*, 31, 22–28.

Back, I. and Flache, A. (2006) The viability of cooperation based on interpersonal commitment. *Journal of Artificial Societies and Social Simulation*, 9(1), accessible at: http//jasss.soc.surrey.ac.uk/9/1/12.html.

Barabási, A.-L. (2002) *Linked: The New Science of Networks*, Perseus, Cambridge, MA.

Barrera, D. (2008) The social mechanisms of trust. *Sociologica*, 2, 2, accessibile at: http://www.sociologica.mulino.it/doi/10.2383/27728.

Beckman, C.M., Haunschild, P.R., and Phillips, D.J. (2004) Friends or strangers? Firm-specific uncertainty, market uncertainty, and network partner selection. *Organization Science*, 15(3), 259–275.

Bendor, J., Kramer, R.M., and Stout, S. (1991) When in doubt...: cooperation in a noisy prisoner's dilemma. *Journal of Conflict Resolution*, 35, 691–719.

Berg, J., Dickhaut, J., and McCabe, K.A. (1995) Trust, reciprocity and social history. *Games and Economic Behavior*, 10, 122–142.

Bienenstick, E.J. and McBride, M. (2004) Explication of the cultural transmission model. *American Sociological Review*, 69, 138–143.

Binmore, K. (1998) *Just Playing: Game Theory and the Social Contract II*, The MIT Press, Cambridge, MA.

Boero, R., Bravo, G., and Squazzoni, F. (2010) Trust and Partner Selection in Social Networks: An Experimentally Grounded Model, arXiv:1008.4705v1 [physics.soc-ph].

Boero, R., Bravo, G., Castellani, M., and Squazzoni, F. (2009a) Reputational cues in repeated trust games. *Journal of Socio-Economics*, 38, 871–877.   78

Boero, R., Bravo, G., Castellani, M., Laganà, F., and Squazzoni, F. (2009b) Pillars of trust: an experimental study on reputation and its effects. *Sociological Research Online*, 14(5), accessible at: www.socresonline. org.uk/14/5/5.html.

Boero, R., Bravo, G., Castellani, M., and Squazzoni, F. (2010) Why bother with what others tell you? An experimental data-driven agent-based model. *Journal of Artificial Societies and Social Simulation*, 13(3), accessible at: http://jasss.soc.surrey.ac.uk/13/3/6.html.

Bowles, S. (2008) Policies designed for self-interest citizens may undermine 'The Moral Sentiments': evidence from economic experiments. *Science*, 320, 1605–1609.

Bowles, S. and Gintis, H. (2004) The evolution of strong reciprocity: cooperation in heterogeneous population. *Theoretical Population Biology*, 65, 17–28.

Boyd, R., Gintis, H., and Bowles, S. (2010) Coordinated punishment of defectors sustains cooperation and can proliferate when rare. *Science*,

328, 617–620.

Boyd, R., Gintis, H., Bowles, S., and Richerson, P.J. (2003) The Evolution of Altruistic Punishment. *PNAS*, 100(6), 3531–3535.

Boyd, R. and Richerson, P.J. (2009) Culture and the evolution of human cooperation. *Philosophical Transactions of the Royal Society (B)*, 364, 3281–3288.

Buskens, V. and Raub, W. (2002) Embedded trust: control and learning. *Advances in Group Processes*, 19, 167–202.

Calvó-Armengol, A. (2001) On bargaining partner selection when communication is restricted. *International Journal of Game Theory*, 30, 503–515.

Carpenter, J., Bowles, S., Gintis, H., and Hwang, S.-H. (2009) Strong reciprocity and team production. *Journal of Economic Behavior & Organization*, 71(2), 221–232.

Chiang, Y.-S. (2008) A path toward fairness. Preferential association and the evolution of strategies in the ultimatum game. *Rationality and Society*, 20(2), 173–201.

Cohen, M.D., Riolo, R.L., and Axelrod, R. (2001) The role of social structure in the maintenance of cooperative regimes. *Rationality and Society*, 13, 5–32.

Commons, J.R. (1934) *Institutional Economics. Its Place in Political Economy. Volume* I, Transaction Publishers, New Brunswick, NJ [1989].

Condlin, R.J. (1992) Bargaining in the dark: the normative incoherence of lawyer dispute bargaining role. *Maryland Law Review*, 51, 1–104.

Conte, R. and Castelfranchi, C. (1995) *Cognitive and Social Action*, UCL

Press, London.

Conte, R. and Paolucci, M. (2002) *Reputation in Artificial Societies: Social Beliefs for Social Order*, Kluwer Academic Publishers, Dordrecht.

Conte, R., Edmonds, B., Scott, M., and Sawyer, K. (2001) Sociology and social theory in agent-based social simulation: a symposium. *Computational and Mathematical Organization Theory*, 7, 183–205.

David, P. (1985) Clio and the economics of QWERTY. *The American Economic Review*, 75(2), 332–337.

Dawkins, R. (1989) *The Selfish Gene*, 2nd revised edn, Oxford University Press, Oxford.

de Quervain, D.J.-F., Fischbacher, U., Treyer, V., *et al.* (2004) The neural basis of altruistic punishment. *Science*, 305, 1254–1258.

de Waal, F. (2005) *Our Inner Ape*, Riverhead Books, New York.

de Vos, H., Smaniotto, R., and Elsas, D.A. (2001) Reciprocal altruism under conditions of partner selection. *Rationality and Society*, 13(2), 139–183.

Dosi, G., Marengo, L., Bassanini, A., and Valente, M. (1996) Norms as emergent properties of adaptive learning: the case of economic routines. *Journal of Evolutionary Economics*, 9(1), 5–26.

Dunbar, R.I.M. (1996) *Grooming, Gossip and the Evolution of Language*, Harvard University Press, Cambridge, MA.

Dunbar, R.I.M. (2004) Gossip in evolutionary perspective. *Review of General Psychology*, 8, 100–110.

Durlauf, S. and Young-Peyton, H. (2001) *Social Dynamics*, The MIT

79

Press, Cambridge, MA.

Dutta, B., Ghosal, S., and Ray, D. (2005) Farsighted network formation. *Journal of Economic Theory*, 122, 143–164.

Edmonds, B. and Hales, D. (2003) Replication, replication, replication: some hard lessons from model alignment. *Journal of Artificial Societies and Social Simulation*, 6(4), 11, accessible at: http://jasss.soc.surrey. ac.uk/6/4/11.html.

Epstein, J.M. (2001) Learning to be thoughtless: social norms and individual computation. *Computational Economics*, 18, 9–24.

Epstein, J.M. and Hammond Ross, A. (2002) Non-explanatory equilibria: an extremely simple game with (mostly) unattainable fixed points. *Complexity*, 7(4), 18–22.

Fehr, E. and Gätcher, S. (2000) Coordination and punishment. *American Economic Review*, 90, 980–994.

Fehr, E. and Gätcher, S. (2002) Altruistic punishment in humans. *Nature*, 415, 137–140.

Fodor, J. and Piattelli-Palmarini, M. (2010) *What Darwin Got Wrong*, Farrar, Straus and Giroux, New York.

Fudenberg, D. and Maskin, E. (1990) Evolution and cooperation in noisy repeated games. *American Economic Review*, 80, 274–279.

Gigerenzer, G. and Selten, R. (eds) (2001) *Bounded Rationality—The Adaptive Toolbox*, The MIT Press, Cambridge, MA.

Gintis, H. (2000) Strong reciprocity and human sociality. *Journal of Theoretical Biology*, 206, 169–179.

Gintis, H. (2009) *The Bounds of Reason. Game Theory and the*

Unification of the Behavioral Sciences, Princeton University Press, Princeton.

Gintis, H., Bowles, S., Boyd, R., and Fehr, E. (eds) (2005) *Moral Sentiments and Material Interests: The Foundations of Cooperation in Economic Life*, The MIT Press, Cambridge, MA.

Gulati, R. (1995) Performance, aspirations and risky organizational change. *Administrative Science Quarterly*, 43, 58–86.

Hales, D. (2000) Cooperation without space or memory: tags, groups and the prisoner's dilemma, in *Multi-Agent-Based Simulation* (eds S. Moss and P. Davidsson), Springer-Verlag, Berlin Heidelberg, pp. 157–166.

Hammond, R.A. and Axelrod, R. (2006) Evolution of contingent altruism when cooperation is expensive. *Theoretical Population Biology*, 69(3), 333–338.

Hanson, D.P. (1991) Managing for ethics: some implications of research on the prisoner's dilemma game. *SAM Advanced Management Journal*, 56, 16–20.

Haruvy, E., Roth, A., and Ünver, M. (2006) The dynamics of Law-Clerk matching: an experimental and computational investigation of proposals for reform of the market. *Journal of Economic Dynamics and Control*, 30(3), 457–486.

Hauert, C., Traulsen, A., Brandt, H., *et al.* (2007) Via freedom to coercion: the emergence of costly punishment. *Science*, 316, 1905–1907.

Hauk, E. (2001) Leaving the prison: permitting partner choice and refusal in prisoner's dilemma games. *Computational Economics*, 18, 65–87.

Helbing, D. and Yu, W. (2008) Migration as a mechanism to promote

80

cooperation. *Advances in Complex Systems*, 11(4), 641–652.

Hodgson, G.M. (1998) The approach of institutional economics. *Journal of Economic Literature*, 36(1), 166–192.

Hodgson, G.M., Knudsen, T. (2004) The complex evolution of a simple traffic convention: the functions and implications of habit. *Journal of Economic Behavior and Organization*, 54, 19–47.

Jackson, M.O. and Watts, A. (2002) The evolution of social and economic networks. *Journal of Economic Theory*, 106, 265–295.

Jackson, M.O. and Wolinksy, A. (1996) A strategic model of social and economic networks. *Journal of Economic Theory*, 71, 44–74.

Joyce, D., Kennison, J., Densmore, O., *et al.* (2006) My way or the highway: a more naturalistic model of altruism tested in an iterative prisoners' dilemma. *Journal of Artificial Societies and Social Simulation*, 9(4), accessible at: jasss.soc.surrey.ac.uk/9/2/4.html.

Kagel, J. and Roth, A. (2000) The dynamics of reorganization in matching markets: a laboratory experiment motivated by a natural experiment. *Quarterly Journal of Economics*, 115, 201–235.

Kenrick, D.T., Li, N.P., and Burtner, J. (2003) Dynamical evolutionary psychology: individual decision rules and emergent social norms. *Psychological Review*, 110(1), 3–28.

Kim, J.-W. (2010) A tag-based evolutionary prisoner's dilemma game on networks with different topologies. *Journal of Artificial Societies and Social Simulation*, 13(3), accessible at: http://jasss.soc.surrey.ac.uk/13/3/2.html.

Kogut, B. (1989) The stability of joint ventures: reciprocity and competitive rivalry. *Journal of Industrial Economics*, 38, 183–198.

Kollock, P. (1993) An eye for an eye leaves everyone blind: cooperation and accounting systems. *American Sociological Review*, 58, 768–786.

Kollock, P. (1994) The emergence of exchange structures: an experimental study of uncertainty, commitment, and trust. *American Journal of Sociology*, 100(2), 313–345.

Kollock, P. (1998) The anatomy of cooperation. *American Journal of Sociology*, 24, 183– 214.

Kuhn, S. (2007) Prisoner's Dilemma, in *Stanford Encyclopedia of Philosophy*, accessible at: http://plato.stanford.edu/entries/prisoner-dilemma/ [version October 22, 2007].

March, J.G. (1994) *A Primer on Decision Making: How Decisions Happen*, The Free Press, New York.

Mark, N. (2002) Cultural transmission, disproportionate prior exposure, and the evolution of cooperation. *American Sociological Review*, 67, 323–344.

Mark, N. (2004) Reply to Bienenstick and McBrige. *American Sociological Review*, 69, 144–149.

Menger, C. (1892) On the origin of money. *Economic Journal*, 2(2), 239–255.

Mitchell, W. (1937) *The Backward Art of Spending Money*, Transaction Publishers, New Brunswick, NJ [1999].

Molm, L.D., Takahashi, N., and Peterson, G. (2000) Risk and trust in social exchange: an experimental test of a classical proposition. *American Journal of Sociology*, 105(5), 1396–1427.

81

Nemeth, A. and Takács, K. (2007) The evolution of altruism in spatially structured populations. *Journal of Artificial Societies and Social Simulation*, 10(3), accessible at: http://jasss.soc.surrey.ac.uk/10/3/4.html.

North, D.C. (2005) *Understanding the Process of Economic Change*, Princeton University Press, Princeton.

Nowak, M.A. and May, R.M. (1992) Evolutionary games and spatial chaos. *Nature*, 359, 4877–4881.

Nowak, M.A. and Sigmund, K. (1992) Tit for tat in heterogeneous populations. *Nature*, 355, 250–253.

Nowak, M.A. and Sigmund, K. (1993) A strategy of win-stay, lose-shift that outperforms TIT-FOR-TAT in the prisoner's dilemma game. *Nature*, 364, 56–58.

Nowak, M.A. and Sigmund, K. (2005) Evolution of indirect reciprocity. *Nature*, 437, 1291–1298.

Ohtsuki, H., Hauert, C., Lieberman, E., and Nowak, M.A. (2006)A simple rule for the evolution of cooperation on graphs and social networks. *Nature*, 441, 502–505.

Ortmann, A., Fitzgerald, J., and Boeing, C. (2000) Trust, reciprocity, and social history: a reexamination. *Experimental Economics*, 3, 81–100.

Ostrom, E. (2000) Collective action and the evolution of social norms. *Journal of Economic Perspectives*, 14(3), 137–158.

Ostrom, E., Walker, J., and Gardner, R. (1992) Covenants with and without a sword: selfgovernance is possible. *American Political Science Review*, 86(2), 404–417.

Piazza, J. and Bering, J.M. (2008) Concerns about reputation via gossip promote generous allocations in an economic game. *Evolution and Human Behavior*, 29, 172–178.

Podolny, J. (2001) Networks as the pipes and prisms of the market. *American Journal of Sociology*, 107, 33–60.

Riolo, R.L., Cohen, M.D., and Axelrod, R. (2001) Evolution of cooperation without reciprocity. *Nature*, 414, 441–443.

Santos, F.C., Pacheco, J.M., and Lenaerts, T. (2006) Cooperation prevails when individuals adjust their social ties. *PLOS Computational Biology*, 2(10), 1284–1291.

Schindler, M. (2007) *Rumors in Financial Markets. Insights into Behavioral Finance*, John Wiley & Sons, Ltd, Chichester.

Searle, J. (1995) *The Construction of Social Reality*, The Free Press, New York.

Sigmund, K. (2010) *The Calculus of Selfishness*, Princeton University Press, Princeton.

Simmel, G. (1907) *The Philosophy of Money*, Routledge, London [1990, second edition].

Slonim, R. and Garbarino, E. (2008) Increases in trust and altruism from partner selection: experimental evidence. *Experimental Economics*, 11, 134–153.

Sommerfeld, R.D., Krambeck, H-J, Semmann, D., and Milinski, M. (2007) Gossip as an alternative for direct observation in games of indirect reciprocity. *PNAS*, 104(44), 17435–17440.

Squazzoni, F. (2008) The micro-macro link in social simulation.

Sociologica, 2(1), doi: 10.2383/26578, accessible at: http://www.
sociologica.mulino.it/journal/ article/index/Article/Journal:
ARTICLE:179.

Squazzoni, F. (2010) The impact of agent-based models in the social
sciences after 15 years of incursions. *History of Economic Ideas*,
XVIII(2), 197–233.

Subiaul, F., Vonk, J., Okamoto-Barth, S., and Barth, J. (2008) Do
chimpanzees learn reputation by observation? Evidence from direct
and indirect experience with generous and selfish agents. *Animal
Cognition*, 11(4), 611–623.

Swedberg, R. (2001) Sociology and game theory: contemporary and
historical perspectives. *Theory and Society*, 30, 301–335.

Timmermans, J., de Haan, H., and Squazzoni, F. (2008) Computational and
mathematical approaches to societal transitions. *Computational and
Mathematical Organization Theory*, 14, 391–414.

Tummolini, L., Andrighetto, G., Castelfranchi, C., and Conte, R. (2011)
A convention or (tacit) agreement betwixt us, in Dagstuhl Seminar
Proceedings 09121, Normative Multi- Agent Systems, accessible at:
http://drops.dagstuhl.de/opus/volltexte/2009/1919.

Veblen, T. (1899) *The Theory of the Leisure Class*, Prometheus Books,
New York, [2010].

Watts, D. (1999) *Small World: The Dynamics of Networks Between Order
and Randomness*, Princeton University Press, Princeton.

Welser, H.T., Gleave, E., and Vaughan, D.S. (2007) Cultural evolution,
disproportionate prior exposure and the problem of cooperation. *Rationality*

82

and Society, 19(2), 171–202.

White, H.C. (2004) *Markets from Networks: Socioeconomic Models of Production*, Princeton University Press, Princeton.

Wiessner, P. (2005) Norm enforcement among Ju/'hoansi Bushmen. a case of strong reciprocity? *Human Nature*, 16(2), 115–145.

Yamagishi, T., Cook, K.S., and Watabe, M. (1998) Uncertainty, trust, and commitment formation in the United States and Japan. *American Journal of Sociology*, 104 (1), 165–194.

83

第三章
社会影响

本章将回顾社会影响与社会形态、社会动态之间的相关性,如居住区隔离和集体观念。所有人在不同环境中(如家庭、朋友关系、同事关系或者大众媒体)都会受到他人不同方面的影响,比如从众、说服以及来自朋辈的压力,这一点已得到广泛认可,尤其是在社会心理学领域(例如,Moscovici 1985;Zimbardo and Leippe 1991;Paicheler 1998;Markovski and Thye 2001;Pratkanis 2007)。纳入这些因素是社会互动建模最重要的优势之一。如果没有建模,我们就很难理解社会影响在大规模社会系统中所扮演的角色。

在上一章中,大多数例子着眼于考察社会秩序和规范,强调社会结构对亲社会行为的解释价值。其中,被解释项是具有"结构"或"配置"属性的社会形态的涌现(Macy and Willer 2002;Cederman 2005;Miller and Page 2007),而主体的行为在其中扮演了关键解释项的角色。

　　本章的例子让我们通过关注微观行为和宏观结果的细节来考察微观与宏观联系的许多复杂方面。我们可以将微观与宏观的联系问题转化为具体的模型假设，从主体行为和互动的角度来解释复杂的社会结果。因此，基于主体的计算社会学家能够帮助实现社会学学科中微观和宏观支持者之间争论的"世俗化"，捍卫务实且面向模型的方法（Squazzoni 2008）。这是因为，ABM 可以将社会互动建模作为抽象和规模问题（即局部与整体）来处理，而非本体论和范畴层面的问题（即"个体"和"社会"）（Petri 2012）。

　　在这方面，谢林（Schelling 1971，1978）和格兰诺维特（Granovetter 1978）指出，若对一个社会结果的解释能够说明个体行为如何生成社会形态，而非假设社会形态是由其他宏观变量决定的或仅仅是个体特征的简单集合，那么这种解释所包含的信息量就大得多。对主体互动进行直接建模可以显示微观与宏观的联系，从互动和聚合的角度解释乍看起来奇怪和不符合直觉的集体行为。

　　正如第一章所述，由于微观细节的重要性和聚合过程的非线性，根据平均的微观行为对系统的宏观行为进行近似统计几乎是不可能的。在这样的情况下，大数定律并不适用，因为微观层面涉及一系列复杂的互动。ABM 是处理和研究这些系统的唯一正式手段（Miller and Page 2007）。

　　格兰诺维特和宋总结了这些模型相比于标准统计模型的新颖性，如下：

　　　　与大多数现有模型相比，这些模型有三个明显的优势：一是对动态的处理明确且集中（即不处理比较统计），二是不去假设变量之间存在线性关系，三是由明确的因果机制驱动，而非相关性。我们把这种模型看作社会学朝着明确、具体、动态的分析方向深入发展的一部分，远离一般的线性模型，后者往往假设原因的规模必然决定后果的规模，这使我们很难应对社会生活中原本存在的诸多意外。（Granovetter and Soong 1988, p. 103）

对复杂系统理论更为熟悉的读者将看到这些社会学的讨论在多大程度上应该归因于复杂性思维（例如，Squazzoni and Boero 2005；Miller and Page 2007；Castellani and Hafferty 2009）。

本章的结构如下：第一节主要讨论隔离动态，这是目前 ABM 研究中的一个经典主题。"隔离"可以定义为"在社会地位上属于不同群体的人的非随机分配，以及群体间的相关社会距离和物理距离……隔离是由个体间的相互依赖行为创造出来并维持的"（Bruch and Mare 2009, pp. 270，272）。

在这里，我特别关注居住区隔离，其中的挑战在于将个体，邻里，宏观、城镇或城市层面的观察和分析过程联系起来（Bruch and Mare 2009, p. 278）。在大多数情况下，如果没有先进的计算建模技术，很难建立、观察和分析这种联系。在这方面，一些初步探索将 ABM 和地理信息系统（GIS）结合起来，展示研究现实邻里空间和城市结构中社会互动的创新方法（例如，Gimblett 2002；Gimblett and Skov-

Petersen 2008）。

最近，有人专门研究了类似于谢林提出的居住区隔离问题（例如，Crooks 2010；Omer 2010）。其中重要的一点是，从谢林的贡献到最近的案例，这个领域的例子证明了理解个体行为的非预期宏观后果面临的挑战（例如，Boudon 1982；Elster 2007），还展示了形式化模型（相比描述性说明）和内生的微观过程模型（相比宏观导向型的理论结构）的真正优势。正如我们将看到的，居住区隔离已经引起了广泛关注，因为它被视为许多严重社会问题产生的主要原因，具有重要的政策含义。

86

第二节说明社会影响机制的一般类型，称为"阈值行为"。从格兰诺维特（Granovetter 1978）深受谢林隔离模型的影响开始，这一领域已经出现了对创新和观念动态等的有趣应用。

在许多例子中，模型消除了谢林方法的大部分复杂性，因此可以通过基于图像和方程模型的计算机仿真来检验社会互动。一些批评家对 ABM 颇有微词，因为社会互动最复杂的特征被抽象化了。然而，我们纳入 ABM，因为其在解释层面上特别重要，并且对于更加复杂和精密的模型来说，这是更为宏大、更有希望的灵感来源。在这方面，我们特别关注观念动态，因为这是 ABM 研究中的一个突出领域，它强调某些社会机制如何解释集体观念的变化。

第三节讨论社会影响对于解释文化动态的作用。主要的难题是局部一致性和整体极化之间的相互作用。有证据表明，尽管个体受到来自趋同性和从众的压力，但社会上存在文化两极分化、极端文化泛化和少数群体生存等问题。

诺瓦克、萨姆雷和拉塔内（Nowak，Szamrej and Latané 1990），阿克塞尔罗德（Axelrod 1997），以及诺厄·马克（Mark 1998）从不同角度探索了某些社会机制可能可以解释微观和宏观证据之间的这种断裂。同样，值得重申的是，如果没有建模和仿真，这种不一致的情况就难以厘清。

最后，我将重点放在一种更微妙和更复杂的社会影响类型上，即社会自反性。为此，我们指出主体具备对其所处的社会环境特征进行识别、推断和推理的能力，并使用这些解释将其行为情境化（Boero，Castellani and Squazzoni 2004a，p. 57）。这些例子在很大程度上受到了吉登斯（Giddens 1986）关于人类能动性观点的启发，比起其他例子（即使是上一章的例子）更能让我们看到宏观特征和微观行为之间更为复杂的联系。

事实上，在大多数模型中，宏观特征和微观行为之间的反馈是通过环境调整来调节的。在自然科学中，往往通过共识主动性（stigmergy）来观察宏观 - 微观反馈。这是一种基本的间接协调机制，意指某个特定的主体在时间 t_0 进行了环境调整，可能会刺激其他主体在时间 t_1 做出一个特定的行为。换言之，主体通过环境调整相互影响，从而创造出自组织模式（例如，后续行动往往会相互加强和相互建构）（例如，Bonabeau，Dorigo and Theraulaz 1999）。

我们可以合理地假设，社会主体通过局部的直接互动和共识主动性以及认知来相互影响（例如，Conte 1999；Conte et al. 2001）。个体不仅会不断地做出反应来适应环境变化，而且共同决定着这些变化。个体还定期监控彼此、互动环境以及所处系统的特征，并将从中获得的相关信息作为行为的基础。因此，个体可能明确认可或对比其他人的目标，并对社会系统的某些特征提出异议、进行修改或对比（例如，Conte and Castelfranchi 1996；Conte 1999；Conte et al. 2001）。

显然，要理解社会互动中人类认知的这些重要方面，必须在微观层面上考虑更高层次的模型复杂性。这一点已经在两个不同的角度受到了质疑。首先，没有明确的实证或实验证据表明，人类通常遵循复杂的认知过程来决定做什么，因为人们大多遵循简单的探索方法和直觉行为模式（Gigerenzer and Selten 2001；Buchanan 2007；Rosewell and Ormerod 2009）。此外，正如索耶（Sawyer 2005）提出的，ABM 研究初步表明，社会形态和组织形态可能出现在微观层面并对行为产生约束，即使主体完全没有内在的认知表征（另见 Goldstone and Janssen 2005）。

其次，主体行为认知维度的复杂性使得人们在保持真实社会学模型的主要关注点（即理解宏观形态）的同时，又要确保模型的透明度、重复验证性和研究成果的泛化（例如，Squazzoni 2007）。正如科尔曼（Coleman 1990）所言，鉴于社会学模型必须关注情境、互动和结果，"人们必须将所有并不那么重要的因素抽象化，使行动成分尽可能简单"。同样，戈尔德索普（Goldthorpe 2007）强调，在社会学中，行为在认知或动机方面的多样性及其主观意义的细微差别不值得分析关注（另见 Hedström 2005）。

另外，考虑更丰富的个体行为和社会影响机制并不意味着一定要针对主体行为构建非常复杂的认知结构（大多数未经实验检验或无法检验）（将在后文一个简单的例子中看到）。然而，我的理解是，以实用性和纯粹工具性的观点来处理这个问题是合理的。这意味着不应该以二元或全有全无的决定来处理这一点，或者将其作为在两种观点中只能强烈支持一种的本体论争论。

我的观点是，这是简化和"复杂化"之间的权衡决定，必须根据所讨论模型的解释目的来找到具体的平衡（Gilbert 2005；Squazzoni 2007）。当模型有一个特定的实证目标时，它将趋向复杂化；当模型有一个更普遍的理论目标时，它将趋于简单。

第一节　隔离动态

人类之所以是独特的异类，最重要的原因之一是，自狩猎采集社会时代以来，我们已经发展出复杂的社会结构，在基因上无关的个体已经共同居住。这意味着双边亲属关系和兄弟姐妹亲和关系扩散，性别分化促进了频繁且友好的群体间关系，同时迁移行动和群体遗传相关性低的聚居社会联系更容易发生。近来，对 32 个狩猎采集社会进行的实证调查研究证实了这一点（Hill et al. 2011）。

这里的重点是，正如格奥尔格·齐美尔关于社会分化和陌生人的精彩论述，共同存在的个体之间的社会关系在一个近距离的连续统一体中不断发展，而这种社会关系大多没有关联性（Simmel 1950）。因此，对于现代城市中广泛的聚居现象，个体也会采取微妙、复杂、有时部分无意识和无意的行动来与他人分离并彼此区分。事实上，社会组织最普遍的特性之一是个体倾向于聚集在具有类似社会特征的人周围，例如种族、性别、语言和财富，并以各种方式区分他人（Bruch and Mare 2009）。托马斯·谢林著名的种族隔离模型有助于我们理解这一点。

谢林的模型是十分流行的 ABM 模型，也是社会科学中最著名的模型之一，至少有四个原因。首先，该模型具有一般性、简单性和逻辑性，易于理解、检查、操作和扩展。其次，它研究了一个重要的经验性难题，即种族划分导致的居住区歧视。从 20 世纪 60 年代末到今天，这种形态在许多大城市中长期存在，尤其是美国。这一问题具有重要的社会和公共政策含义，因为居住区隔离影响公共物品的提供，破坏社会融合，并产生其他负面的社会后果（见下文）。同时，还有一个违背直觉的解释认为居住区隔离是主体互动的结果，而不是令人厌恶的种族主义者的意图。因此，这是一个长期存在的重要经验性难题，而谢林的模型正是对这一问题的真正解释。再次，它给出了最引人注目的社会科学难题之一的例子，即理解个体行为的意外宏观后果的挑战性，以及展示了用形式化模型而非描述性文本来看待这一问题的真正优势。最后，该模型简单、普遍，产生了变体和扩展，经过众多研究者的检验，证明了形式化在实现研究成果集体累积上的优势。

正如我们将看到，这一模型有两种扩展：①针对不同的（定量和定性）参数值对原始结果进行检验，验证解释的有效域（例如，爱泼斯坦和阿克斯特尔以及潘克斯和福里恩德的例子）；②将解释结果扩展到与隔离相关的其他现象（例如，下文中奥金克洛斯等人的例子）。

谢林（Schelling 1969）发表的第一版模型是一维的，通过将黑、白棋子放在棋盘上进行阐述，以达成教育目标（Aydinonat 2005）。随后，他又增加了一个二维版本（1971年、1978年；关于不同版本的改造，参见 Pancs and Vriend 2007）。

如卡斯蒂（Casti 1994，p. 213）所述，最初的二维版本基于 16×13 个单元的矩形网格，代表了一个理想化的城市空间。在这个空间里，共有 138 户家庭，一个格子代表一个黑人或白人家庭居住的住宅，其中大约 1/4 的格子是空的（Casti 1994，p. 213）。假设分属于两个群体（黑人或白人）的主体（家庭）倾向于拥有一定比例的同一群体的邻居（50% 或更多）。这些家庭拥有局部视觉（1 个摩尔邻域由 8 个主体组成，每个主体都被其他主体直接包围），能够查明邻居的组成，并且具有搬到可接受相似邻居比例（在特定阈值偏好范围内）的最近位置的动机。

通过允许互动，最终出现了一个典型的临界（tipping）机制，即处于少数地位的群体进入一个特定邻里的数量足够多，会导致较早处于多数地位的群体开始向其他邻里疏散。更具体地说，达到临界点的家庭搬出邻里，邻里内其所属群体的家庭数量减少，留下的家庭更加接近其临界点。这意味着，此后取代离开者的进入者主要是少数群体，而这一过程最终不可逆转地改变了邻里的组成。

谢林解释，这种多米诺效应的原因是"决策的相互依赖性"：

> 我们可以预见螺旋效应或多米诺效应的可能性，或瓦解过程。各项决策存在一定程度的相互依赖性。搬出去的人会导致……剩余的白人数量减少……假设黑人对住房有一定的迫切需求，也许未来随着黑人邻居数量增加，住房需求也会增加；随着黑人比例上升，白人搬入社区的需求下降。每个到达临界点并离开的白人都会导致剩下的白人更接近其临界点。（Schelling，1972，p. 161）

图 3-1 显示了谢林模型 NetLogo 版本的典型仿真结果，而图 3-2 显示了不同条件下的隔离动态。我将阈值偏好函数分别设置为 25%、33% 和 50%。换句话说，我们假设主体并不厌恶多样性，他们希望与不超过（居民总数）1/4、1/3或 1/2 的相似邻居生活。

90

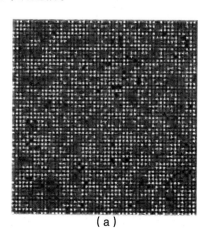

（a）

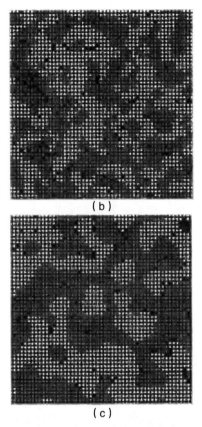

（b）

（c）

图 3-1 NetLogo 版本隔离模型中的居住形态

注：家庭对相似邻居的阈值偏好分别为 25%（a）、33%（b）和 50%（c）

资料来源：Wilensky 1999。

91

首先，如图 3-2 所示，值得注意的是，隔离模式与家庭偏好并非线性对应，因为个体偏好相对较小的变化也会引起宏观结果的巨大变化。更确切地说，对相似邻居的阈值偏好为 25% 足以在每个邻里中生成 56% 的相似邻居，33% 的阈值偏好会生成 75% 的相似邻居（50% 的阈值偏好将相似性提高到 86%)。其次，从背景中可以看到，结果显示种族隔离的产生并不需要令人讨厌的种族主义者，只需要居民对至少 1/3 的同质邻居有一个几乎公平的偏好，也就是说，一些家庭作为少数群体在邻里中被正式接受。

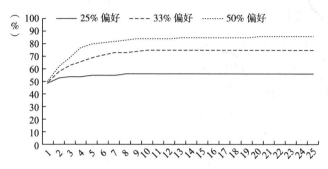

图 3-2　NetLogo 版本隔离模型的相似性指数动态

注：相似邻居的偏好分别为 25%、33% 和 50%。
资料来源：Wilensky 1999。

如上所述，这一模型带动了丰富的研究，包括扩展、测试、实证应用和理论概括。例如，爱泼斯坦和阿克斯特尔研究了各种参数变化，检验原始结果的稳健性和泛化（Epstein and Axtell 1996，pp. 165-170)。他们引入了一个冯·诺伊曼（von Neumann）邻域（4 个主体正交地围绕每个位置），这是一个 50×50 的格子，有 2000 个家庭，20% 的场地空置，对个体偏好中设置了容忍度更高的阈值（如前文的仿真所示，同一群体中的家庭对相似邻居有 25%~50% 的偏好），不同的迁移规则（家庭没有像原始版本模型那样搬到距离最近的满意地点，而是随机迁移到一个可接受的地点），而且家庭的寿命有限，因此居住形态永远在变化。他们的研究结果证实，即使对相似邻居的偏好程度较低，也足以使一个社会形成一种隔离形态（另见 Clark and Fossett 2008）。

潘克斯和弗里恩德（Pancs and Vriend 2007）研究了其他变体，引入了有意偏好整合和蓄意抗拒隔离的主体。他们表明，即使所有主体都对完美整合有严格的偏好，但根据家庭偏好的阈值形状，隔离仍然会发生（另见 Zangh 2004）。洛里和雅吉（Laurie and Jaggi 2003）发现，扩大有关家庭的目标邻里的概念可以促进有关居住区隔离或融合形态更丰富的研究。

然而，福塞特和瓦伦（Fossett and Waren 2005）使用基于种族人口统计学的经验证据对拉洛里和雅吉的模型进行了检验。辛格、魏因施泰因和魏斯（Singh，Vainchtein and Weiss 2011）检验了不同群体的规模和群体内阈值函数。在这些情况下，随着邻里中同类主体的数量增加，一个主体的幸福感也线性增加；而当邻里被其他类型的主体控制时，主体的幸福感线性下降。这些结果对幸福阈值的聚合模式很敏感。此外，当主体更喜欢居住于整合后的邻里时，两个群体将会自行安排在一个镶嵌状结构中。

法焦洛、瓦伦特和弗里恩德（Fagiolo，Valente and Vriend 2007）通过检验某些比原始模型中基于格子的拓扑空间更真实的网络结构，进一步泛化了原始结果。他们发现，隔离现象在各种类型的网络中持续存在，如规则网络、小世界网络和无标度网络。他们证实，温和的邻近偏好可能足以产生独立于网络结构的隔离。

尹力（Yin 2009）提出了一个经过实证有效性检验的模型版本来检验布法罗市（Buffalo）种族隔离和经济隔离的相

互作用。她利用1970~2000年邻里组成和房价的经验数据，结合ABM和GIS技术对研究区域的空间细节进行建模，构建了作为布法罗休闲中心的特拉华公园（Delaware Park）周边区域的模型。仿真结果表明，城市的邻里经济和种族构成是相互关联的，并决定了经验观察到的隔离形态。

值得注意的是，谢林的发现最近也得到了实验验证。贝尼托等人（Benito et al. 2011）将原始模型转化为实验性游戏，受试者先按序做出停留或移动选择，然后同时进行停留或移动选择。按序进行的实验证实了隔离均衡结果。同时选择也得到了同样的结果，比如受试者的异质性在第一轮实验中产生了一系列焦点，而后被受试者利用，产生了隔离均衡。

吉尔伯特（Gilbert 2002）提出了一个有趣的扩展，他将"二阶涌现性质"引入原始模型。虽然谢林的模型版本尝试理解微观行为受到空间邻近效应影响的意外宏观后果，但吉尔伯特关注宏观后果会不会反过来影响微观行为，从而进一步加剧隔离结果。"二阶涌现性质"指影响主体行为的宏观-微观反馈（例如，Conte and Castelfranchi 1996；Gilbert 1996；Conte et al. 2001）。在吉尔伯特的案例中，这种反馈是由主体的认知促成的。而在其他案例中，反馈是由选择压力演化造成的（例如，在大多数从演化博弈论得出的模型中，只有最优行为才能存留下来，并且随着时间的推移一直被模仿），或者被社会结构所改进（例如，谁与谁互动是由之前的互动结果所决定的，因而社会结构对主体的行为会产生历时性的影响）。

更确切地说，吉尔伯特重点关注主体探测"涌现特征并相应采取行动"的能力。因此，与从演化博弈论得出的

93

ABM 不同，在这种情况下，宏观 - 微观反馈被主体的认知能力内化，从而产生宏观结构演化中的"心理表征"（Hales 1998）。我们还将在第四节中用其他例子来讨论这个问题。

首先，吉尔伯特重复验证了模型的标准版本，空间特征为由 500×500 平方块组成的网格，1500 个主体分布其中，绿色方块占大多数，红色方块占少数。然后，他引入一个典型的宏观层面的影响（能够影响家庭偏好），即犯罪率。他假设，在每个可能的邻里中，住房成本部分取决于当地的犯罪率，而犯罪率取决于局部主体的比例（例如，红色越深，犯罪率越高）。

他还假设，主体不能随意选择新地点，只能搬到他们有能力购买或租赁的地区。这增加了一个宏观约束，即新旧位置价值之间的关系。仿真结果是，一个结构良好的主体集群中，穷人（红色）被划分到最穷的邻里，富人（绿色）聚集在理想的地区。

然后，他增加了主体探测涌现特征并采取相应行动的能力。更具体地说，主体可以根据方块过去的历史记录将标签修正为红色或绿色，并可以识别哪种修正最适合他们。例如，我们可以将特定邻居的好"形象"或坏"形象"的出现和邻里的吸引力对住宅决策的影响进行类比。

仿真结果紧密地聚集在一起，也就是说，宏观动态与谢林在其标准模型中获得的结果相似。因此，吉尔伯特的发现证实了谢林的观点。两人的研究表明，在认知上更复杂的主体能够考虑更广泛、更复杂的理由来决定何时移动、移往何处以及为何移动，这可能会导致隔离进一步增加，而非减少。

在一篇有争议的文章（见第四章）中，布鲁赫和马雷（Bruch and Mare 2006）研究了谢林的发现在多大程度上受到作者假设的个体偏好的典型阈值状况的影响。他们的出发点是，调查数据简明扼要地显示，个体往往会不断地对其邻里的种族构成变化做出反应。相反，在最初的模型版本中，谢林假设个体对某个邻里的子集漠不关心，例如，属于同一群体的邻里占比从 0 到 49% 对于主体来说一律都是不受欢迎的，而这一占比在 50% 以上对主体来说都是受欢迎的。

布鲁赫和马雷（Bruch and Mare 2006）假设，在邻里中，属于同一群体家庭的给定占比每上升一个百分点，家庭对其所在位置的期望值可能就会有小幅上升。然后，他们检验了一个偏好函数，其中家庭偏好随着其所属群体邻居的比例而不断变化。结果表明，线性函数的偏好可以降低家庭的居住隔离。因此，他们认为，单凭种族偏好并不能解释在许多美国城市中观察到的种族隔离形态，而对居住区隔离的解释应该考虑其他因素，也许与阈值偏好更加相关，比如收入、房价或抵押贷款的可得性。

正如将在第四章中详细看到的，范德利特、西格尔和梅西（Van de Rijt，Siegel and Macy 2009）的研究削弱了对这些发现的信心。通过重复验证布鲁赫和马雷的模型版本，他们指出了主体在不满意时决定如何移动的一些规则。他们还探索了与潘克斯和弗里恩德（Pancs and Vriend 2007）及赞赫（Zangh 2004）研究相关的其他修正。研究结果表明，在具有整合偏好的多元文化群体中，微观层面上的阈值偏好可能有助于防止主体犯错并迁往与其偏好不符的邻里等临界状态。这可能是因为他们没有关于新的目标邻里真实构成的完整信息。

他们的发现有助于我们理解个体偏好和社会结果在隔离上的具体联系。一旦主体对多样性有明确的偏好，搬到不受欢迎的邻里或对其邻里的变化迅速做出反应，就有可能发生隔离。相反，一旦主体对种族有明显的偏好，对其邻里的变化迅速做出反应，并且很少在选择新邻居时犯错误，那么整合的可能性就更大。

奥金克洛斯等人（Auchincloss et al. 2011）做了一个有趣的扩展，指出居住区隔离可能对低收入家庭的肥胖症以及相关疾病扩散方面有一定影响。这个扩展富有趣味性，因为它表明谢林的发现可以推广到解释其他有趣的经验性难题。这一灵感与谢林最初的想法很接近，谢林写道：

> 有些隔离是其他隔离模式的必然结果，即居住区与工作地点和交通相关联。如果黑人把白人排除在其教会之外或者白人排斥黑人，隔离是有组织性的，它可能是对等的，也可能是单方面的。如果黑人恰好是浸礼会教徒，白人是卫理公会教徒，那么这两种肤色在周日早上会被隔离，不管他们是否愿意。如果黑人加入黑人教会，因为他们在自己的群体中感到更舒适，出于同样的原因白人选择白人的教会，那么非直接的个体选择会导致隔离产生。如果教堂布告栏可以张贴房屋出租广告，黑人会向黑人出租房屋，白人则从白人那里租赁房屋，因为与肤色相关的教堂有相应的传播系统。（Schelling 1971，p.143）

他们从一个公认的实证模式出发，即在美国许多城市地区，与高收入邻里相比，少数群体和低收入邻里购买健康食品的机会更少。结果是，他们更容易肥胖并患有相关疾病。与此相反，高收入家庭在食品上的花费更多，为了购买健康食品，他们会走得更远。这导致了饮食上的不平等，这不只是由偏好（低收入家庭对垃圾食品有明显的偏好）或经济原因（健康食品更贵）决定的，还有包括居住区隔离在内的复杂因素。

该模型基于 50×50 格子的环形空间，其中有两种类型的主体，即本地化的家庭和食品店。家庭有两个属性，即收入和食物偏好；为食品店安排一种食物（在一定程度上是健康的）和一个平均价格，健康食品更贵。家庭根据不同的标准对食品店进行排名，如食品价格、食品店距离、自己的饮食习惯以及对健康食品的偏好。根据这些参数，家庭选择购物地点。若有机会，食品店可以搬离，也可以关门或占据空位。

研究者创建了不同的仿真场景并操纵相关参数，如隔离（即检验无隔离、收入和／或健康食品商店导致的隔离）、食品价格和偏好（例如，假设低收入家庭可能偏好不健康的食品或健康食品）。他们发现，在没有其他因素影响的情况下，仅居住区隔离就会扩大饮食方面的收入差距。低收入家庭对健康食品有没有明确的偏好并不重要，对健康食品的偏好与健康食品的优惠价格是消除膳食差异和隔离效应的唯一条件。这些发现具有明确的政策含义，即建议将对健康食品偏好的激励措施与有针对性的干预措施相结合，为低收入社区的健康食品商店提供支持。

95

　　这只是受谢林模型启发的关于居住区隔离的社会和公共政策影响研究的其中一个例子，尤其是在美国。例如，阿莱西纳、巴吉尔和伊斯特利（Alesina，Baqir and Easterly 1999）指出，在种族居住区隔离和政客具有强烈的种族背景的城市，社区用于提供公共物品的公共支出数额很低。里尔登和比朔夫（Reardon and Bischoff 2011）的研究指出，1970~2000 年，在美国大都会地区，收入与居住区隔离之间存在很强的相关性。安德森、奥斯特和马姆伯格（Andersson，Östh and Malmberg 2010）指出，瑞典最近也出现了类似于美国的种族隔离，这对学校隔离产生了影响。内希巴（Nechyba 2003）指出了种族隔离对学校教育教学质量和劳动力市场的负面影响。例如，当工作推荐网络在空间上按种族划分时，弱势群体更依赖内部推介，从而失去任何流动机会，陷入低质量就业（例如，Elliott 2001）。

　　总之，从这些研究中得出最重要的教训是，如果个体偏好和群体间感知到的差异只涉及单个特征，例如种族、宗教或政治地位，以及决策是二元的，那么种族隔离不可避免，社会融合也无法实现。根据美国一项实证调查的报告，一个棘手的问题是，人们普遍倾向于将自己与一些同自己在显著方面存在差异的人分离，而这些差异恰恰决定了他们的社会身份。差异可能来自宗教、政治意识形态和家庭行为，尽管很难准确评估（Gelman et al. 2011）。

　　潘克斯和弗里恩德认为，如果人们在形成对他人的看法时考虑到多层面的特征，就会产生差异（Pancs and Vriend 2007，p.23）。在这种情况下，个体可能有更多的机会找到与他人的共同点。然而，如果人们的社会身份像以前一样被定义，个体的协同定位（co-location）也无法改变对更友好位置的偏好，社会融合是不可能实现的。要实现社会融合，其他条件也应该包括在内。谢林模型的许多变体已经明确证明，仅仅对其他群体有更大的宽容度是不够的。

读者会注意到，这些见解在当前关于多元文化主义和失败的社会融合政策这两个主题上的辩论十分有趣。迄今为止，西方国家为加强社会凝聚力而实施的所有政策都集中于公民个体偏好，以加强对多样性的包容。现在，人们普遍认识到，这些政策已经失败了，正如英国种族平等委员会（Commission for Racial Equality in the UK）主席提出，我们正在"梦游般地走向种族隔离"（Fagiolo，Valente and Vriend 2007，p.317）。

鉴于以往研究提供的证据，我们应该更多地关注促进不同群体之间的建设性互动，并倾向于对各自身份的多维感知，而不是坚持个体偏好或简单的协同定位。种族隔离似乎是维持群体凝聚力的一种条件反射，而这种凝聚力很难消除。在高度分化和全球化的当代社会中尤其如此，"我们"和"他们"之间的紧张关系总能找到新的目标。

第二节　阈值行为和观念

阈值行为概念背后的理念是，由于许多人的决策需要固定的成本、信息、时间和各种资源，而且个体在转变状态时往往会表现出惰性。但一旦达到特定的个体偏好阈值，个体的决策就会对与之接触的个体（例如邻居）的行为非常敏感，这样极小的行动就可以使他／她从一种状态转变到另一种状态（Watts 2002，p. 5767）。如果将一个案例投射到大规模主体总体，就会发现一个典型的复杂性例子，即时间和空间上的小细节可能决定宏观层面的行为 (例如，Miller and Page 2007)。我们面临的挑战是，首先要了解有哪些细节，其次，在什么情况下它们才会带来真正的变化。

马克·格兰诺维特的集体行为模型跟随谢林的脚步，全面研究了这种基于阈值的临界点机制（Granovetter 1978）。他运用这一理念分析了许多社会情境，在这些情境下，主体被要求采取二元选择。值得一提的是，虽然简单的选择模型在现实中经常出现，但在一些复杂的决策过程中，例如签署气候变化条约或者宣战，往往导致简单的选择（Watts and Dodds 2009）。

与谢林和他对空间接近关系的关注不同，格兰诺维特明确提出了一个假设，即个体行为部分依赖于由已经做出选择的个体组成的整个系统。因此，他对个体行为影响的关注点从局部转移到整体，社会互动变得不再稳定。同时，谢林的例子中忽略了社会互动建模的大部分复杂方面，因此计算机仿真可以为基于方程的模型提供补充。

格兰诺维特举了一个假设人群处于暴乱边缘的例子，所有主体都不确定暴乱的成本和收益。该模型的一个简单版本是，100 个主体根据一个独特的阈值（即主体在发动暴乱之前必须观察到群体成员加入的比例）进行二元选择（例如，加入或不加入暴乱）。阈值分布为 0~100。主体非均匀地分布在"激进分子"（在暴乱中低阈值和高收益）、"煽动者"（即使没有其他人加入，他也会加入暴乱）和"保守派"（暴乱的高阈值和低收益）之间。

若进行简化，这意味着主体 x（阈值为 0）决定加入暴乱，而不管其他主体如何决定；主体 y（阈值为 1）将跟随 x，主体 z（阈值为 2）将跟随 y，依此类推，直到第 100 个主体。"煽动者" x 会引起骚乱。这种微观行为和宏观结果之间的线性联系，称为"多米诺效应"或"从众效应"。结果的比例与达到均衡原因的比例呈线性相关（100 名参与暴乱的主体）。

现在，假设我们移除主体 y（阈值为 1），其结果将是把暴乱扼杀在萌芽状态。也就是说，一个微观层面的微小变化引发了宏观层面上完全不同的结果。

随后，格兰诺维特假设了一个群体中的平均阈值分布，并引入了主体根据友谊对其他人的决定进行不同权衡的趋势。这是为了引入社会对理性的个体行为所产生的影响，理性个体行为是社会结构的重要组成部分。他认为，朋友的决定对主体的影响是陌生人的 2 倍。假设在 100 个主体组成的群体中，主体 w（阈值为 50）将面临有 48 个暴乱者和 52 个非暴乱者的情况。在这种情况下，主体 w 将决定不加入暴动。现在假设主体 w（阈值为 50）是由 20 个主体组成的朋友网络的一个节点，其中 15 个主体已经决定加入暴动。根据这一情况，现在主体 w 不会"看到"由 48 名暴乱者和 52 名非暴乱者组成的群体，而是 [（15*2）+（33*1）] 个暴乱者和 [（5）*2）+（47*1）] 个非暴乱者，即 120 个主体中有 63 个暴乱者，阈值为 0.525，高于 0.50。结果将是主体 w 决定加入暴乱。

因此，由于社会影响，不容易从群体的个体属性中得出社会结果。社会结构的特定属性可以解释为什么某些宏观结果可能发生，即使这些现象无法反映所有或大多数个体的偏好。在这样的情况下，社会结构的影响可能超过个体偏好的影响，意味着宏观层面的均衡是不稳定的，我们也无法通过一种具有确定性的解决方案来预测宏观行为。这个实证结果强调了理解"特定情境"聚合过程的重要性。

作为整个社会影响机制类型学的例子，格兰诺维特的模型影响了许多领域的临界点模型，如传染病（例如，Dodds and Watts 2004）、社会运动（例如，Hedström 1994）、犯罪（例如，Picker 1997）、投票（例如，Mayer and Brown，1998）、内战（例如，Cederman 2003）、退休（例如，Epstein 2006）和青年失业（例如，Hedström 2005；Åberg and Hedström 2011）。现在，它可以被视为研究社会互动中"影响 - 反应"机制这一大类模型中的著名案例（参见 Watts and Dodds 2009）。

例如，沃茨等人（Watts 2002；Watts, Dodds and Newman 2002）扩展了格兰诺维特的原始模型来解释不同类型的社会结构对集体结果的影响。沃茨（Watts 2002）研究了随机网络，其中个体随机受到一小部分近邻的影响。他们发现，连接类型，即谁与谁互动以及每个主体如何与其他所有主体连接，比个体偏好更重要。这反过来又决定了"全局串联"（global cascade），即最终为潜在的无限群体规模选择了一个给定的均衡。他发现，当一个由"被激活的"个体组成的连接网络能够轻易地延伸至整个群体并传播特定行为时，这种均衡最终实现了泛化。

沃茨、多兹和纽曼（Watts，Dodds and Newman 2002）研究了隶属于群体的个体网络的影响，发现基于群体的网络比随机网络对"全局串联"更敏感。他们的仿真表明，当一个社会结构是由不同的群体聚集而成时，即使群体对于社会传染具有极强的抗性，也会更容易受到凝聚力较强的群体的社会影响。他们的结论是，在基于群体的网络中，基于阈值的社会影响的传播方式在性质上与其在多对多网络和随机网络中有所不同。

在此类研究范围中，最发达的研究领域之一是观念动态研究，特别是极端主义传播的研究（例如，Galam and Moscovici 1991；Deffuant et al. 2000，2002；Hegselmann and Krause 2002；Weisbuch et al. 2002；Weisbuch，Deffuant and Amblard 2005）。要解决的难题是如何解释极端主义和边缘化观念有时会在社会中盛行并成为常态。这不仅可以用来研究人类历史上某些充满戏剧性的时代，例如纳粹的崛起；而且同样适于研究一些不那么戏剧性的问题，例如少数群体风尚的传播。

针对这些现象，已经有一些实证研究（例如 Moscovici，Lage and Naffrechoux 1969；Nemeth and Wachtler 1973；Moscovici 1985）。其理念是运用抽象模型检验极端主义观念在何种条件下可能会在整体层面上传播。了解极端主义在大规模社会系统仿真中出现的条件，有助于从经验上对极端主义进行更精确的分析。

这些研究的出发点是，个体都有不同的观念，但人们只考虑与自己观念相近的其他人的观念。另一种理念认为，极端主义者更相信自己观念的真实性，因此相比于那些对自

99 己的观念缺乏信心的人更具影响力（例如，Deffuant et al.
2000；Weisbuch et al. 2002）。与格兰诺维特的例子不同，
这些例子中的主体不进行二元选择，观念分布在两个极端
之间，阈值函数确定主体忽略与之相去甚远的观念（例如，
Hegselmann and Krause 2002）。

德福安特（Deffuant et al. 2002）的研究贡献在该领域具
有很大的影响力，他们创建了一个非常程式化的模型来了解
极端主义可能在何时发生，或者温和的多数群体何时能够抵
制极端主义的影响。他们考虑了由 N 个主体组成的群体，主
体有两个变量，即一个给定意见 x 和一个给定的不确定性 u。
x 和 u 都是异质的，并且随着时间的推移会根据主体的互动
发生变化。

有两个假设至关重要。第一，作者假设主体对其观念的
自信度越高，对其他观念的影响就越大。第二，观念在 –1 到
+1 之间均匀分布，其中 –1 和 +1 代表极端观点，0 代表两种
极端意见的中点。作者假设，观念更接近于两个极端（–1 和
+1）的主体也就是所谓的极端主义者，他们对自己的观念更
有自信，因此极端主义和主体自身的自信具有极强的相关性。

社会影响的建模如下：一旦随机配对，只有当主体各自
观念之间的距离低于给定（异质性）阈值时，主体才会相互
影响；若如此，主体的观念会变得更相似，并且对自己观念
更自信的主体会对其他人产生更大的影响。

他们的仿真产生了不同的动态机制，创建了极端主义者
影响较小的参数区和大多数人极端化的参数区。更具体地说，
他们发现了①"中心趋同"、②"单一化"和③"两极化"

三种模式。模式①意味着群体处于普遍温和立场，少数极端主义者只吸引了接近其极端立场而没有成为多数者的其他主体；模式②意味着群体收敛到两种极端观念中的一种；模式③意味着社会分裂为两大共存的极端主义群体。

他们发现，由于极端主义者只对接近其观念的其他主体产生影响，而无法产生普遍的影响，"中心趋同"很可能是温和派最初的一小部分不确定因素造成的。图 3-3 显示了不确定性参数 u 较低（u=0.4）时的"中心趋同"，有 20% 的极端主义者（p_e=0.2），N=200。接近两个极端的较暗区域表明，影响是由极端主义者造成的。较大的较浅阴影区域表明，在该区域极端主义者的影响可以忽略不计；这两个区域之间有两个中间点，表明极端主义者的影响与全局性观念趋势相反。图 3-4 显示了不确定性上升时出现的两极化（例如，u=1.6，但 u 值较低时，如 u=0.8，结果相同）。

100

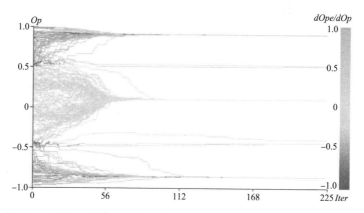

图 3-3　当温和派的不确定性较低时极端主义者的影响（中心趋同）

注：x 轴表示仿真的迭代次数，y 轴表示观念，阴影表示不确定性。
资料来源：Deffuant et al. 2002，5.6。

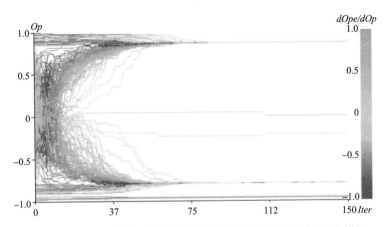

图 3-4   当温和派的不确定性很高时极端主义者的影响（两极化）

资料来源：Deffuant et al. 2002，5.12。

更具体地说，动态如下：最初，温和的主体聚集在中心，极端主义者的影响可以忽略不计。然后，随着全局的不确定性降低并达到主体只受到一种极端观念影响的参数值时，各影响因素之间出现了竞争，极端主义者的影响上升（两类极端主义者之间并没有产生针对每个主体的竞争）。最后，极端主义者赢得了竞争，并将整个群体分成几乎相等的两个群体。图 3-5 显示了当极端主义者占群体的比重下降（p_e=0.1）时的单一极端趋同，极端主义者通过"中心趋同过程"赢得了竞争。

在这里，我们可以区分三个阶段的群体轨迹。第一（见底部 -1.0 附近的较暗区域），位于集群下半部分的主体被极端主义者最强大的影响力所吸引。第二（0~1 和 0~0.5 的暗色条带），位于集群上半部分的主体被夹在极端主义者和多数群体之间。第三（见上半部分 0.5~1 的细线），一旦主体被极端主义者吸引，他们的影响力就变得更强烈，他们回到

101

集群中心后吸引了更多的主体，最终成为多数群体。

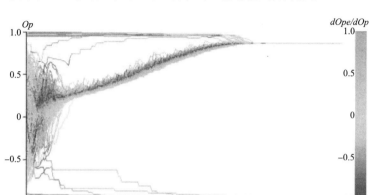

图 3-5　当极端主义者的占比较低而温和派的不确定性
较高时极端主义者的影响（单一极端趋同）

资料来源：Deffuant et al. 2002，5.15。

总之，他们的研究结果表明，当不确定性下降时，极端主义者越来越相信其观念的真实性，结果是围绕着极端主义者的小集群更具多样性。当极端主义者与占群体多数的温和派接触时，这一结果就会逆转。这表明，在具有高度不确定性的历史时期，极端主义者对温和派的影响可能会显著上升，激进少数群体也就有可能成为多数群体。

安布拉尔和德福安特（Amblard and Deffuant 2004）通过研究某些类型的社交网络对极端主义传播机制的影响，扩展了该模型（另见 Weisbuch，Deffuant and Amblard 2005）。其观点是，在现实世界中，个体不只是随机相遇，因为个体嵌入社会结构，互动对象受到制约。他们假设小世界网络（例如，Watts 1999）的连通度具有可变性和随机性，并全面分析温和派不确定性和极端主义者占比的参数空间，发现群体转向极端主义只发生在临界水平之外。

更具体地说，他们发现，当主体之间几乎没有接触时，每个极端主义者影响自己的邻域，从而出现几个极端主义者集群，极端主义在群体层面上呈现出两极分化并共存。当连通度上升到临界参数值附近时，极端主义者只能吸引群体中的一小部分。这是因为极端主义者被排除在中心多数之外，而通常随着连通度上升，群体趋向两个极端之一。

此后，德福安特（Deffuant 2006）比较了不同类型的不确定性模型和网络（例如，全连接网络、随机网络、网格拓扑）。首先，他发现当温和派聚集在一起并与其他人隔离时，更有可能出现极端主义，这是因为极端主义者在未受到他人影响的情况下会更具影响力。其次，他发现温和派在所有个体都紧密联系在一起的网络中占主导地位。简言之，他表明极端主义者生存和成功的最重要秘诀之一是与温和的多数群体保持不同（另见 Gargiulo and Mazzoni 2008）。

随后，麦基翁和希利（Mckeown and Sheely 2006）对这些发现进行了扩展，加入了大众媒体对现有社交网络的影响。他们发现，若主体对自己的观念更自信而大众媒体传播很普通，或者主体存在适度改变观念的意愿而大众媒体传播更多，两极分化很可能发生。相反，当改变观念的意愿适中且大众媒体传播较少时，会产生单一极端趋同。

最后，德福安特、于埃和安布拉尔（Deffuant, Huet and Amblard 2005）将这种方法推广到理解创新扩散。他们认为，为特定创新提供高社会价值的主体倾向于寻找信息，以便更准确地评估选定的预期个体收益。如果他们赋予创新的社会价值很低，既不会考虑也不会传递信息。

　　他们的研究结果表明，在这些条件下，具有高社会价值和低预期个体收益的某项创新比具有低社会价值和高预期个体收益的创新更有可能成功。此外，他们发现，在某些情况下，少数极端主义者可能通过创新的社会价值的极端化，在传播创新方面发挥关键作用。

　　显然，有人可能会认为这些模型过于简单和抽象，应更仔细地考虑实证分析。这些例子的重要性在于，它们能让我们发现建模的优势，以发现累积性和建设性的主体间协作，并解释重要的现实难题。事实上，这些研究除了能够帮助我们理解坚定的狂热分子和极端分子在社会中可能胜过温和派的条件外，还有助于我们理解当代民主政治戏剧性两极分化的可能影响。

第三节　文化动态和多样性

　　在共同的社会影响下，人们在品位、信仰、态度和行为上变得越来越相似，那么这些方面的差异为什么不会完全消失？在当前的社会环境中，即全球化和不断增加的面对面／远距离、同步／异步互动可能会扩大社会影响以及对行为的共同选择压力加大，为什么这些方面的差异还是不会完全消失？这个反事实问题已经是一些社会心理学研究和 ABM 研究的主题。它的至关重要性体现在能让我们理解社会互动在确定微观证据和宏观结果之间质的差异方面所起的关键作用。

103

比布·拉塔内在社会心理学和 ABM 研究方面做出了重要贡献，他提出了一个非常简单和抽象的数学模型来衡量社会对个体行为的影响（Latané 1981）。他将"社会影响"定义为他人真实、暗示或想象的行为对个体情感、思想和行为的任何影响。他指出，社会影响可以视作其他主体的强度、即时性和数量的乘法函数。它可能是一个幂函数，因此第 n 个主体的边际效应小于第（n–1）个其他主体的边际效应。

他认为，当影响来自一个社会群体之外时，可以将他人的影响划分出来，因此结果是包含强度、即时性和一定数量其他主体的反幂函数。他使用这个模型来处理各种情境，例如公共表演中的尴尬、会谈中的新事件、应急响应的社会抑制、电梯中的骑士精神以及餐馆中的小费。他的分析结果表明，尽管存在社会影响，但一个给定的群体可能不会趋同于独特的集体态度、观念或行为。

对我们而言，有趣的是，他很快就意识到其模型有两大局限性。首先，它没有考虑社会互动，只是静态地测量影响的程度，没有在微观层面上对影响过程进行精准建模。其次，模型过于抽象，无法进行数学处理，因此无法解释大规模群体或复杂的主体互动序列（Nowak, Szamrej and Latané 1990）。

为了弥补这一局限，比布·拉塔内构建了一个 ABM，以了解记录清晰、具有可塑性的个体观念在社会影响下为何在集体层面上没有形成完全一致的态度、信仰、观念或行为（Nowak, Szamrej and Latané 1990；Latané and Nowak 1997；Latané 2000）。在实验过程中，他对谢林关于微观和宏观上的松散研究进行了补充，也与观念动态相重叠。此外，对于严重的政策影响，他指出：

　　在每次选举之前，民意调查人员都试图跟踪选民不断变化的偏好，观念的神秘性变得尤为突出。在某种程度上，这些偏好反映了大众媒体对事件和印象的共同反应，以及经济和社会环境引起的各种关注。然而，在某种程度上，观念也反映了一种群体互动过程，即人们与亲戚、朋友、邻居、同事和其他人讨论其信仰和想法时。据推测，如果社会科学家能够理解这种社会互动过程，他们就能够更好地对观念做出预测。（Nowak, Szamrej and Latané 1990，p. 363）

104

该模型由 N 个（$N=1600$）主体组成，每个主体具有 4 个属性：①个体态度、信念、观点或行为，以触发器 [0，1] 表示；②说服具有相反信仰的其他人改变其观点的能力，以 {0…100} 范围内随机分配的值表示，并在每次态度改变后随机重新分配；③向具有类似信念的其他人提供支持的能力，表示方式与②相同；④在社会结构中的给定位置，以给定主体在 40×40 邻域单元格中的位置表示。

综上所述，这些参数影响每个主体受其他人影响和影响其他人的程度。更具体地说，作者假设，当持不同观点的群体的影响大于其所支持群体的影响时，主体会改变态度。

仿真表明，在初始分布不同组合的两组群体中，总体从未完全向单一显著的结果收敛。态度的部分两极分化导致主

163

体移向多数群体，但没有实现观念的一致性，这可以从态度触发器的非线性性质以及相似主体的局部相干聚类的形成和持续存在来解释。这些都以说服力、支持度和局部结构效应方面的微小变化为条件，因此，少数群体代表性很强的区域可能不会受到总体中多数群体的影响。该模型所做的进一步拓展表明，当抵制初始选择时，少数群体追随者随着时间推移获得了更高水平的支持，并倾向于聚集在支持度最高的主体周围，从而在总体边缘生存（Latané and Nowak 1997）。

该模型已在多个研究领域得到推广和应用，如政治态度和投票行为（例如，Regenwetter，Falmagne and Grofman 1999；Kottonnau and Pahl-Wostl 2004）、社会判断中的同化和对立（例如，Jager and Amblard 2005）、组织中的文化影响（例如，Harrison and Carroll 2002）和领导力（例如，Holyst，Kacperski and Schweitzer 2001）。

罗伯特·阿克塞尔罗德通过关注文化动态，详细研究了局部趋同或整体极化的动态，这项研究贡献颇具影响。在该模型中，由 10 × 10 个网格组成地理空间，总体包含 N 个（N=100）主体，他们不移动，也没有固定的（北、东、南和西）邻域互动（Axelrod 1997）。

作者假设每个主体都有特定的文化背景。他将文化定义为"受社会影响的一组个体属性"（Axelrod 1997，p. 204）。他还假设文化由 5 个特征构成，如语言、宗教、服饰风格等，每个特征都具有 10 个特质中的任何一个。因此，两个主体之间具有相同特质的特征占比越高，其各自的文化相似度就越高。主体互动的概率与两个近邻的文化相似度成正比。彼此相似的主体不仅更容易互动，而且会变得更相似。

互动包括随机选择一个主体的给定特征，此给定特征与其近邻（如果有）不同，并将主体的相应特质更改为近邻的相应特质。这将最终改变两个主体的文化相似度。

105

例如，假设两个主体相邻，分别具有以下文化特质，即82 330 和 67 730。他们的 2/5 文化特征存在相同的特质（82 330 和 67 730），因此他们互动的可能性为 40%。假设他们进行互动配对，首先选择 82 330 主体。根据社会影响规则，选择的第一个主体将受到第二个主体的影响，获得第二个主体的第一个不同特质，沿数字串从左开始计数。因此，82 330 主体将成为 62 330 主体，并且两个配对主体各自的相似度将上升到其特征的 3/5（即 67 730 和 62 330）。

他指出，如果我们在仿真开始后观察位置 A 随着时间推移的变化（见图 3-6），从 40% 的初始相似度（深灰色边界）来看，在 20000 个事件（包括 4 个或 5 个位置）后，出现了不同的文化区域，再增加 40000 个事件后区域变大。由于相邻位置没有共同的特征，无法再进行互动，因此最终形成 3 个完全稳定的区域。于是，这些初步结果表明，尽管文化融合面临巨大压力，但相似性并不能完全排除区域多样性的存在。此外，我们还可以看到文化动态具有路径依赖的特性。

随后，阿克塞尔罗德操纵某些关键参数，如特质和特征的数量，以研究在系统中出现的稳定文化区域。若为 10 个特质和 5 个特征，平均文化区域数为 3.2 个。增加特征的数量得到的结果是反直觉的，因为总体向独特文化趋同的可能性越来越大。当增加特质的数量而保持较少的特征数量时，

情况正好相反。事实上，当特征数量几乎为零和特质数量很
大时，两个近邻很可能因为没有共同的特征而不能互动。

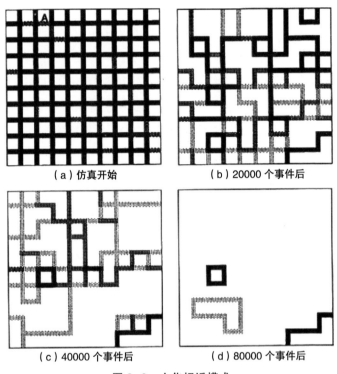

（a）仿真开始　　　　　　　　（b）20000 个事件后

（c）40000 个事件后　　　　　　（d）80000 个事件后

图 3-6　文化相近模式

注：请注意，相邻位置之间的文化相似度编码为：黑色 = ≤ 20%，深灰
色 =40%，灰色 =60%，浅灰色 =80%，完全相似（=100%）为白色。

资料来源：Axelrod 1997, p 210。

对互动范围和环境规模的其他操作表明，邻域和环境规
模越大，稳定区域越少。第一次的发现合乎预期，因为远距
离、大规模的互动可能有利于文化融合。然而，第二次的发
现却出乎意料。此外，阿克塞尔罗德发现，稳定区域的数量

仅在超过一定环境范围时才开始减少（例如超过 12 × 12 个位置）。进一步的仿真证实了这一点，因为邻域之间的相关性意味着更大规模的环境需要更长的时间才能达到稳定，局部边界有可能消失，更大的区域有可能吸收更小的区域。

总之，仿真既显示了符合直觉的结果，也展示了反直觉的结果。预计文化多样性将随着每种文化可能具有的特质数量增加而增强，随着互动范围的扩大而降低。出乎意料的是，当文化具有更多的特征和更大的环境范围时，多样性也会下降。

当个体面临共同的选择压力时，群体文化之间存在多样性悖论，这带动了许多后续的模型扩展、修正和重复验证。

肯尼迪（Kennedy 1998）修正并拓展了阿克塞尔罗德的模型，考察基于相对邻近表现的社会影响。克莱姆等人（Klemm et al. 2003a）将噪声纳入特质变化，发现噪声有一个特定的阈值。当噪声低于该阈值时，将决定单一文化的平衡；当噪声高于该阈值时，会将总体推向不同的文化区域。克莱姆等人（Klemm et al. 2003b，2003c）研究了维度和各种网络拓扑的影响，发现其中的差异可以在宏观层面上创造不同的文化均衡。

格雷格（Greig 2002）的研究表明，主体之间交流的扩大加快了文化变迁的速度并提高了文化同质性水平，但降低了互动后占主导地位的文化属性的数量。柴内、里古和石黑（Shibanai, Satoko and Ishiguro 2001）研究了整体信息反馈的分布对文化多样性早期融合和维持的促进，例如，大众媒体可以为少数群体提供支持。冈萨雷斯－阿韦拉等人

107

（González-Avella et al. 2007）研究了大众媒体在文化同质性方面的直接影响和间接影响。

森托拉等人（Centola et al. 2007）扩展了原始模型，不仅考虑了同质性和社会影响压力，还考虑了文化互动中的网络同质性。正如第二章中所述的博埃罗、布拉沃和斯夸佐尼的合作伙伴选择模型，网络并不是随意的、固定的，而是随着文化相似性和差异性的变化而与个体行为共同演化。他们发现，在参数空间的某些区域，这种协同演化动态带来了文化多样性模式，这种模式在文化漂移中保持稳定。

总的来说，这一研究趋向最重要的发展之一是将重点从社会的某些结构特征（例如，同质性和社会影响机制）转移到类生物化的文化环境特征。这就为各种普遍相关的群体探索不同生态位提供了演化的机会。正如布拉沃（Bravo 2010）所指出的，这也为社会中真正发生的事情提供了更现实的画面。事实上，社会生活的特点表现为主体和群体之间的内外边界。

关于这方面，第一个例子是卢斯蒂克（Lustick 2000）的研究。他受建构主义理论启发，修改了阿克塞尔罗德模型中由相似性触发的文化特质适应性，并假设主体可能会保留认同，激活这种认同被视作环境的一项功能。他发现，当总体中存在少量强烈自信的认同时，产生临界点效应和层叠效应（cascade effect）的可能性更大。

第二个例子是布拉沃（Bravo 2010）的研究，他遵循受生物学启发的进化方法，研究了空间边界和文化群体之间的关系。他从文化之间的任何共存都需要边界这一理念出发，认为从长远来看，要保证文化多样性的前提是：社会环境允许不同群体利用足够数量的生态位，以及群体边界至少有一部分是不可渗透的。如果群体之间的边界是可渗透的，那么选择过程往往会导致单一文化的产生。假设群体边界至少存在某种程度的不可渗透性，则群体内外的机制可能会维持内部凝聚力并保护文化多样性。

最后，值得注意的是，相似性压力不仅允许具有异质性的主体在宏观层面上向同质性形态收敛，具有同质性的主体可能也会产生分化。可以参考诺厄·马克的一个简单模型来理解这个问题，他研究了总体中具有同质性主体的社会分化的出现（Mark 1998）。

诺厄·马克表明，有关个体差异的假设并不是社会分化产生的必要条件。根据卡莉（Carley 1991）关于信息和知识的建构主义理论，主体之间的相似性不是由社会影响驱动的，而是由知识共享驱动的，即个体具有无限理性，往往变得相似，因为他们倾向于更频繁地互动，并与其他具有共同知识背景的个体分享信息。这是因为互动需要有共同的背景（例如，一种共同的语言、一些共同的信仰），只有通过在社会交流过程中的互动，个体才能创造信息和知识。

该模型基于包含 N 个（在不同的仿真测试中，N 分别为 6，50，100）主体的总体，知识初始同质分布，没有社会结构嵌入。知识被建模为一组事实，即每个主体可能有一组属于自己的事实，也可能没有。作者假设，主体 A 与主体 B 开始互动的概率等于他们共同拥有的事实数量除以系统中主体 A 与每个主体分享的事实数量之和。他假设主体可以同时进行多个互动。配对后，主体创造并共享新事实。此外，主体的记忆也有限，因此如果他们忘记了信息，就需要进行社会互动来回忆起信息。

通过让主体进行互动，作者在系统层面上测量了社会分化程度（截然不同集合的个体之间发生互动）。因此，当所有主体之间的互动可能性相等时，系统内部不存在分化，因此主体掌握完全相同的信息。他将系统规模（主体数量）和主体记忆（主体没有忘记单个信息的轮数）作为自变量，将文化同质性（系统中共享知识的程度）作为因变量。

诺厄·马克的仿真结果表明，系统规模对分化有积极影响，而主体记忆的扩展则随着关联群体的规模扩大而缩小分化。因此，如果系统规模扩大，主体存储知识的能力保持稳定，社会分化就会激增。这意味着，社会不平等和歧视等社会现象可能依赖类似于自我组织的分化形态而非其他宏观结构因素，因为相关信息和资产往往在由相互联系、共享知识的人组成的社会网络中流动，这就往往会导致永久分化。

值得注意的是，这些发现提供了比功能主义方法更简单的社会分化解释，功能主义方法需要运用大量复杂且基本上无法通过经验观察的宏观因素之间的相关性或统治精英的有意行为（例如，Parsons 1966；Alexander and Colomy 1990）。还有一点值得注意，特别是对于微观 - 宏观问题来说，诺厄·马克的模型包含一种类似科尔曼的微观—宏观—微观的历时性反馈，因为主体的知识决定了互动的对象。此外，互动对象又决定了主体的知识创造，进而决定主体互动的对象，如此往复。

第四节 社会的自反性

当主体意识到其他主体的"缺点和所有方面"都很重要，并且可以有意识地考虑、利用或对比他人的行为时，会发生什么？如果假定主体具有社会自反性，即能够推断自身所处社会环境的属性并采取行动，又会发生什么呢？

毫无疑问，个体不断对环境变化做出反应和进行适应，并以不同方式反过来决定这些变化。许多例子精确地观察到个体行为和环境的这种相互作用。罗伯特·默顿提出的著名的自我实现预言机制就是人类积极建构环境的例子：

> 自我实现预言就是，一开始对情境的错误定义引发了一种新的行为，使最初提出的错误概念变成了"现实"。自我实现预言似是而非的有效性使错误的支配永久化。因为预言家会引用事件的实际过程来证明其从一开始就是正确的。（Merton 1968，p.477）

在个体对他人行为非常敏感并受到社会影响的情况下，例如，由于行为的不确定性、歧义性和／或相互依赖性，自我实现预言机制可能决定社会结果的内在不可预测性。

乔治·索罗斯（Georg Soros）的金融市场理论尽管遭到严重忽视，但他仍坚持己见，努力提供一种关于市场合理性的替代观点，有别于以市场不平衡、不稳定和不可预测性为基础的新古典理论。他提出，一旦个体考虑到对其他行为的期望和预测以及他们的行为及其他决策在总体层面上可能产生的影响，其结果是个体知识变得不那么重要，潜在的偏见和自我实现预言就会进入图式（Soros 2008）。在他看来，这是复杂社会经济系统不可预测性的主要来源，也是理解自然和社会系统之间具有真正本质差异的主要来源。

他写道：

> 自反性仅限于社会现象，更具体地说，自反性是参与者无法根据知识做出决策的情境。自反性为社会科学创造了困难，而自然科学不受影响。自反性可以解释为参与者的观点和实际情况之间的循环或双向反馈循环。人们做出决定不是基于其所面临的实际情况，而是基于他们对这种情况的感知或解释。他们的决定会对情境产生影响（操纵功能），情境的变化会影响他们的感知（认知功能）。（Soros 2008，p.8）

马克斯·韦伯引用人们在雨中撑伞的著名例子，通过具体说明社会行动的特征，首次概述了"相互导向的行动"和"许多人的相似行动"之间的区别。

> 社会行动不同于许多人的相似行动……因此，如果开始下雨，街上的许多人就会同时撑起雨伞，这通常不是一种相互导向的行动，而是所有人都以同样的方式对相似的防雨需求做出反应。（Weber 1978，p.23）

110

　　这意味着，当且仅当他人的行为影响了个体的重要行动时，才会存在社会互动效应（Hedström 2005，p.46）。一些细微的差异揭示了各种可能的社会互动效应，这些效应应区别于单纯的环境效应，并关注人类行为的某些认知方面，如信仰和自反性。

　　其他研究者进一步发展了这一观点。乔治·赫伯特·米德（George Herbert Mead）将自反性视为自我意识涌现的支柱（Mead 1932）。相反，安东尼·吉登斯（Anthony Giddens）在其著名的结构化理论中坚持认为自反性在很大程度上是无意识效应，并认为"在互动的情况下"，主体相互参与"自反性行动监控"，这种"自反性行动监控""是典型的，也是例行的"，"包括对此类互动环境的监控"（Giddens 1986，p.4）。他指出，自反性的目的不只是反映"自我意识"，还作为社会生活持续流动的受监控特征，"基于对人类展示出的行为和期望他人展示的行为的持续监控"（Giddens 1986，p.5）。

　　虽然简化模型难以处理这一观点，但我们在几篇文章中尝试考虑这一观点。在此值得回顾的另一个重要例子是吉尔伯特（Gilbert 2002）对谢林隔离模型的扩展，该模型引入的二阶特性完全遵循自反性概念。

　　我们的第一个模型举例说明了自反性的认知方面，以及构建复杂模型来观察组织环境（如企业）中人类决策的微妙部分。在这种情况下，该模型被调整为关于特定地理区域中的中小企业决策者所考虑因素之间关系的详细的实证证据。第二个例子说明了如何以更抽象和更简单的方式对这些方面进行研究，而不会使微观层面"复杂化"。

受大量实证证据的启发，特别是在意大利进行的大量案例研究，我们对一个由数百个互动的主体组成的地区进行了建模，让他们在一个给定的市场环境和技术约束下共同组织生产（Boero，Castellani and Squazzoni 2004a，2004b）。

该领域的许多学者研究了嵌入地区的企业与未嵌入地区的企业之间行为态度的差异（例如，Becattini 2003；Lazzaretti 2003，2008；Rullani 2003）。不幸的是，他们没有找到用实证证据来测量理论直觉的方法。因此，我们开发了一个研究这些问题的模型。我们认为，产业区的动态既是企业间互动产生的综合效应，也反映了区域主体"心理状态"的特征。因此，我们认为，企业可以在一定程度上以"区域化"的方式行事，也就是说，以更自我 / 个体主义或协同 / 社会化的方式行事，我们研究了这对整个地区系统的市场和技术适应的影响。

该模型基于由 N 家（$N=400$）公司 / 主体组成的总体，这些公司 / 主体的任务是在平行生产链和分布式生产链中共同组织商品生产，应对日益增强的外部市场压力。生产伙伴关系、技术学习与经济绩效都取决于当地的信息和适应情况。事实上，此类系统最显著的特点之一就是，不存在协调生产的杰出人物或总经理，而是大量从事不同活动的中小企业在生产链上非正式、持续地相互协调。这是通过共享客户订单、生产细节、信息、产能和投资实现的。

每家企业的经济绩效取决于其在可用技术轨迹中的位置。该模型的结构部分，即生产约束、技术创新和市场压力，与斯夸佐尼和博埃罗（Squazzoni and Boero 2002）的模型相似。

企业必须决定是通过风险投资进行技术创新，还是利用或改进现有的技术选择。它们被嵌入空间邻近关系，能够获得有关技术选择的信息。

企业通常控制不同的信息来源，以决定在其关键战略业务领域（伙伴选择、技术和市场环境、组织和经济效率）应采取的行动。企业能够从可用信息中推断出这些关键领域的情况孰优孰劣，某些特定领域的恶劣情况会促使企业改变在该领域的现有业务战略。例如，企业通过比较自身和近邻的技术学习水平，推断自身已经落后于人，就会专注于技术学习并对该领域进行投资。反之亦然，当企业观察到自身的利润随着时间推移而减少时，就会重视伙伴选择并更换伙伴。

我们假设企业在时间、注意力和记忆方面的计算能力有限。简言之，它们想做很多事情、控制一切，利用现有信息改善现状，但它们无法做到尽善尽美。根据马奇（March 1994）的研究，我们首先假设企业无法以同等水平的注意力来控制、管理和面对关于技术、市场和生产伙伴关系的所有信息；其次，假设在可获得信息的范围和细节之间进行权衡。

最后，我们假设企业可能有 4 种行为态度，或多或少都有些"区域化"。这些态度在企业开展业务的诀窍中有特定和详细的对应部分。在"非区域化"的极端情况下，企业 0 以自我为中心，不重视伙伴，专注于经济绩效，不与伙伴分享利润以协调技术投资；而企业 1 是"负责任的生产管理者"，并不严格关注个体经济绩效，而是寻求稳定的生产伙伴关系，并与合作伙伴分享一定比重的利润来协调技术投资。

企业 2 则是"集群思维者"，有兴趣扩大跨生产链的伙

112

伴关系，与他人分享合作伙伴和信息，以及分享至少20%的利润来支持技术投资。而在"区域化"的极端，企业3被称为"地区思维者"。这类企业受到整个地区信息的影响，与每个个体共享信息，维持稳定的合作伙伴，直到有一定数量的资源可用，并在需要时与合作伙伴共享大部分利益。显然，我们也假设，无论主体采取何种态度，它们都有可能打破合作关系，例如，当利润低于某个阈值。

博埃罗、卡斯泰拉尼和斯夸佐尼（Boero, Castellani and Squazzoni 2004a）假设所有企业都以自我为中心，并定义了在特定条件下企业会改变态度。基本上，如果经济绩效有所提高，生产伙伴关系令人满意，主体都倾向于更信任他人，对地区环境更有信心，然后转向更"区域化"的态度。

然而，变化是可逆的。值得注意的是，我们假设了两次技术冲击（大约是第500轮和第1000轮仿真），全新且更具创新性的技术进入图式，市场压力急剧上升。这意味着市场只选择最优质的产品，即采用最具创新性的可用技术生产的产品。在这些阶段，企业的预期态度会发生剧烈的变化，更可能出现以自我为中心的态度。博埃罗、卡斯泰拉尼和斯夸佐尼（Boero, Castellani and Squazzoni 2004b）特别关注两种更极端的行为态度。

结果表明，在市场中存活最多的企业是更"区域化"的企业，绩效显著优于其他企业，而以自我为中心的企业更可能成为市场选择的受害者（见图3-7）。此外，值得注意的是，企业应对技术冲击的方式是增加关系背景，并与更大样本的其他企业分享信息（见图3-8）。

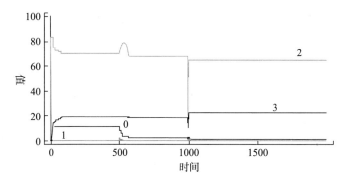

图 3-7 采取不同行为态度的企业在市场选择中存活的时间

注：0 代表以自我为中心的企业，1 代表负责任的生产管理者，2 代表以集群思维为主的企业，3 代表地区思维占主导地位的企业。

资料来源：Boero，Castellani and Squazzoni 2004a，p.63。

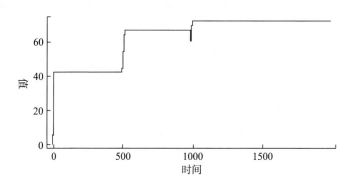

图 3-8 在信息或利润上共享邻近关系的平均维度

资料来源：Boero，Castellani and Squazzoni 2004a，p.63。

另一个发现是，行为态度 1（"负责任的生产管理者"）表现不佳，导致更多以自我为中心的态度丧失优势，也没有给予其他更"区域化"的态度任何优势。我们还测试了不同的态度组合，例如，全都为行为态度 0（以自我为中心）、一半行为态度 0 和一半行为态度 1（以自我为中心且负责任的生产管理者）等。我们发现，当行为态度在总体中呈现异质分布时，企业更有能力在市场选择中生存下来。

这些结果证实了先前关于行动策略和技术适应之间联系的研究结果（例如，Squazzoni and Boero 2002）。在分段生产系统中，最重要的一点是企业间技术学习的协调。当必须与他人合作来生产特定产品时，那么想要成为一个杰出但孤独的技术异类的企业肯定比想要拥有技术水平良好的同质伙伴的企业少。更真实的是，在许多产业区，上市时间是一项关键的竞争优势。若如此，对其他合作伙伴采取长期导向和积极合作的态度比短期最佳经济绩效更为重要。

这些结果证实了先前的实证发现，揭示了产业区长期成功的秘诀之一可能正是其深刻的异质性，特别是对于意大利的制造业而言。实证文献和理论文献正确地表明，产业区是一种竞争和协作持续混合的理念范式，因为这些类型的行为似乎特别适合在变动环境中运行的分散式、分布式和并行系统（例如，You and Wilkinson 1994；Porter 1998）。显然，我们的模型相当复杂，包含详细的经验知识，因此很难重复验证、扩展或概括。

在第二个例子中，我们建立了一个简化和抽象的模型，观察主体行为的认知成熟度在相似的社会内部依赖类型下的影响，也就是说，其他人的协同定位是主体所感知的社会环境的一个特征（Boero，Castellani and Squazzoni 2008）。我们将此模型总结为一个例子，说明如何以与前一个例子非常不同的方式处理主体行为的认知复杂性。

受目前在所有流行的 ABM 平台（如 NetLogo 和 Repast）

上运行的著名"热虫"（heatbug）原型的启发，我们的模型由 N 个（N=101）主体组成，位于 80×80 个环形二维单元有限空间。在仿真开始时，给主体随机分配一个异质幸福函数，该函数与主体喜欢的温度有关。他们有 8 个邻域单元空间视域。主体可以停留在单元格，或者一步一步地移动以达到自己的理想温度，但只能移向空单元格。每个主体的理想温度和每个单元格当前温度之间的拟合通过成就差异值（attainment discrepancy value）计算（例如，Mezias 1988；Murphy，Mezias and Chen 2001），该值越趋于 0，主体越高兴，因为它发现了一个完美的环境温度（= 理想温度和当前温度之间的对应关系）。

关键点在于，主体在空间中移动会产生热量，并且热量会留在其所在的单元格。热量在各个方向上均匀地同步扩散到相邻单元格，与单元格之间的温差成比例，并与热量总数成比例地散发。散发率在整个环境中保持不变，决定了热量如何衰减。热量以 0~1 的固定值在空间中传播，并不断更新。

该模型仿真了一个优化和协调问题，非常接近我们在现实中发现的大多数社会困境。由于主体之间的互动，每个主体的决策会立即改变其他相关主体和更松散的所有主体的可能性空间。虽然每个主体都试图使其幸福函数最大化，但这种可能性取决于复杂的相互影响网络下其他人的行动。

我们仿真了不同的场景，其中，主体遵循不同的行动启发式（heuristic），认知复杂性不一（总结见表 3-1）。前两种场景作为比较的基准。在场景 3 至场景 6 中，我们测试了在仿真初始分配给整个总体的不同启发式，启发式全程固定。

启发式与停止或移动决策有关，认知复杂度各不相同。例
如，H2 既智能又简单，表明主体正试图向更接近其理想温
度的单元格移动。H3 稍复杂，考虑了更微妙的幸福感搜索
过程（主体在单元格间随机移动，直到其成就差异值提高）。
H4 更复杂，试图利用他人的存在来提高主体适应性。在 H4
场景中，主体能够预测其他近邻引起的温度升高并利用这一
点，如果主体需要热量，就待在那里；如果主体需要降低温
度，就选择离开来对抗。因此，其他人对协同定位深思熟虑
的认知是需要考虑的限制 / 可能性。

第 7 个场景有所不同，添加了主体异质性和某些宏观特
征对个体行为的影响。此时，主体配备了一个完整的启发式
工具箱，其中包括所有 4 种之前测试过的启发式。主体有一
个随机分配的启发式，能够对成就差异值与总体平均成就差
异值进行比较。当其他主体的平均幸福感与其幸福感之间的
不匹配度高于给定阈值（例如 ≥ 10%），主体就会随机改变
启发式，因此有机会按顺序测试每种启发式的适应性。在这
里，主体在个体层面上的幸福感是一个比较概念，并受到当
前情景下其他所有主体的影响。

在最后一个场景中，我们引入了属于社会群体的主体，
因此幸福感此时受到局部其他相似近邻的部分影响。更具体
地说，主体此时能够观察到其近邻的颜色。我们假设，在主
体所属群体中的大多数近邻在场的情况下，主体的成就差异
值将会降低。最后值得注意的是，我们在所有场景中都假设
了误差效应，因此主体在每轮仿真中随机移动到空单元格的
概率为 20%。

表 3-1　主体行为的仿真场景和规则

序号	场景	行动规则
1	静止不动	主体未移动
2	随机移动	主体随机移动
3	H1	如果单元格温度低于理想温度，主体向温度最高的相邻单元格移动；反之，如果单元格温度高于理想温度，主体就转向温度最低的相邻单元格
4	H2	如果成就差异不等于 0，主体移动到与其理想温度相近的相邻单元格
5	H3	如果成就差异不等于 0，则主体在单元格中随机移动，直到成就差异值小于或等于时间 t_1 时的值，便停在原地
6	H4	如果主体所在单元格的温度高于其理想温度，并且有近邻，则该主体向相反的方向远离相邻主体，以避免其他主体引起温度进一步升高；反之亦然，如果主体所在单元格的温度低于其理想温度，并且有近邻，那么这些主体会留在这个单元格，以利用他人行动促进预期的温度进一步升高。如果主体没有近邻，则主体随机移动
7	社会主体（H1,H2,H3,H4）	主体随机分配一个先前的启发式，在其成就差异值大于或等于总体水平上的平均成就差异的 10% 时，随机改变其启发式
8	社会主体（群体）	同设置 7，但此时的主体被等分为"绿色"和"蓝色"，他们可以观察到近邻的颜色。在主体所属群体中的大多数近邻在场的情况下，成就差异值降低；反之，若给定一个值，成就差异值上升

资料来源：Boero，Castellani and Squazzoni 2008。

116

　　我们运用随机数生成器的不同数值进行了 100 多轮仿真。然后，测量了不幸福值的平均数和最大值、随时间变化的成就差异值的平均数和最大值、全程静止不动的主体占比，用空间可视化技术绘制了宏观动态图，并构建了一个不平等指数来测量不幸福的平均值与最大幸福值之间的差距。更具体地说，当不幸福值在总体中平均分布时，不平等指数为 0。公式如下：

$$i_s^t = \frac{MU_s^t - AU_s^t}{AU_s^t}$$

其中，s 为场景，t 为时间，MU 为不幸福的最大值，AU 为不幸福的平均值。

如表 3-2 所示，我们的仿真结果首先表明，H2（最简单的启发式）是实现幸福平均值最高和不幸福值最低的最佳方法，但不能减少不平等和 / 或保证系统稳定性。在后几个场景中，H3 和 H4 表现更好，但反过来又意味着不幸福的平均值更高，不幸福值也更高。这些数字随着社会群体的变化而急剧变化，社会群体不仅实现了幸福值最高和不平等最低，而且在第 17200 轮前后达到稳定状态。

117

表 3-2　代表性仿真结果

	300 轮	700 轮	1500 轮	5000 轮	15000 轮	17200 轮
H1						
不幸福的平均值	2850	2500	2200	2140	1890	
不幸福的最大值	15000	12000	10000	11350	9200	
不平等指数	4.26	3.8	3.54	4.3	3.87	
停止（%）	0	0	0	0	0	
H2						
不幸福的平均值	2865	2000	1590	1305	1270	
不幸福的最大值	18000	11500	9500	6240	7710	
不平等指数	5.28	4.75	4.97	3.78	5.07	
停止（%）	0	0	0	0	0	
H3						
不幸福的平均值	10580	10330	9950	10250	10250	

	300 轮	700 轮	1500 轮	5000 轮	15000 轮	17200 轮
不幸福的最大值	23650	20100	21380	21550	21300	
不平等指数	1.23	0.95	1.15	1.1	1.08	
停止（%）	38	40	46	42	35	
H4						
不幸福的平均值	10740	10240	10270	9815	10122	
不幸福的最大值	23000	24440	22700	21000	22500	
不平等指数	1.14	1.39	1.21	1.14	1.22	
停止（%）	13	14	15	18	9	
H1+H4						
不幸福的平均值	3700	3500	2300	1970	2150	
不幸福的最大值	14500	15000	14500	12000	9000	
不平等指数	2.92	3.29	5.3	5.09	3.19	
停止（%）	10	6	5	10	9	
群体						
不幸福的平均值	1463	200	-760	-3550	-4600	-4650
不幸福的最大值	20000	21000	15000	6000	8820	0
不平等指数	12.67	104	20.74	2.69	2.92	1
停止（%）	58	67	69	86	99	100

注：值得注意的是，我们运行仿真程序，直到系统达到相对稳定的状态。在最后一个场景中，所有主体在第 17200 轮仿真停在一个给定单元格时，系统达到稳定均衡状态；而在所有其他场景中，系统从未达到稳定均衡状态。

118

观察空间模式，场景之间有趣的差异也很明显。在图3-9、图 3-10 和图 3-11 中，我们列举了一些随时间变化的主体分布模式的代表性简况。应注意，白色区域表示没有主体的空间，光晕表示温度集中区域，而亮点表示主体。

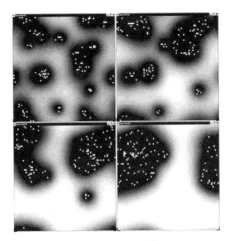

图 3-9　仿真场景 H2

注：从左上到右上、从左下到右下分别为第 300~700 轮和第 1500~5000 轮仿真的空间模式。

资料来源：Boero，Castellani and Squazzoni 2008，p. 162。

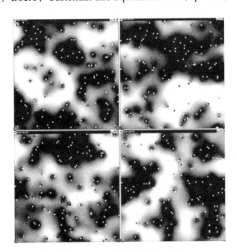

图 3-10　仿真场景 H4

注：从左上到右上、从左下到右下分别为第 300~700 轮和第 1500~5000 轮仿真的空间模式。

资料来源：Boero，Castellani and Squazzoni 2008，p.164。

119

120

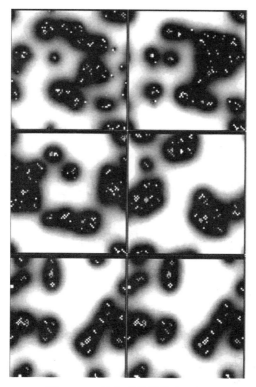

图 3-11 社会群体的仿真场景

注：从左上到右上、从左中到右中、从左下到右下分别为第 300~700 轮、第 1500~5000 轮和第 15000~17200 轮仿真的空间模式。

资料来源：Boero，Castellani and Squazzoni 2008，p.167。

121

如果比较 H2 与 H4，有趣的是，我们会注意到主体的空间分布非常不同。H2 中，聚集在单个空间区域的主体与集群周围的温度集中区之间泾渭分明。主体从未停止移动，但仍然聚集在该区域。H4 测试了主体的空间危害，主体占据的空间区域和温度集中区之间的明显差异较小。只有少数主体停止了移动，大多数主体仍然在继续移动。

引入社会群体后，结果出现了重大差异。我们重新构建了该仿真的历史，如下所示。大约在第 700 轮仿真，分布形态呈现为两个区域，较宽的区域位于系统顶部，而第二个区域位于底部水平的位置（见图 3-11）。每个区域都由属于两个群体的主体组成，主体之间有一个链结构。主体在自身没有消解的情况下通过移动增加彼此的热量，最终在第 5000 轮前后稳定下来，此时只有 1 个主体还在移动。大约在第 17200 轮仿真，系统形成稳定的均衡状态，每个主体都停在一个单元格中。

这些结果首先表明，尽管智能且简单的经验法则对主体来说可能会非常高效（如 H2 的例子），但也可能会忽视集体福祉并导致系统内部产生巨大的不稳定性。其次，这个例子表明，社会行为的某些复杂认知特性也可以通过仿真和抽象来进行检验。与前一个例子不同，此处我们为实现经验遵从牺牲了透明度和普遍性，在一个简单的模型中研究了各种宏观 - 微观反馈机制。综上所述，这两个例子充分说明了建模的两种极端取向，一方面赋予模型参数经验细节和复杂性，另一方面对模型进行抽象和简化。

如前所述，我们认为，尽管在形式科学中，对简化和简约的偏好总是合理的，但是一般来说，简化和复杂化之间并无本体论偏好或最佳方式。然而，我们将在下一章中谈到一个重要的教训。ABM 的高度灵活性和丰富性可能会诱使我们建立相当复杂的"真实"模型，即使更简单和抽象的模型可以解释更多（Hedström 2005）。此外，可能认为复杂因素本身就意味着复杂的模型，而这是不正确的。

参考文献

Åberg, Y. and Hedström, P. (2011) Youth unemployment: a self-reinforcing process? in *Analytical Sociology and Social Mechanisms* (ed. P. Demeulenaere), Cambridge University Press, Cambridge, pp. 201–226.

Alesina, A., Baqir, R., and Easterly, W. (1999) Public goods and ethnic divisions. *Quarterly Journal of Economics*, 114(4), 243–1284.

Alexander, J.C. and Colomy, P. (eds) (1990) *Differentiation Theory and Social Change: Comparative and Historical Perspectives*, Columbia University Press, New York.

Amblard, F. and Deffuant, G. (2004) The role of network topology on extremism propagation with the relative agreement. *Physica A*, 343, 725–738.

Andersson, E., Östh, J., and Malmberg, B. (2010) Ethnic segregation and performance inequality in the Swedish school system: a regional perspective. *Environment and Planning A*, 42, 2674–2686.

Auchincloss, A.H., Riolo, R.L., Brown, D.G., *et al.* (2011) An agent-based model of income inequalities in diet in the context of residential segregation. *American Journal of Preventive Medicine*, 40(3), 303–311.

Axelrod, R. (1997) The dissemination of culture: a model with local convergence and global polarization. *The Journal of Conflict Resolution*, 41(2), 203–266.

Aydinonat, N.E. (2005) An interview with Thomas C. Schelling: interpretation of game theory and the checkerboard model. *Economics*

187

122   *Bulletin*, 2(2), 1–7.

Becattini, G. (2003) From the industrial district to the districtualization of production activity: some considerations, in *The Technological Evolution of Industrial Districts* (eds F. Belussi, G. Gottardi, and E. Rullani), Kluwer Academic, Dordrecth, pp. 3–18.

Benito, J.M., Branãs-Garza, P., Hernández, P., and Sanchis, J.A. (2011) Sequential versus simultaneous Schelling models: experimental evidence. *Journal of Conflict Resolution*, 55(1), 60–84.

Boero, R., Castellani, M., and Squazzoni, F. (2004a) Cognitive identity and social reflexivity of the industrial district firms. Going beyond the 'Complexity Effect' with agent-based simulations, in *Agent-Based Social Systems: Theories and Applications* (eds G. Lindemann *et al.*) Springer-Verlag, Berlin Heidelberg, pp. 48–69.

Boero, R., Castellani, M., and Squazzoni, F. (2004b) Micro behavioural attitudes and macro technological adaptation in industrial districts: an agent-based prototype. *Journal of Artificial Societies and Social Simulation*, 7(2), accessible at: http://jasss. soc.surrey.ac.uk/7/2/1.html.

Boero, R., Castellani, M., and Squazzoni, F. (2008) Individual behavior and macro social properties. An agent-based model. *Computational and Mathematical Organization Theory*, 14, 156–174.

Bonabeau, E., Dorigo, M., and Theraulaz, G. (1999) *Swarm Intelligence: From Natural to Artificial Systems*, Oxford University Press, New York.

Boudon, R. (1982) *The Unintended Consequences of Social Action.* St Martin's Press, New York.

Bravo, G. (2010) Cultural Commons and Cultural Evolution. arXiv:

1002.1196v1 [q-bio.PE].

Bruch, E. and Mare, R.D. (2006) Neighborhood choice and neighborhood change. *American Journal of Sociology*, 112, 667–709.

Bruch, E. and Mare, R.D. (2009) Segregation dynamics, in *The Oxford Handbook of Analytical Sociolgy* (eds P. Bearman and P. Hedström), Oxford University Press, Oxford, pp. 269–314.

Buchanan, M. (2007) *The Social Atom. Why the Rich Get Richer, Cheaters Get Caught, and Your Neighbor Usually Looks Like You*, Bloomsbury, New York.

Carley, K. (1991) A theory of group stability. *American Sociological Review* 56, 331–354.

Castellani, B. and Hafferty, F.W. (2009) *Sociology and Complexity Science. A New Field of Inquiry*, Springer-Verlag, Berlin Heidelberg.

Casti, J. (1994) *Complexification: Explaining a Paradoxical World through the Science of Surprise*, John Wiley & Sons, Ltd, New York.

Cederman, L.-E. (2003) Modeling the size of wars: from billiard balls to sandpiles. *American Political Science Review*, 97, 135–150.

Cederman, L.-E. (2005) Computational models of social forms: advancing generative process theory. *American Journal of Sociology*, 110(4), 864–893.

Centola, D., González-Avella, J.C., Eguíuz, V.M., and San Miguel, M. (2007) Homophily, cultural drift, and the co-evolution of cultural groups. *Journal of Conflict Resolution* 51(6), 905–929.

Clark,W.A.V. and Fossett, M. (2008) Understanding the social context of the Schelling segregation model. *PNAS*, 105(11), 4109–4114.

Coleman, J.S. (1990) *Foundations of Social Theory*, The Belknap Press of Harvard University Press, Cambridge, MA.

Conte, R. (1999) Social intelligence among autonomous agents. *Computational Mathematical Organization Theory*, 5(3), 203–228.

Conte, R. and Castelfranchi, C. (1996) Simulating multi-agent interdependences: a two-way approach to the micro-macro link, in *Social Science Microsimulation* (eds K.G. Troitzsch, U. Mueller, N. Gilbert, and J. Doran), Springer-Verlag, Berlin, pp. 394–415.

Conte, R., Edmonds, B., Scott, M., and Sawyer, K. (2001) Sociology and social theory in agent-based social simulation: a symposium. *Computational and Mathematical Organization Theory*, 7, 183–205.

Crooks, A.T. (2010) Constructing and implementing an agent-based model of residential segregation through vector GIS. *International Journal of Geographical Information Science*, 24(5), 661–675.

Deffuant, G. (2006) Comparing extremism propagation patterns in continuous opinion models. *Journal of Artificial Societies and Social Simulation*, 9(3), http://jasss.soc.surrey.ac.uk/9/3/8.html.

Deffuant, G., Huet, S., and Amblard, F. (2005) An individual-based model of innovation diffusion mixing social value and individual benefit. *American Journal of Sociology*, 4, 1041–1069.

Deffuant, G., Amblard, F., Weisbuch, G., and Faure, T. (2002) How can extremism prevail? A study based on the relative agreement interaction model. *Journal of Artificial Societies and Social Simulation*, 5(4), accessible at: http://jasss.soc.surrey.ac.uk/5/4/1.html.

Deffuant, G., Neau, D., Amblard, F., and Weisbuch, G. (2000) Mixing

123

beliefs among interacting agents. *Advances in Complex Systems*, 3(1–4), 87–98.

Dodds, P.S., and Watts, D.L. (2004) Universal behavior in a generalized model of contagion. *Physical Review Letters*, 92, 13–24.

Elliott, J.R. (2001) Referral hiring and ethnically homogeneous jobs: how prevalent is the connection and for whom? *Social Science Research*, 30, 401–425.

Elster, J. (2007) *Explaining Social Behavior: More Nuts and Bolts for the Social Sciences*, Cambridge University Press, New York.

Epstein, J.M. (2006) *Generative Social Science. Studies in Agent-Based Computational Modeling*, Princeton University Press, Princeton.

Epstein, J.M. and Axtell, R. (1996) *Growing Artificial Societies. Social Science from the Bottom Up*, The MIT Press, Cambridge, MA.

Fagiolo, G.,Valente, M., and Vriend, N.J. (2007) Segregation in networks. *Journal of Economic Behavior & Organization*, 64, 316–366.

Fossett, M. and Waren, A. (2005) Overlooked implications of ethnic preferences for residential segregation in agent-based models. *Urban Studies*, 42(11), 1893–1917.

Galam, S. and Moscovici, S. (1991) Towards a theory of collective phenomena: consensus and attitude changes in groups. *European Journal of Social Psychology*, 21(1), 49–74.

Gargiulo, F. and Mazzoni, A. (2008) Can extremism guarantee pluralism? *Journal of Artificial Societies and Social Simulation*, 11(4), accessible at: http://jasss. soc.surrey.ac.uk/11/4/9.html.

Gelman, A., McCormick, T., Teitler, J., and Zheng, T. (2011) Segregation in social networks based on acquaintanceship and trust. *American Journal of Sociology*, 116(4), 1234–1283.

Giddens, A. (1986) *Constitution of Society: Outline of the Theory of Structuration*, University of California Press, Berkeley and Los Angeles.

Gigerenzer, G. and Selten, R. (eds) (2001) *Bounded Rationality – The Adaptive Toolbox*, The MIT Press, Cambridge, MA.

Gilbert, N. (1996) Holism, individualism and emergent properties. An approach from the perspective of simulation, in *Modelling and Simulation in the Social Sciences from the Philosophy Point of View* (eds R. Hegselmann, U. Mueller, and K.G. Troitzsch), Kluwer Academic Publishers, Dordrecht, pp. 1–27.

Gilbert, N. (2002)Varieties of emergence, in *Social Agents: Ecology, Exchange, and Evolution. Agent 2002 Conference* (ed. D. Sallach), University of Chicago and Argonne National Laboratory, Chicago, pp. 41–56.

Gilbert, N. (2005) When does social simulation need cognitive models?, in *Cognition and Multi-Agent Interaction: From Cognitive Modeling to Social Simulation* (ed. R. Sun), Cambridge University Press, Cambridge. MA, pp. 428–432.

Gimblett, R. (2002) *Integrating Geographic Information Systems and Agent-Based Modeling Techniques for Simulating Social and Ecological Processes*, Oxford University Press, Oxford.

Gimblett, R. and Skov-Petersen, H. (eds) (2008) *Monitoring, Simulation, and Management of Visitor Landscapes*, University of Arizona Press,

124

Tucson.

Goldstone, R.L. and Janssen, M.A. (2005) Computational models of collective behaviour. *Trends in Cognitive Sciences*, 9(9), 424–430.

Goldthorpe, J.H. (2007) *On Sociology. Volume One: Critique and Program*, Stanford University Press, Stanford.

González-Avella, J., Cosenza, M.G., Klemm, K., *et al.* (2007) Information feedback and mass media effects in cultural dynamics. *Journal of Artificial Societies and Social Simulation* 10(3), 9, accessible at: http://jasss.soc.surrey.ac.uk/10/3/9.html.

Granovetter, M. (1978) Threshold models of collective behavior. *American Journal of Sociology*, 83(6), 1420–1443.

Granovetter, M. and Soong, R. (1988) Threshold models of collective behavior: Chinese restaurants, residential segregation, and the spiral of silence. *Sociological Methodology*, 18, 69–104.

Greig, J.M. (2002) The end of geography? Globalization, communications, and culture in the international system. *Journal of Conflict Resolution*, 46(2), 225–243.

Hales, D. (1998) Stereotyping, groups and cultural evolution: a case of 'Second-Order Emergence'?, in *Multi-Agent Systems and Agent-Based Simulation. First International Workshop, MABS '98. Proceedings* (eds J.S. Sichman *et al.*), Springer-Verlag, Berlin Heidelberg, pp. 140–155.

Harrison, J.R. and Carroll, G.R (2002) The dynamics of cultural influence networks. *Computational and Mathematical Organization Theory*, 8(5), 5–30.

Hedström, P. (1994) Contagious collectivities: on the spatial diffusion of

Swedish trade unions, 1890–1940. *American Journal of Sociology*, 99(5), 1157–1179.

Hedström, P. (2005) *Dissecting the Social. On the Principles of Analytical Sociology*, Cambridge University Press, Cambridge, MA.

Hegselmann, R. and Krause, U. (2002) Opinion dynamics and bounded confidence. Models, analysis, and simulation. *Journal of Artificial Societies and Social Simulation*, 5(3), accessible at: http://jasss.soc. surrey.ac.uk/5/3/2.html.

Hill, K.R., Walker, R.S., Božičević, M., *et al.* (2011) Co-residence patterns in hunter-gatherer societies show unique human social structure. *Science*, 311, 1286–1989.

Holyst, J.A., Kacperski, K., and Schweitzer, F. (2001) Social impact models of opinion dynamics. *Annual Reviews of Computational Physics*, 9, 253–273.

Jager, W. and Amblard, F. (2005) Uniformity, bipolarization and pluriformity captured as generic stylized behavior with an agent-based simulation model of attitude change. *Computational and Mathematical Organization Theory*, 10, 295–303.

Kennedy, J. (1998) Thinking is social: experiments with the adaptive culture model. *Journal of Conflict Resolution*, 42(1), 56–76.

Klemm, K., Eguíuz, V.M., Toral, R., and San Miguel, M. (2003a) Global culture: a noiseinduced transition in finite systems. *Physical Review E*, 67, 045101.

Klemm, K., Eguíluz, V.M., Toral, R., and San Miguel, M. (2003b) Role of dimensionality in Axelrod's model for the dissemination of culture.

125

Physica A, 327, 1–5.

Klemm, K., Eguíuz, V.M., Toral, R., and San Miguel, M. (2003c) Nonequilibrium transitions in complex networks: A model of social interaction. *Physical Review E*, 67(2), 026120.

Kottonnau, J. and Pahl-Wostl, C. (2004) Simulating political attitudes and voting behaviour. *Journal of Artificial Societies and Social Simulation*, 7(4), accessible at: http://jasss.soc.surrey.ac.uk/7/4/6.html.

Latané, B. (1981) The psychology of social impact. *American Psychologist*, 36, 343– 365.

Latané, B. (2000) Pressures to uniformity and the evolution of cultural norms. Modeling dynamics social impact, in *Computational Modeling of Behavior in Organizations. The Third Scientific Discipline* (eds C. Hulin and D. Ilgen), American Psychological Association, Washington, DC, pp. 189–215.

Latané, B. and Nowak, A. (1997) Self-organizing social systems: necessary and sufficient conditions for the emergence of clustering, consolidation, and continuing diversity, in *Progress in Communication Sciences* (eds G.A. Barnett and F.J. Boster), Ablex Publishing Company, Norwood, NJ, pp. 43–74.

Laurie, A.J. and Jaggi, N.K. (2003) Role of vision in neighbourhood racial segregation: a variant of the Schelling segregation model. *Urban Studies*, 40, 2687–2704.

Lazzaretti, L. (2003) City of art as a high culture local system and cultural districtualization processes: the cluster of art restoration in Florence. *International Journal of Urban and Regional Research*, 27(3),

635–648.

Lazzaretti, L. (2008) The cultural districtualization model, in *Creative Cities, Cultural Clusters and Local Economic Development* (eds P. Cooke and L. Lazzaretti), Edward Elgar, Cheltenham, pp. 93–120.

Lustick, I.S. (2000) Agent-based modelling of collective identity: testing constructivist theory. *Journal of Artificial Societies and Social Simulation*, 3(1), accessible at: http://jasss.soc.surrey.ac.uk/3/1/1.html.

Macy, M., and Willer, R. (2002) From factors to actors: computational sociology and agent-based modeling. *Annual Review of Sociology*, 28, 143–166.

March, J.G. (1994) *A Primer on Decision Making: How Decisions Happen*, The Free Press, New York.

Mark, N. (1998) Beyond individual preferences: social differentiation from first principles. *American Sociological Review*, 63, 309–330.

Markovski, B. and Thye, S.R. (2001) Social influence on paranormal beliefs. *Sociological Perspectives*, 44(1), 21–44.

Mayer, D., and Brown, T. (1998) The statistical mechanics of voting. *Physical Review Letters*, 81, 1718–1721.

Mckeown, G. and Sheely, N. (2006) Mass media and polarisation processes in the bounded confidence model of opinion dynamics. *Journal of Artificial Societies and Social Simulation*, 9(1), accessible at: http://jasss.soc.surrey.ac.uk/9/1/11.html.

Mead, G.H. (1932) *The Philosophy of the Present*, University of Chicago Press, Chicago.

Mezias, S.J. (1988) Aspiration level effects: an empirical investigation.

126

Journal of Economic Behavior and Organization, 10, 389–400.

Merton, R.K. (1968) *Social Theory and Social Structure*, The Free Press, New York.

Miller, J.H. and Page, S.E. (2007) *Complex Adaptive System. An Introduction to Computational Models of Social Life*, Princeton University Press, Princeton.

Moscovici, S. (1985) Social influence and conformity. *Handbook of Social Psychology*, 2, 347–412.

Moscovici, S., Lage, E., and Naffrechoux, M. (1969) Influence of a consistent minority on the responses of a majority in a color perception task. *Sociometry*, 32, 365–380.

Murphy, P.R., Mezias, S., and Chen, Y.R. (2001) Adapting aspirations to feedback: the role of success and failure, in *Organizational Cognition. Computation and Interpretation* (eds T.K. Lant and Z. Shapira), Lawrence Erlbaum Associates, London, pp. 125–146.

Nechyba, T.J., (2003) School finance, spatial income segregation and the nature of communities. *Journal of Urban Economics*, 54(1), 61–88.

Nemeth, C. and Wachtler, J. (1973) Consistency and modification of judgment. *Journal of Experimental Social Psychology*, 9, 65–79.

Nowak, A., Szamrej, J., and Latané, B. (1990) From private attitude to public opinion: a dynamic theory of social impact. *Psychological Review*, 97(3), 362–376.

Omer, I. (2010) High-resolution geographic data and urban modeling: the case of residential segregation, in *Geospatial Analysis and Modelling of Urban Structure and Dynamics* (eds B. Jiang and X. Yao), Springer-

Verlag, Berlin Heidelberg, pp. 15–29.

Paicheler, G. (1998) *The Psychology of Social Influence*, Cambridge University Press, Cambridge, MA.

Pancs, R., and Vriend, N.J. (2007) Schelling's spatial proximity model of segregation revisited. *Journal of Public Economics*, 92(1–2), 1–24.

Parsons, T. (1966) *Societies. Evolutionary and Comparative Perspectives*, Prentice-Hall, Englewood Cliffs, NJ.

Petri, Y. (2012) Micro, macro and mechanisms, in *The Oxford Handbook of Philosophy of the Social Sciences* (ed. H. Kincaid), Oxford University Press, New York (in press).

Picker, R. (1997) Simple games in a complex world: a generative approach to the adoption of norms. *University of Chicago Law Review*, 64, 1225–1288.

Porter, M.E. (1998) *On Competition*, Harvard Business Review Books, Boston.

Pratkanis, A. (2007) *The Science of Social Influence. Advances and Future Progresses*, Psychology Press, London.

Reardon, S.F. and Bischoff, K. (2011) Income inequality and income segregation. *American Journal of Sociology*, 116(4), 1092–1153.

Regenwetter, M., Falmagne, J.C., and Grofman, B. (1999) A stochastic model of preference change and its application to 1992 presidential election panel data. *Psychological Review*, 106, 362–384.

Rosewell, B. and Ormerod, P. (2009) Validation and verification of agent-based models in the social sciences, in *Epistemological Aspects of Computer Simulation in the Social Sciences* (ed. F. Squazzoni),

127

Springer-Verlag, Berlin Heidelberg, pp. 130–140.

Rullani, E. (2003) The industrial district (ID) as a cognitive system, in *The Technological Evolution of Industrial Districts* (eds F. Belussi, G. Gottardi, and E. Rullani), Kluwer, Amsterdam, pp. 63–88.

Sawyer, R.K. (2005) *Social Emergence: Societies as Complex Systems*, Cambridge University Press, Cambridge, MA.

Schelling, T.C. (1969) Models of segregation. *American Economic Review*, 59, 488–493.

Schelling, T. (1971) Dynamic models of segregation. *Journal of Mathematical Sociology*, 1, 143–186.

Schelling, T. (1972) A process of residential segregation: neighborhood tipping, in *Racial Discrimination in Economic Life* (ed. A. Pascal), D.C. Heath, Lexington, pp. 157–184.

Shibanai,Y., Satoko,Y., and Ishiguro, I. (2001) Effects of effects of global information feedback on diversity extensions to Axelrod's adaptive culture model. *Journal of Conflict Resolution*, 45(1), 80–96.

Simmel, G. (1950) *The Sociology of Georg Simmel*, compiled and translated by Kurt Wolff, Free Press, Glencoe, IL.

Singh, A., Vainchtein, D., and Weiss, H. (2011) Limit sets for natural extensions of Schelling's segregation model. *Communications in Nonlinear Science and Numerical Simulation*, 16(7), 2822–2831.

Soros, G. (2008) *The Crash of 2008 and What It Means*, Perseus Books, New York.

Squazzoni, F. (2007) Does cognition (really and always) matter? The *Vexata Quaestio* of the micro-foundations of agent-based models from a sociological viewpoint, in *Interdisciplinary Approaches to the Simulation of Social Phenomena. Proceedings of the Fourth Conference of the European Social Simulation Association* (ed. F. Amblard), IRIT Editions, Toulouse, pp. 543–556, accessible at: http://essa2007.free.fr/ESSA2007Proceedings.pdf.

Squazzoni, F. (2008) The micro-macro link in social simulation. *Sociologica*, 2(1), doi: 10.2383/26578, accessible at: http://www.sociologica.mulino.it/journal/article/index/Article/Journal: ARTICLE:179.

Squazzoni, F. and Boero, R. (2002) Economic performance, inter-firm relations and local institutional engineering in a computational prototype of industrial districts. *Journal of Artificial Societies and Social Simulation*, 5(1), accessible at: http://jasss.soc.surrey.ac.uk/5/1/1.html.

Squazzoni, F. and Boero, R. (2005) Towards an agent-based computational sociology: good reasons to strengthen cross-fertilization between complexity and sociology, in *Advances in Sociology Research. Volume II* (ed. L.M. Stoneham), Nova Science Publishers, New York, pp. 103–133.

Van de Rijt, A., Siegel, D., and Macy, M. (2009) Neighborhood chance and neighborhood change: a comment on Bruch and Mare. *American Journal of Sociology*, 114, 1166–1180.

Watts, D. (1999) *Small World: The Dynamics of Networks Between Order and Randomness*, Princeton University Press, Princeton.

Watts, D. (2002) A simple model of global cascades on random networks. *PNAS*, 99(9), 5766–5771.

Watts, D. and Dodds, P. (2009) Threshold models of social influence, in *The Oxford Handbook of Analytical Sociology* (eds P. Hedström and P.

Bearman), Oxford University Press, Oxford, pp. 475–497. 128

Watts, D., Dodds, P., and Newman, M.E.J. (2002) Identity and search in social networks. *Science*, 296(5571), 1302–1305.

Weber, M. (1978) *Economy and Society: An Outline of Interpretative Sociology*, University of California Press, Berkeley.

Weisbuch, G., Deffuant, G., and Amblard, F. (2005) Persuasion dynamics. *Physica A*, 353, 555–575.

Weisbuch, G., Deffuant, G., Amblard, F., and Nadal, J.-P. (2002) Meet, discuss and segregate! *Complexity*, 7, 55–63.

Wilensky, U. (1999) NetLogo. Accessible at: http://ccl.northwestern.edu/netlogo/. Center for Connected Learning and Computer-Based Modeling, Northwestern University, Evanston, IL.

Yin, L. (2009) The dynamics of residential segregation in Buffalo: an agent-based simulation. *Urban Studies*, 46(13), 2749–2770.

You, J. II and Wilkinson, F. (1994) Competition and cooperation: toward understanding industrial districts. *Review of Political Economy*, 6(3), 259–278.

Zangh, J. (2004) Residential segregation in an all-integrationist world. *Journal of Economic Behavior and Organization*, 54, 533–550.

Zimbardo, P.G. and Leippe, M.R. (1991) *The Psychology of Attitude Change and Social Influence*, 3rd edn, McGraw-Hill, New York. 129

第四章
方法论

　　本章的重点是方法论。在前几章已经言明，解释是基于主体的计算社会学最重要的方面。在本章，我们将探讨方法标准及它们如何促进协作和泛化。方法论对于促进理论构建中的逻辑严谨性、取得可检验的结果和促进积累都很重要。事实上，不参考确立已久的方法标准的专门研究是不可信的、罕有贡献且难以交流的。

　　正如 A. 马滕森和 P. 马滕森（Martensson and Martensson 2007）所指出的，当研究是一致的、严格的和透明的，那么它就是"可信的"。这意味着理论陈述是内部有效的，结果是可靠的，并与现有的知识相联系。当理论是原始的、相关的并可以泛化的时候，就是"有贡献的"。这意味着模型能够考察当前的难题，在经验上和理论上确保累积研究的路径。当理论是可使用的且其他人甚至非专业人士或从业者也可以"使用"时，就是"可传达的"。

方法标准对于实现这些重要方面中的大部分是非常必要的。方法论是结构化的框架，提供了社会共享的原则、规则和实践体系，这个体系定义了应该如何进行研究（以及最终如何教授）。这个定义适用于基于主体的计算社会学，也适用于其他任何领域。然而，作为近期的新发展，ABM 研究需要认真考虑前提和结果，因为它有时不属于常用的社会科学方法。

此外，这里所讨论的要点将阐明基于主体的计算社会学在方法论上是否更接近实验研究和实证研究，而非理论和哲学思辨。

显而易见的是，得出这样一个方法标准超出了我们的范围。我的目标只是草拟一个通用的框架，确定好的做法，聚焦关键问题，规划未来发展。庆幸的是，ABM 模型已经更加重视方法论，并且发现了某些最优做法，其中一些来自标准的社会科学，一些则是 ABM 专属的。本章旨在提供一个连贯的图式。

131

回溯方法论问题，已经从扩展 / 探索转向了细化 / 巩固。在 20 世纪 90 年代的第一波 ABM 热潮中，这种新方法就已应用于有趣的社会科学难题。例如，学者将 ABM 模型应用于合作、社会规范、观念动态、城市研究、市场动态、政治行为和社会冲突等领域。当时，人们强调这类研究的独特性以及 ABM 与传统研究方法的某些不同。

从 2000 年开始，从事 ABM 研究的科学家越来越多地尝试改进方法论来巩固自己的研究。他们的注意力从 ABM 的独特性转移到与其他方法的整合和取长补短，例如定性研究、定量研究和实验研究。在我看来，这种新的观点并不是对最初主张创新的退缩。相反，这是帮助解释实证难题、进行前沿研究和实现基于主体的计算社会学制度化的必要步骤，对基于主体的计算社会学成为跨学科创新的参考而言也是十分必要的。

在本章，我的目的是支持这个新观点，并提出将 ABM 与其他方法结合的理由。我的观点是，基于主体的计算社会学需要对碎片化的社会学学科进行重构，而不是进一步扩大狭隘主义。如果不同的方法和群体相互协作，就可以更容易地实现这一目标。

本章的第一个目标是展示 ABM 方法是理想的最佳实践的连贯序列。这个方法阐明了基于主体的计算社会学的特征。然而，我们也需要展示它与其他方法结合的优势。同时，这些步骤的分析可以帮助我们强调目前的弱点和未来的需要。

必须指出的是，这些问题涉及复杂的认识论辩论，例如，理论和现实的联系，其中融入了大量的哲学思辨。在这里，我将只提及这个主题，尽管某些方面已经在第一章讨论过。

介绍方法论序列之后，我将重点讨论两个重要问题，即重复验证和多级验证。最近，重复和验证方面的改进使科学更加精准，并促进 ABM 研究在更成熟的群体中得到认可，这些要点引起了人们极大的兴趣。

第一章曾指出，ABM 最重要的优势之一是同行能够进行检验、重复验证、操作和扩展模型，这对于产出可检验的结果和促进积累是至关重要的。在这里，我将重点关注与这点相互对应的方法论。

　　首先，我将介绍重复验证的所有方面，特别是它与验证和有效性检验（validation）的关系。重复验证指"同行重新运行给定模型进行独立审查的过程"；它是经验科学和实验科学的核心。正如阿克塞尔罗德所说，这是"累积的科学的特征之一"（Axelrod 1997）。这就是基于主体的计算社会学与实验科学相似的原因，即使 ABM 科学家对虚拟社会进行实验具有特殊的意义。

132

　　为了说明这一点，我将回顾两场有关重复验证的争论。在这两场争论中，同行独立地重复验证了彼此的模型，发现了各自的错误和 / 或限制，并进一步提出新的见解。通过这些争论，我们能了解到重复验证不仅具有检查和测试功能，也是增进我们对有关问题的理解的一种手段。

　　我期待对这些案例的不同反应。一些读者可能会将它们视为模型失败的示例，证明此类研究不够成熟。有人可能会认为 ABM 几乎不透明且过于复杂，所以建模者经常不能完全控制自己的"造物主"（creature）。而且，由于知识差距以及原始资料的缺乏或作者低质量的描述，期刊审稿人没有时间认真重复验证模型，进而支持这一观点。正如金迪斯（Gintis 2009）引用经济学的观点时所提到的，这可以解释在理论构建方面，ABM 研究相对于分析科学的地位较低。

　　毫无疑问，重复验证远非一件简单的事情，对于实验研究和实证研究也是如此。事实上，在任何领域，评估一致性和有效性的难度都是一样的。例如，在神经科学或分子生物学领域，审稿人无法重新运行最初由投稿者报告的实验。这让我相信，与现有的社会学方法论实践相比，基于主体的计算社会学无论如何都向前迈出了重要一步，前者在实验方法上非常薄弱。

我希望其他读者领会到 ABM 完全可以重复验证的优势。与定性社会学研究不同的是，通过主体间测试来实现泛化潜在上是可行的，实际上经常是可行的。在我看来，这才是重要的。鉴于我们还没有以渐进主义在学科中发展出累积的知识体系，我认为应扬长避短。

但必须承认，ABM 研究的方法论发展需要让模型更加透明、可管理、可测试和可重复验证。某些同行建议采用标准进行记录、存档并提供可用的模型（例如，Janssen et al. 2008；Polhill et al. 2008）。最近，朝着这个方向迈出了重要一步。一个例子是开放 ABM 联盟（Open ABM Consortium）[①] 的建立，它有一个模型库，由作者自愿发布可供重复验证的技术指令，也收录了重复验证研究。

最近，刊发 ABM 文章的期刊越来越重视运用更严格的方法论。例如，提交开放存储或在补充材料信息中上传模型和详尽的代码，是论文被采用甚至提交的强制性要求。这些措施有助于改进方法标准。

标准化和好的做法在未来可能会激增，这将有助于 ABM 研究得到全面认可。然而，值得再次指出的是，即使在更加成熟和发达的领域，这也是一个普遍的问题。ABM 科学家已经意识到这一点，并开始朝这个方向认真工作，这

133

[①] 开放 ABM 联盟旨在促进科学家和实践者发展、分享和使用 ABM。它包括一个在线档案，用于保存和使用模型的源代码、描述和指令，也包括重复验证研究。可以通过 http://www.openabm.org/about 网址访问。

证明了事态良好，而不是暴露其弱点。

另要记住的一点是，社会学本质上是一门实证科学，在方法论上与 ABM 研究一致，在不参考经验证据的情况下是不完整的，这就是我将专注于实证验证的原因，更具体地说，即我所说的"多级实证有效性检验"（multi-level empirical validation），"对相关模型参数进行检验且根据经验数据对仿真结果进行评估的过程"。在我看来，ABM 研究在社会学领域的挑战不仅在于从模型假设中重复验证经验的宏观规律（通常意味着实证验证），如果可能的话，也需要在实证上具体说明相关模型参数（即通常意味着实证性校准）。

我将结合这两个概念来强调一个事实，即实证规范在区分可替代的理论解释上往往具有决定性作用（Squazzoni and Boero 2005）。这一问题主要来自社会现象，因为在微观层面过程上缺乏囊括一切的理论。

为了整合理论和数据，运用 ABM 需要结合其他研究方法。在运用 ABM 方面，我将提供一个有助于收集数据的方法列表，例如实验、利益相关者、定性研究和定量研究。还将列举基于实证数据的 ABM 例子。这也将有助于强调这种跨方法论整合的挑战和影响。

第一节　方法

阅读前面的章节之后，现在读者应已经理解 ABM 是指一种社会学研究的特定方法。概括来说，可以将社会现象看作社会互动的结果。从事定量研究的社会学家通常通过建立宏观因素（例如家庭收入或教育）中因变量和自变量之间可能的相关性来研究社会现象（例如失业）。从事定性研究的社会学家倾向于研究人们的主观体验（例如，失业对信心和身份的影响）。

相反，从事 ABM 研究的社会学家关注作为社会互动总体结果的社会现象。以失业为例，从事 ABM 研究的社会学家的研究问题包括：在给定的具体宏观环境（例如特定的市场结构）下，寻求各种策略以进入市场并相互影响的异质个体之间如何互动？如何带来现实中所观察到的失业形态？

运用 ABM 方法，我们能够识别那些解释社会形态的微观生成机制。这已经在第一章中解释过了。在这里，我们要找出与此论点相对应的方法论。让我们详细讨论这一点。通常通过以下一系列步骤进行 ABM 研究：①研究问题的界定，②模型构建模块的详细说明，③模型的操作、执行和检验，④仿真输出分析，⑤有效性检验，⑥报告和发布，⑦重复验证。

首先，需要概述的是，这些区别在实践中并不总是一目了然，因为某些步骤可能会相互影响。其次，所有步骤并非都需要执行。例如，第 5 步并非不可或缺（见下文）。第 7 步更加关注那些广受关注的研究贡献，而不是一般的研究贡献。因此，也不总是需要进行重复验证。而且，这个顺序可能意味着某些变化。例如，第 7 步对第 3 步和第 5 步是有帮助的。所以最终可能会由独立学者或团队实施这一步（见第二小节）。不过，这些特征并不妨碍我提出的顺序的理想典型价值。那么，让我们详细描述这些步骤。

研究问题的界定包括固定模型的解释项和限定目标。这些操作既有描述性部分，也有分析部分。描述性部分可以利用文献或进行观察来完成。然而,正如戈德索普（Goldthorpe 2007）所论证的那样，当我们从观察和好的经验规律描述着手时，可能更容易发现一个好的研究问题。这可以通过直接的数据和"程式化事实"（对统计规律的大规模程式化）来完成。"程式化事实"概念最早由卡尔多提出，以不同的方式从抽象的新古典主义视角来研究经济增长，可以弥补经济学中统计数据的缺乏或不足（Kaldor 1961）。从"程式化事实"着手的研究问题方法，意味着从确定经验事实的"广泛趋势"开始研究。即使在缺乏具体数据的情况下，这也会有助于我们研究重要的难题。

显然，这还不够。描述性部分应该同时结合分析部分。戈德索普提出：

> 通过描述性方法相对确定地确立社会规律以后，就可以将其视为社会学分析的基本被解释项：社会规律就是以一种或另一种方式表达一切社会学问题，即它们的形成、连续性、相互关系、变化、中断等。因此，当分析成为因果求证时，就不得不对原因进行探索，社会规律就代表那些原因的影响。与因果关系是强大依存关系这一观点的支持者相反，这一任务不可能是纯粹的统计问题，而是需要输入关键的内容。（Goldthorpe 2007，p.207）

这意味着建模的先决条件是"在具有充分解释性且具有理论基础的行动层次上假设生成过程"（Goldthorpe 2007，

p.40）。的确，为了从描述性过渡到分析，ABM 研究首先需要确立研究问题的框架，然后根据社会互动中主体行为的预期宏观后果提出研究问题。

值得注意的是，这个框架并没有限制社会学家的视野。事实上，大多数社会学难题可以用社会互动问题来建构富有成效的框架。例如，如果我们想研究劳动力市场中的种族歧视，可能必须关注雇主之间的互动，因为他们在选择劳动力时相互影响，某一雇主的决策对其他雇主而言是一种信号（Abdou and Gilbert 2009）。如果我们想研究英国年轻人中"酗酒"现象的增加，也必须研究他们的社会互动，因为小群体中的人互相模仿且"酗酒"行为在社交网络中传播（Ormerod and Wiltshire 2009）。如前所述，关注互动对于理解表面上理性的行为如何聚合并产生次优、不可预测的结果更为重要。

我的观点是，基于主体的计算社会学家有一种特定的方法。经济学家无法将各种各样的"事件 - 他者 - 假设"复杂问题（也包括社会问题和政治问题）简化为主体自身利益和理性的综合影响。同样，基于主体的计算社会学家应该详细说明在社会结构中有关主体互动的社会现实，也就是社会互动。这是总结了本书中提到的所有 ABM 科学家的观点之后得出的灵感。我认为社会互动是基于主体的计算社会学的必要条件。

确定了第一步后，下一步就是建模，也就是将一个粗略的书面模型转换成计算机模型。其中的挑战是界定模型构建模块和识别参数，也就是说，构建一个在不同程度的细节上接近目标的模型化系统。

规范操作如下：界定模型的结构部分（如主体属性、互动结构和环境特征）、行为部分（如主体行为的规则）、时间（如离散度、事件、序列），将主体的活动纳入模型并对测量进行整合。模型的计算机化既涉及实质性问题，也涉及更为抽象的与计算相关的技术问题。例如，如何设计主体行为，如何再现主体决策的并行性，以及如何优化和管理计算活动的流程，还包括编程语言和仿真平台的初步选择（例如，Gilbert 2008）。

一旦转换为计算机版本，下一步就是在各种参数条件下执行模型。执行对内部测试和验证起到重要作用。验证是对模型实现的正确性进行审查的过程（Gilbert and Troitzsch 2005；David 2009）。有时，验证与有效性检验相混淆。两者不同之处在于，验证关注如何检查每个计算机模型的过程，确保模型按计划执行；而有效性检验则是检查仿真输出和模型目标之间联系的正确性，即被解释项和解释项之间连接的正确性（Gilbert and Troitzsch 2005；Ormerod and Rosewell 2009）。因此，验证意味着对实现建模者意图的计算人工物的充分性进行检查，而有效性检验意味着关注计算人工物对模型目标的解释能力。在一些情况下，独立的重复验证是验证和有效性检验的基础。我将在下文对重复验证和有效性检验予以更加详细的讨论。

对仿真输出的分析涉及各种数据分析技术，从分析敏感度的传统统计技术（例如交叉变量分析，对初始条件的敏感度分析）到观察者可以在仿真过程中绘制新的时空动态图的

136

可视化技术。ABM 是一种复杂的模型，涉及主体在特定结构中的非线性互动，以及各种变量和参数。因此，各种类型的数据对于确保结果的可信度可能是决定性的。前面给出的例子已经显示出建模者用于理解模型行为的输出结果通常存在异质性。

考虑到这一点，任何建模者的目标不只是理解其模型中发生了什么。仿真结果的解释价值对于感兴趣的目标是"有效的"。这就需要解决理论与观察的关系问题，也就是使用有效性检验的原因所在。

考虑到 ABM 可能存在一个常规或特定的功能（例如，Gilbert and Ahrweiler 2009），并且模型之间也存在竞争，而且 / 或这种竞争已经经历了集体性、渐进式的发展，我区分了三种类型的有效性检验，即内部有效性检验、交叉有效性检验和实证有效性检验。尽管这些类型的有效性检验很难明确区分，但为了便于理解，这种区分是合理的。

内部有效性检验指对被解释项和解释项之间的一致性进行仔细检验的过程，可能也是同行进行检验的过程。在不同参数条件下检验模型，可以从逻辑上检验理论假设和解释性结果之间的一致性。鉴于 ABM 是具有许多变量和参数的复杂系统，只有通过模型的仿真、运行和测试，人们才能相信模型结果解释的一致性。这绝非易事，因为正是这种可信度使我们能够阐述"如果 x（如主体行为），因为 z（如解释机制），则 y（如给定结果）"，即对某事进行解释（例如 Hedström 2005）。值得一提的是，我所说的内部有效性检验如果参考的经验数据不是间接的（例如实证文献），则不是必需的。这是内部有效性检验和实证有效性检验之间的区别（见下文）。

交叉有效性检验指根据给定的标准（例如，简化或经验遵从），对观察相同或类似问题的模型的解释力进行测试并比较的过程。这有助于证实、泛化或限制给定结果的有效性范围。

奥默罗德和罗斯韦尔（Ormerod and Rosewell 2009）提出了一个很好的例子。他们引用了商业周期模型的例子，强调简单性的附加价值是可以作为区分不同解释的评估标准。他们认识到，这个领域包括各种在范围和规模上各不相同的模型，但产生了或多或少相同的"程式化事实"。

第一个例子是奥默罗德（Ormerod 2002）的模型，他从大多数商业周期波动是由企业部门决定的证据出发，并且假定企业是异质性的和有限理性的。企业遵循简单的规则来决定产量并形成市场情绪。他的模型产生了基于经验的证据，如 20 世纪美国实际产出增长的自相关和功率谱。

多西、法焦洛和罗韦蒂尼（Dosi, Fagiolo and Roventini 2006）开发了一个相似的商业周期模型，但具有更复杂而丰富的特征，例如，两种类型的企业（如技术研发和消费品生产商）、企业进入和退出、技术变迁、消费等。他们增加了模型结构的丰富度（如市场特征），但保持简单的行为规则，如同前面的例子。他们的结果与"程式化事实"一致，如企业增长率的"肥尾分布"、生产率分布，以及公司规模的右偏分布。一些结果与前面的例子重叠，另一些则是新的见解。

赖特（Wright 2005）从纯粹、随机的零智能行为出发，

137

进一步简化了行为假设，并与以前的例子对比，得出重叠和新增的见解。重点在于，尽管这些模型着眼于不同的"程式化事实"，但细致观察就会发现许多相似之处。尤其是与主流方法相比，这些模型普遍能够更加全面地解释商业周期。

接下来的问题就是界定一个标准来评估这些模型。奥默罗德和罗斯韦尔建议，模型的解释功能应该根据其对人类行为假设的简化来衡量，因为这会得到实验证据的广泛支持：

> 决定哪个模型更有效（我们假设能够同等验证这些模型）并不简单。它们各自得出的结果与所观察到的内容相一致，并且与易于描述和解释的主体决策规则相一致。被解释的事实要素在任何情况下都比标准模型更全面，并增加了不同层次的解释……可以用来判断性能的一个标准是行为的简单性，其原理是如果简单的主体规则能够产出好的描述，那么就比复杂的规则好。另一种表达方法是，确保主体仅需要具备处理信息或学习的最低必要能力……总之，主体的行为方式与经济学理性选择的规则相去甚远，这一观点现在得到了大量令人印象深刻的证据支持……正是这些模型隐含或明确地将高水平的认知分配给需要特殊解释的主体，而非那些不需要特殊解释的主体。（Ormerod and Rosewell 2009, pp.137-138）

在 ABM 研究中，有关交叉有效性检验更广泛的、更系统的工作是让评估和累积性成为此类研究的稳定特征。

138

实证有效性检验指对模型结果与经验数据进行对照并证实的过程。我将这个定义扩展到多级实证有效性检验，即对相关模型参数进行检验且根据经验数据对仿真结果进行评估的过程。我们将在下文中看到，这个扩展很重要。虽然该定义结合了对参数的经验校准和对仿真结果的实证有效性检验这两个在直观上不同的组成部分，但支持一种观点，即社会学不仅要面对在宏观层面重复验证／生成观察到的统计规律的挑战，而且要从经验上明确的微观假设出发来完成这一挑战。稍后我们将详细讨论这一点。

最后，记录和发布是传播模型结果的重要步骤。它们也是重复验证的关键，因为重复验证在很大程度上取决于记录的质量和模型的透明度。最近，来自顶级期刊和重复验证问题的压力使这一点成为关注的焦点（见下文）。ABM 研究文献和发表标准已经确定（例如，Bauer，Müller and Odell 2001；Grimm et al. 2006；Polhill et al. 2008；Grimm et al. 2010；Polhill 2010）。这意味着任何对某个模型感兴趣的人都应该有机会轻松访问模型代码和指令、根据模型文档和代码注释轻松理解模型的特征、轻松重复验证模型结果。

关于这种方法的一个很好的例子是波西尔等人的研究（Polhill et al. 2008；另见 Polhill 2010，其中做了一些更新）。他们建议遵循 ODD（Overview，Design Concepts and Details，即"概述、设计理念和细节"）协议来记录模型。他们提供了 3 个生态学文献中的例子。ODD 协议的设计目的是使模型描述对任何人都是可读的且完整的，尽管没有直接遵循面向对象程序设计，但可以很容易地用 UML 类图完成，并且可以完整地描述任何 ABM。它的优点在于规定了一个按照逻辑描述的结构，并包含提供所有相关信息的指南。

它由 3 个要素构成，即"概述"、"设计理念"和"细节"（Grimm et al. 2006，2010）。"概述"由"目的"组成，包括要做的事情以及模型充分解释的内容。在"实体、状态变量和规模"中，则可以使用 UML 类图来报告模型结构（包括模型实体、主体类型和变体类型）。在"过程概述和程序"中，记录所有模型过程及其程序。

"设计理念"描述模型设计的基本理念，因此任何人都可以轻松地理解所有重要的设计决策。它包括"基本原则"和"学习"。"基本原则"描述支撑模型设计的理论、假设和建模方法，"学习"报告主体决策的适应度。"设计理念"还包括"目标"，设计主体适应度和决策规则。此外，"设计理念"要列出大多数仿真中使用的某些标准概念，如随机性（如果存在的话，则说明其原因）和集体性（如果对主体进行分组，则说明如何分组和为什么分组）。

"细节"旨在使模型能够重新执行。它由"初始化"组成，报告初始仿真值、所使用的任何数据的出处。其中有"输入数据"，包括能获得所使用数据的在线文档，甚至包括原始随机数种子；还有"子模型"，充分解释所有"过程概述和程序"的过程，例如如何选择参数值或如何测试和校准子模型。

记录通常与模型一起完整发表于在线期刊的补充材料部分或者作者的个人网站，更好的是上传到前文提到的一些在线模型资源库，如开放 ABM 联盟。越来越多的人认识到，模型记录和发布的标准化对于改进 ABM 方法论至关重要（例如，Richiardi et al. 2006；Janssen et al. 2008）。

说到这里，让我们现在关注两个相关点，即重复验证和多级有效性检验，它们都与记录和发布相联系。我希望将重点放在这两点上，因为它们对完善社会学领域的 ABM 研究非常必要，最近也引起了热烈的讨论。

第二节　重复验证

重复验证指同行重新运行给定模型进行独立检查的过程。一个模型可以被同行重新执行、重新运行、测试、操作、修改和扩展的可能性是程式化的核心优势。这就保证了原始发现可以进行检验，从而可以将特定的解释与一般解释区分开。如果一个模型的结果可以重复生成，这意味着它们不是特殊情况。这是科学知识积累的一个必要条件（Wilensky and Rand 2007，3.1）。一般性陈述也应该适用于基于主体的计算社会学。

重复验证是验证、内部有效性检验和校准或交叉有效性检验的基础。这些方面在实践中很难区分，但应该加以区分，明晰其中的区别。

正如我们已经说过，验证是对模型运行的正确性进行审查的过程（Gilbert and Troitzsch 2005；David 2009，通常由建模者自己或同行进行。此举尤其有助于使用其他仿真语言或在其他仿真平台重复验证模型，在不同的技术环境下检查原始模型行为的正确性，揭示最初执行中的错误或者先前被原始建模者忽略的隐藏过程。

直观来看，模型似乎完成了建模者计划赋予它的任务。然而，对于像 ABM 这样的复杂模型，情况并不总是如此。鉴于模型中包含各种定性和定量参数以及非线性互动，同行可能会独立识别出原始建模者未曾意识到的过程。

这一点很重要。例如，一项以 2000 名科学家为样本的在线调查显示，计算科学家的编程技能在很大程度上并不完美。例如，参与调查的科学家中只有 47% 对软件测试有较好的理解。很少有人掌握最佳做法，例如使用版本控制的系统、追踪来源、编写可测试的软件、认真进行软件测试并使其可以自由地重复验证（Merali 2010）。这项调查结果显示，许多模型的代码很可能充斥着微小的错误，这些错误可能不会造成执行问题，但有可能影响结果。这就是为什么必须通过重复验证进行独立验证以增强仿真结果的可信度。

但这还不是全部。事实上，验证有助于内部有效性检验。通过重复验证模型，同行可以提出技术方面的重要问题，评估某些设计选择对结果的影响，并揭示解释结果对特定模型设定的过度依赖。此外，同行还可以对建模者论证的解释领域进行限定。

更具建设性的是，重复验证也可以激发理论上的直觉，有助于向不同的方向扩展研究结果。例如，重复验证可以证明原始发现比以前的预期解释了更多特定领域的特征，甚至可以解释相互联系的现象，而原作者没有发现这种联系；重复验证可以让我们针对重要参数的大量变化更彻底地测试结果，甚至可以给模型增加新的特性，从而更好地指明关键参数的影响。这方面的一个例子可以在前面提到的居住区隔离文献中找到，同行通过重复验证扩展了谢林原始模型的解释力。

此外，重复验证对校准或交叉有效性检验也非常重要。后者是评估 N 个模型在同等条件下产生同等结果的过程。正如阿克塞罗尔德等人所言：

> 校准对于支持累积性学科研究的两个特征至关重要，即批判性实验和归类。如果我们无法确定两个模型在同等条件下会不会产生同等的结果，我们就不能拒绝一个模型而赞成另一个更好地拟合数据的模型，我们也不能说一个模型是另一个更普通模型的特例，正如我们说爱因斯坦的引力学说把牛顿的理论包括在内。（Axtell et al. 1996）

通过重复验证，同行可以帮助我们将以前的模型纳入新的模型，进而开发出更普遍的知识，这种观念很重要。的确，它使集体渐进主义下的进步成为可能，而后者有助于推动科学进步。

有人称此为"餐前小吃"（TAPAS）（如 Frenken 2006），意即"使用先前的模型并添加一些东西"。这是一种集体策略，可以巩固优秀的模型，避免重复劳动，节约时间和精力，通过模型扩展和增量开发确保知识累积。虽然主流经济学家在很大程度上贬低这种策略，但他们又会遵循这种策略来构建标准经济模型的复杂框架。这种集体策略很合理，尤其是

141

如果与经验证据相结合，可能会有很大的价值（见下文）。

最后，每个重复验证都有自己的成功程度。阿克斯特尔等人（Axtell et al.1996）认为，重复验证有三个递减的层次：①"数值同一性"，当两个模型的结果被精确重复验证时；②"分布等价性"，当结果在统计上无法区分时；③"关系等价性"，当模型参数之间的定性关系可以成功重复验证时。大量数值和定性参数、随机性以及非线性使原始模型与重复验证模型之间的同构有时很难实现。然而，这些层次作为评估重复验证成功的指标比较合理。

显然，当同行能够重复验证模型时，所有观点才可能成立。但情况并不总是如此，特别是当原作者没有完整地报告模型特征或者没有发布代码或完整的技术说明时。这种情况在过去经常发生。现在，在学术共同体和相关期刊的压力下，保证同行拥有重复验证模型所需的一切已是大势所趋。如前所言，这将进一步提高 ABM 研究的质量及其认可度。

在这方面，奥默罗德和罗斯韦尔对 ABM 的当前情况与计量经济学的历史进行了有趣的比较，完整的叙述如下：

执行回归的能力，除了最简单的那种，直到 20 世纪 70 年代都受到计算机访问能力的严重制约。随着 20 世纪 80 年代个人电脑的发展，大量关于应用计量经济学的文章开始涌现。起初，已发表的论文只有结果，没有数据。即使对数据源的描述并不隐晦，往往也是粗略的。重复验证别人的结果是一项耗时的任务，通常会失败……一种描述数据源的较好的实践准则逐渐发展起来。紧接着，主流期刊越来越坚持将回归中使用的实际数据（包括所使用的所有转换）提供给其他研究人员，最初是附于论文之后，现在则是通过网络。因此，在连续不断的技术浪潮推动下，计量经济学已经逐步演化出更好的重复验证做法。ABM 大概也会发生类似的过程。（Ormerod and Rosewell 2009，pp.132–133）

所有这些讨论都证明了 ABM 学术共同体最近对方法论问题的敏感性有所增强（例如，Axtell et al. 1996，Rouchier et al. 2008），我们从大量的例子中试举几个。

142

最具影响力的贡献之一是埃德蒙兹和黑尔斯（Edmonds Hales 2003）重复验证了廖洛、科恩和阿克塞尔罗德（Riolo, Cohen and Axelrod 2001）的模型。后者建立了一个模型来检验标签（可任意观察到的他人的线索或标记）对理性主体之间合作的影响。最初的研究没有假定主体之间的任何互动，研究结果表明合作是通过标签产生的。埃德蒙兹和黑尔斯对仿真参数进行了多次统计测试，在重复验证的选择过程中发现了原模型中的歧义，并尝试了替代实现方案。他们检验了结果对捐赠率、捐赠成本和对标签差异的容忍度等关键参数的依赖性，发现原始版本和重复验证版本在合作率和合作动态方面存在显著差异。他们认为不要轻信未经重复验证的仿真模型，像其他类型的实验研究或实证研究一样，仿真也需要独立的重复验证。

他们还提出了一些有趣的技巧来发现错误并理解参数的重要影响。他们建议通过对长期平均值的特定统计测试来检查仿真的校准情况，在未校准的情况下取消原始模型的特征，直到实现校准，然后逐步加入它们。这可以帮助我们理解哪些关键特征决定了观察差异。他们建议在不同的仿真语言和仿真平台上执行同一个模型，如果可能的话，由不同的人编程（Edmonds and Hales 2003，10.1）。

罗切尔（Rouchier 2003）重复验证了达菲的投机模型（Duffy 2001），该模型基于清泷和赖特（Kiyotaki and Wright 1989）先前实验的结果。仅仅依靠文章中记录的信息，她就能够很好地重复验证以前的模型。然而，由于原作者发布的模型中假设的主体行为算法不够准确以及对重要参数（例如人口规模和互动时间）缺乏探索，她发现原始模型与重复验证的结果之间存在显著差异。此外，主要教训之一是学者应该充分利用计算机仿真的优势进行广泛的模型探索，例如在不同参数条件下运行大规模群体仿真和长时间仿真。

加兰和伊斯基耶多（Galan and Izquierdo 2005）也发现了这一点，他们重复验证了阿克塞尔罗德颇具影响力的社会规范演化模型（Axelrod 1986）。原文章的目的是检验元规范（对违反规范者的惩罚）的力量，即在理性的自利主体总体中强制执行规范。他们延长了运行模型的时间并修改了某些参数值，得到了不同的结果。他们对运行包含随机成分的大规模 / 长期仿真的必要性给出了相关见解，其思路是研究"系统能够如何作为且通常如何作为"。他们还将仿真和数学分析结合起来，这有助于验证行为建模。

维伦斯基和兰德（Wilensky and Rand 2007）重复验证了哈蒙德和阿克塞尔罗德（Hammond and Axelrod 2006）关于民族

中心主义的模型。原文章表明，即使在代价高昂的情况下，人们偏爱群体内成员的倾向也能支持合作。维伦斯基和兰德表明，添加更多的条件才有可能重复验证原始结果。

S.S. 伊斯基耶多、L.R. 伊斯基耶多和戈兹（Izquierdo，Izquierdo and Gotts 2008）重复验证了梅西和弗拉什（Macy and Flache 2002）有关典型社会困境中强化学习动力的研究。他们拓宽了研究视角，取得了一些进展，并讨论了主体在选择行动时偶尔犯错误的原始结果的稳健性。此外，他们还指出，研究结果严重依赖于主体学习的速度，即便少量的随机性也会显著影响结果。因此，重复验证有助于约束以往研究成果的泛化。第二章所述韦尔泽、格利夫和沃恩（Welser，Gleave and Vaughan 2007）对诺厄·马克关于不成比例事先接触模型的重复验证也是如此。

詹森（Janssen 2009）重复验证了第一章提到的著名的阿纳萨齐模型（Dean et al. 2000），这是一个运用 ABM 对重要的历史谜题（即长期居住于亚利桑那州长屋谷的阿纳萨齐为何消失）进行跨学科研究的例子。詹森的重复验证证实了最初建模者关于环境因素无关紧要的一般直觉，解释了阿纳萨齐人突然离开山谷的行为。但他也表明，调整山谷承载力和主体总体统计资料两个参数，对经验数据的拟合起到至关重要的作用。在这种情况下，重复验证揭示了此前在很大程度上被低估的某些参数的重要性。

拉达克斯和伦斯（Radax and Rengs 2010）通过引入一种系统生成大量模型重复验证品并测试其与原始模型的等效性的方法，重复验证了爱泼斯坦有关人口统计的"囚徒困境"

模型（Epstein 1998）。尽管他们的许多重复验证版本在质量上与原始结果相似，但他们通过重复验证强调了建模者先前在某些设计选择中忽略或隐藏的影响，例如更新方法、事件的时间安排和激活顺序的随机性。

鉴于这一点在方法论上的重要性，让我们关注两个说明性的重复验证争论，其中涉及一群基于主体的社会学家。事实上，这些争论有助于理解独立的重复验证并发现新见解。特别是他们展示了建模如何促进协作。之所以重点关注这两个争论，是因为其涉及严肃的社会学内容：第一个涉及居住区隔离，第二个涉及信任和社会关系。

一　关于种族隔离的争论

最近发生的争论在第三章中提到过。起源是伊丽莎白·布鲁赫（Elizabeth Bruch）和罗伯特·D. 马雷（Robert D. Mare）在《美国社会学杂志》(*American Journal of Sociology*) 上发表的一篇文章（Bruch and Mare 2006），这篇文章获得了很多奖项。这篇文章的目的是对谢林的典范模型进行经验性修正。作者的出发点是，调查和渐晕图数据表明，个体往往根据邻里种族构成的变化不断做出反应，而不是遵循阈值偏好。因此，他们重复验证了谢林模型的版本，并操纵偏好的形状。他们发现线性函数偏好可让家庭适应邻里构成并更迅速地不断变化，从而避免了居住区隔离。最引人注目的结论是，谢林最初的发现只是在特殊情况下才会发生，而不是家庭决策在任何时候和任何地方相互依存的普遍预期结果。

他们还研究了偶然性在其中扮演的角色，放宽了家庭确切知道要迁往的新目标社区特征的假设。他们发现，如果将偶然性与对邻里关系变化的敏感度相结合，可以避免种族隔离。假设一个家庭做出错误决策并迁往不太理想的社区，降低新邻里对当地同一群体内部的家庭的合意性，同时增强对已定居的外部群体邻居的合意性。这反过来又增加了一个相对满意的外部群体家庭做出错误决策而离开社区的概率。假设家庭调整决策甚至对其邻里构成稍做修改，随时间推移会形成多米诺效应，直到当地实现邻里完美融合（Bruch and Mare 2006，p.694；Van de Rijt，Siegel and Macy 2009，p.1174）。

布鲁赫和马雷将这一点概括如下：

> 即使是少数个体偶然搬到与自己属于同一群体的成员很少的地区，也会增强该地区对同一群体成员的合意性，进而增强更多的同一群体成员迁到这里的可能性。相比之下，个体在阈值函数相当大的比例区间对所属群体是相当冷漠的。因此，少数个体迁往一个拥有少数同一群体成员的地区不太可能会增强该地区对未来迁徙者的合意性。（Bruch and Mare 2009，p. 1187）

范德利特、西格尔和梅西（Van de Rijt，Siegel and Macy 2009）对该模型进行了重复验证，他们在一个重要的仿真参数中发现了错误，该参数界定了不满意家庭选择新邻里的随机性。他们改写了原有的模型，更加深入地探讨了家庭决策发生随机性错误的可能性。他们特别关注模型的两个关键参数，即偏好和选择。第一个参数表示属于同一群体的邻居在给定比例的情况下，每个家庭对于某个位置的合意性；第二个参数界定每个家庭移动到一个空位置的概率，该概率取决于系数 β（表示相对于随机机会的合意性）的权重。当 $\beta=0$ 时，邻里的种族构成不相关，家庭的随机选择占主导地位；当 $\beta=1$ 时，谢林的规则进入视野，因为在这种情况下，家庭总是迁移到或停留在其最偏好的位置。

其中的问题是，布鲁赫和马雷未能探索系数 β 的整个连续性，以致即使删除其模型中的随机性和错误，家庭选择也会因错误而产生偏差。例如，范德利特、西格尔和梅西提出，在假定没有随机选择的情况下，在原始模型中，仿佛人们通过"向一张城市的地图抛掷飞镖来挑选邻里，不是完全随机的，而是存在实质性的误差空间"（Van de Rijt, Siegel and Macy 2009，p.1169）。

为了更深入地探讨这一点，范德利特、西格尔和梅西比较了连续函数和阈值函数的多种情况。通过对该模型的泛化和扩展，他们也促成了潘克斯和弗里恩德（Pancs and Vriend 2007）、赞赫（Zangh 2004）关于"隔离与整合"的争论。

结果表明，在具有整合偏好（居住于有一半白人一半黑人的邻里内）的多元文化总体中，在主体做出错误决策并迁移到与其偏好不符的邻里的条件下，微观层面的阈值偏好可能有助于防止总体层面上的偏移。这仿真了一种现实情境，即主体缺乏有关其迁移到的新邻里真实构成的完整信息。

他们的发现揭示了个体偏好和社会结果可能形成鲜明对比的这对矛盾。事实上，一旦主体对多样性有明确的偏好，迁移到不满意的邻里，并对邻里的变化做出迅速反应，隔离就可能产生。相反，一旦主体对种族有明确的偏好，他们就会立即对邻里的变化做出反应，并且在选择新邻里时很少犯错误，所以更有可能发生整合。因此，范德利特、西格尔和梅西通过对布鲁赫和马雷的模型进行更抽象的分析，表明只有当邻里选择足够随机时，具有连续偏好的社会整合才有可能发生，家庭更有可能迁入次优的地点。

这一重复验证表明，布鲁赫和马雷研究结果的有效性仅限于非常特殊的情况。原文章认为特殊情况是谢林提出的典型阈值函数。重复验证表明，真正特殊的是重复验证者所探索的 β 系数的狭窄参数空间。事实上，他们只考虑了随机边界处的一个特殊窗口，其中系数 β 既不太低而无法考虑线性函数和阈值函数的积分（即 $\beta=0$），也不太高而使两个函数相分离（即 $\beta=1$）。范德利特、西格尔和梅西发现"在这个窗口上方（布鲁赫和马雷关注的窗口），阈值的作用逆转，比使用线性偏好观察到的隔离更少"（Van de Rijt，Siegel and Macy 2009，p. 1178）。

他们的结论如下：

> 谢林并没有夸大隔离倾向。具有线性偏好的群体也会产生隔离，那些具有更加合理的经验偏好的群体也是一样的。如果说存在区别，则是谢林低估了隔离倾向，隔离倾向不仅会出现在容忍多样性的群体中（如谢林所论证的），也会出现在积极寻求多样性的多元文化主义群体中，只要其对种族构成的微小变化也很敏感。（Van

de Rijt，Siegel and Macy 2009，p. 1180）

　　值得一提的是，布鲁赫和马雷在回应中体面地承认了这个错误（Bruch and Mare 2009）。最重要的是，第一次重复验证使原作者有机会进一步发展其模型，并查明在第一个版本中不太清楚的相关方面。他们更为全面地研究了随机性对选择的影响、错误的关联性及其累积效应对结果的影响，以及融合社区收敛到隔离的速度。他们审查了偏好函数形状（即阈值函数与线性函数）对随机性的影响，并且证实了相对于线性函数，阈值函数更不容易受到随机变化的影响，因为邻里构成的微小变化很少引起邻里合意性的变化，即便不在临界点附近也是如此。关键是，使用阈值函数，可以吸收误差，并且产生微小、不受限制的影响。对于线性函数，情况并非如此，因为错误和随机性会随着时间推移不断累积。

　　此外，他们对种族融合偏好的实证调查进一步支持了其论点。调查结果表明，黑人的融合偏好仍会维持种族隔离的状态。他们发现，黑人对多样性的偏好和容忍邻里多样化的意愿可以创造出一个融合的邻里，这个邻里对种族构成中的细微干扰具有更大的弹性。这意味着个体在阈值函数的一个区间内相对冷漠，该区间可以防止随机干扰破坏居住模式的稳定性（Bruch and Mare 2009，pp. 1193–1194）。

　　很显然，这里我只简单介绍了有关这场争论的细节。更重要的是，这些讨论具有普遍意义，并不是因为他们最终确定了一个给定的问题或者对这个问题盖棺定论，而是重复验证和随后的辩论使我们对有关主题有了更多的了解。

总之，这场争论证明，重复验证是评估同行工作的准确性和限制泛化的一种手段，而不仅仅是"发现错误"的游戏。相反，重复验证作为一种工具能激发新的直觉，帮助我们取得新成就并普遍增进我们对有关问题的理解。

二 关于信任和流动性的争论

第二场争论很有意思，围绕一个旨在解释对社会学有较大理论启示的经验难题的模型展开。这场争论十分激烈，有时甚至夹杂讽刺，从而表明尽管重复验证是一项艰巨的任务，但总的结果对学科协作是富有成效的。

这个争论源于迈克尔·W. 梅西和佐藤嘉伦（Yoshimichi Sato）在《美国科学院院报》上发表的一篇文章（Macy and Sato 2002）。该文章的重点是尝试解释山岸夫妇有关美国和日本的信任与文化差异的比较研究所凸显的一个具有挑战性的经验难题，即跨国的信任差异（Yamagishi and Yamagishi 1994；另见 Yamagishi, Cook and Watabe 1998）。为什么推崇个体主义的美国人比推崇集体主义的日本人更值得信任？尽管普遍认为集体主义文化能够培育出高度信任，但实证调查和实验室实验表明，美国人比日本人更容易信任陌生人。

这个难题是常识和社会学解释脱节的一个很好的例子，沃茨（Watts 2011）提供了一个长长的列表。一方面，在这种情况下，常识预期具有集体主义文化背景的人应该更加信任他人。另一方面，在更推崇个体主义的文化中，人们能够更敏感地发现来自他人的信任信号，以扩大他们的社交圈，

147

229

并从更多的社会和经济交流机会中受益，山岸的发现支持了这一观点。

梅西和佐藤将这一点总结如下：

> 山岸认为，人们要么倾向于一种将被欺骗的交易成本最小化的狭隘均衡，要么倾向于将一小撮可能的交易伙伴机会成本最小化的全球市场均衡。结果取决于主体是否获得有效驾驭全球市场所需要的"社会智力"。这一论断具有反直觉含义，即在日本这样的集体主义社会中，对陌生人的信任会更低。山岸的实证研究发现与这一假设是一致的，但该论点过于反直觉，许多学者对此仍持怀疑态度。因此，用一个形式化模型来证明这种动态非常重要，表明理论尽管违背直觉，却仍是符合逻辑的。（Macy and Sato 2010，1.6）

在以往关于陌生人之间信任的研究（例如，Macy and Skvoretz 1998）基础之上，梅西和佐藤的思路是，运用 ABM 来考察美国人是否发展出允许他们利用全球市场更大机会的社会规范，尤其是判断谁值得信任、谁不值得信任的意愿和能力（Macy and Sato 2010，1.2）。显然，这一问题也隐含着期望阐明"社区"和"社会"之间的连接问题。

该模型基于一个包含 N 个（$N=1000$）主体的总体并带有退出选项的迭代"囚徒困境"。退出意味着主体可以决定不继续参与博弈。假设所有配对的主体不信任其他任何人，那么主体之间将不会互动且失去博弈机会（即信任是相互的，退出带来负回报）。主体面临两种情境，即只在邻里范围内互动的邻居以及与陌生人互动的全球市场。在每轮运行中，主体可以随机更改其邻里，并选择在全球市场中互动。当主体在全球市场中互动，能够发现值得信赖的其他主体并采取有条件的合作策略。假设强化学习使主体能够从自身经历中学习到是否信任（即博弈或退出）、何时值得信任（合作或背叛）和在何处博弈（邻里内部或全球市场）。全球市场或邻里关系存在相应的交易成本和机会成本。

148

运用仿真来检验某些有关流动性对信任作用的假设。首先，他们测试了流动性的影响，发现了流动性对信任的曲线效应。更具体地说，在流动性较低的情况下，主体很少遇到陌生人，也是狭隘主义的受害者，他们只信任相似的主体并且避免在全球市场上交易。随着流动性的适度增强，主体学会了如何探测信任信号并适当地信任陌生人，从而活跃于全球市场，并获得更大的经济机会。当流动性进一步增强时，因为主体之间无法适当地区分彼此，信任消失。此外，他们没有发现流动性和邻里规模之间存在任何显著的相关性。

由此得出的结论是，日本与美国在狭隘主义上的差异可以用后者较高的流动性来解释。然而，根据有关较高社会流动性的负面影响的研究结果，作者指出：

> 尽管美国社会在全球市场上有相对较高的信任度和参与度，但不敢保证这种信任度和参与度会无限期地继续下去。通信的快速发展可能会破坏社会关系的嵌入性，而这种社会关系的嵌入性是信任和可信赖性自我强化所

必需的。（Macy and Sato 2002，p.7220）

威尔和赫塞尔曼被这个有趣的案例与这个模型的解释力所吸引，将这篇文章作为唯一的信息重复验证了该模型（Will and Hegselmann 2008）。他们记录了在没有完整描述的情况下重复验证模型的难度，成功访问了模型指令和代码。他们用两种不同的语言（NetLogo 和 Fortran 95）重现了该模型。为了确定结果，他们仔细测试了重复验证模型，并在原始模型的各个部分中找到了临界点，例如强化学习机制以及交易成本和机会成本。

首先，他们对该模型最有趣的发现是，很难准确重复验证流动性增强对信任的非单调效应。更具体地说，其重复验证与流动性对全球市场中陌生人信任的积极影响相匹配，这种影响来自狭隘的主体机会成本的扩大，而不是交易成本的反向影响，交易成本预计随着社会流动性的增强而增加（Will and Hegselmann 2008，4.8）。与原始版本不同，他们还发现邻里规模可以对市场互动产生积极影响，而这取决于机会成本和市场假设的异质性。他们的结论是，其重复验证未能验证梅西和佐藤的发现。

梅西和佐藤逐点回应并提供了原始代码（Macy and Sato 2008）。他们辩护道，交易成本和机会成本过于复杂化超出了他们的研究范围，即流动性对信任和可信度产生的影响。然而，正是源代码的可用性造成了不同。

威尔（Will 2009）利用这一机会准确地重复验证了梅西和佐藤的模型。他重写了模型，完整地描述了构建模块，并重新运行了仿真。他发现，原有的强化学习假设表明，新来者（即因流动性进入邻里的新主体）并没有像其他主体那样通过学习来更新进入市场的倾向。他认为，这条规则在很大程度上是不必要的，也是反直觉的，作者在原文章中也没有提到。他进行了修正，假设主体可以立即更新其进入市场的倾向，以便可以统一进行学习。结果显示，与梅西和佐藤的研究（Macy and Sato 2002）不同，社会流动性增强并不意味着更加信任陌生人。

佐藤和梅西（Macy and Sato 2010）最终利用这个机会重新运行和操纵威尔的版本并修改了自己的模型。他们承认威尔准确地识别出模型中一个不必要的假设且以更简单和更优雅的方式重写了他们的模型。他们承认，如果现在发表那篇论文，他们会使用威尔的版本（Macy and Sato 2010，1.4）。更重要的是，他们承认这种深入测试使其"增进了对流动性在社会和经济交流中影响信任和合作水平的因果机制的理解"（Macy and Sato 2010，1.1）。

他们也对威尔从其新结果中得出的结论表示质疑。他们观察到，威尔关于新来者不更新其进入市场倾向的假设是不必要的和令人费解的论断是正确的。因此，他们同意威尔的观点，允许新来者立即更新其倾向。然而，他们还观察到，在模型原始版本中，学习速率保持在最大水平，但威尔假设较低的速率，没有充分探索学习速率参数空间。

梅西和佐藤这么做是为了弥补对新来者更新进入市场倾向的一次迭代延迟的剔除，再次发现流动性对信任的非单调影响的结果耐人寻味。该结果表明，随着流动性从 0 增加到

0.2，主体对陌生人的信任几乎增加了 1 倍，但这种影响在流动性为 0.2 时发生了逆转。关键点在于，这种逆转似乎比原始模型得到的逆转（即流动性为 0.9）更具有经验上的合理性。这导致他们得出的结论自相矛盾，威尔的修正版本为原文带来了增益，进一步增强了其论点的泛化。最后，他们在文章结尾之处赞扬了重复验证的附加价值。

除了阅读时有据可查和学者之间学科对话的乐趣之外，这种重复验证再次证实，当讨论严格关注结构良好的研究、模型和细节时，可以增进理解和解释。如果没有受到对方的批评，参与这场争论的学者（以前的学者也会争论）可能在紧要关头不会对这个问题有同样的理解。

第三节　多级实证有效性检验

多级实证有效性检验是对相关模型参数进行检验且根据经验数据对仿真结果进行评估的过程。它由两个不同的部分组成，也就是实证规范和有效性检验，这两个部分在逻辑上截然不同，但在实质上是相关的。

更准确地说，实证规范处理假设（即模型输入），而实证有效性检验处理结果（即模型输出）。将这两个在直觉上迥异的概念放在多级有效性检验的理念中，旨在强调对于社会学中的 ABM 来说，重要的是不仅要在宏观层面重复验证/生成经验规律和观察到的统计模式，如果可能的话，模型也应以实证的微观行为规范为基础。尽管获得经验数据困难重重，并不总是唾手可得，但在社会学领域中将经验数据注入模型尤为重要。这是因为我们缺乏关于微观层面过程的包罗万象的理论，而对主体互动"情境"的充分描述（即特定语境的宏观约束）通常在区分可替代解释时起到决定性作用。

这让我相信实证有效性检验也包括模型构建的现实主义问题。显然，这只是一个理想情境，因为社会学家通常缺乏关于微观过程的经验数据。然而，这并未排除多级有效性检验方法对社会学模型的重要性。

实证规范可能包括直接数据或间接数据（即为模型明确设计和收集的数据或从现有来源获得的数据），以及对二手经验知识和"程式化事实"更为宽松的参考。数据可用于调整重要的模型参数。数据可以是定性的，也可以是定量的。例如，可以使用数据界定主体的数量和类型或互动网络的拓扑结构等特征。然而，数据也可以告知我们主体的行为规则，如在第二章中列举的一些例子以及通常基于实验的模型（例如，Duffy 2006）。

博埃罗和斯夸佐尼（Boero and Squazzoni 2005）指出，有各种方法收集 ABM 的第一手数据。甚至模型的拓扑结构（例如抽象的或基于案例的）以及输出有效性检验也对数据收集提出了限制和挑战。

首先，我们认为可以通过各种策略来得到实证规范，并没有唯一的标准程序。第一手数据可以用各种工具收集，甚至可以混合使用不同工具：

①实验方法（即实验室实验或针对真实主体的田野实验，或者真实主体和人工主体混合的实验）；

②利益相关者方法（即相关领域专家直接参与模型构建有效性检验）（Moss 1998；Bousquet et al. 2003；Moss and Edmonds 2005）；

③定性方法（即对相关主体的访谈、档案数据、经验案例研究）；

④定量方法（即关于目标的统计调查）。

在这里，我们可以说，实证规范没有最好的方法，不同方法各有利弊。实证规范可以帮助我们以不同的方式校准与主体行为、结构约束或网络互动相关的仿真参数，有些方法偏向定性，有些偏向定量。以下列举一些受这些方法启发的ABM 研究例子，同时指出它们各自的优点和缺点。

在实验数据和 ABM 结合方面有许多很好的例子，特别是在基于主体的计算经济学中（有关综述参见 Duffy 2006）。在这些例子中，实验室实验和 ABM 作为一种手段用来探索聚合现象的孤立来源，若没有引入主体行为和互动影响的细节，很难理解这些聚合现象。在某些情况下，模型已经用于扩展来自实验室的证据，如我们在第二章中列举的博埃罗等人（Boero et al. 2010）以及博埃罗、布拉沃和斯夸佐尼（Boero，Bravo and Squazzoni 2010）的例子。在我们的例子中，模型完美地重复验证了实验室条件，并且根据受试者行为对主体行为进行校准。这使我们能够探究更复杂的社会结构中真实行为的含义。因此，仿真结果反映了操纵"真实"行为的后果。

在其他情况下，仿真结果用于支持实验设计。一般来说，实验结果和仿真结果可以结合对研究发现进行交叉验证，可以减少任何实验方法都存在的典型的外部有效性问题。在我看来，这是一个极大的进步。然而，值得一提的是，实验数据并非总能唾手可得，而是需要先进知识和对关键问题的"抽象"。不幸的是，将研究中的难题转化为一个简单易懂的互动游戏，受试者在一个控制良好的环境中参与游戏，并不总是可行的。

利益相关者方法遵循的理念是，相关领域的人比研究人员更了解所研究的难题，由此其带来的信息可以指定相关的模型组件（例如，Moss 1998；Etienne, Le Page and Cohen 2003；Moss and Edmond 2005）。虽然这个策略很好，尤其是在对现实缺乏了解的情况下，但它可能会使解释和描述相混淆。这就意味着研究人员可能会有偏见，因为他们相信人们对自己生活的境况可能会有某些不准确的解释。

莫斯和埃德蒙兹（Moss and Edmonds 2005）建立的用水需求模型就是基于利益相关者方法进行有效性检验的一个正面例子。他们的目的是研究英国用水量异常波动背后的社会机制。这个问题也具有重要的政策含义。首先，了解用水消费模式不可预测性的生成机制，可以帮助政策制定者和当局更有效地管理这一重要资源。其次，英国自 20 世纪 80 年代末开始实行用水私有化，假设用水私有化可能导致用水消费量的总体增长和消费行为的巨大偏差。正如我们将看到的，该例子不仅显示了与利益相关者合作以及各种经验知识来源整合的附加价值，还显示了模型对于发现经验现实中未被揭示的见解的重要性。

152

　　莫斯和埃德蒙兹从英国每日耗水量变化的统计数据着手，这些数据偏离了平均值，因而显示出异常的稀疏尖峰分布（thin-peaked distribution）。他们想了解家庭的社会嵌入性能否解释这些经验模式。他们收集了家庭环境的用水量数据（如温度、降水、蒸发），并使用预先的调查对家庭不同用水设备的分布进行建模。该模型包含在邻居影响下调整用水量的家庭。此外，家庭用水消费还受到环境、自身的用水设备和当局建议的限制。

　　在供水公司和英国环境署等机构专家的帮助下，对模型进行了更符合实际的微调。例如，来自负责供水质量和供水充足机构的专家提供证据，证明用水设备按照所有权形式平均五年更新一次。这有助于提高技术创新（即用水设备）的真实性。来自供水公司的专家对该模型的初始版本进行了评估，建议对在干旱一段时间后不切实际地恢复到干旱前水平的总用水量模式进行修正。这是模型中要考虑的另一个重要的现实约束。

　　结果表明，首先，社会嵌入性是肥尾时间序列下聚集性波动产生的原因，这符合经验研究的规律。其次，某些剔除了社会嵌入性的仿真情景表明，用水需求的局部波动更大，几乎不存在系统、集体的应对干旱措施。

　　简而言之，通过剔除社会嵌入性，利益相关者关注的特定难题也消失了，进一步证实了社会嵌入性对于解释用水消费模式进而理解现实行为的重要性。事实上，莫斯和埃德蒙兹得出结论，在供水产业公有化时，来自邻居的压力具有社会控制功能，也就是说，当人们相互观察并在道德上认可彼此时，有助于限制过度用水。20 世纪 80 年代末的供水私有化侵蚀了这种社会制裁功能，并将用水消费转化为经济利益。这导致用水量增加，同时带来一种影响，即人们知道水管中有一半的水因渗漏而流失，却被告诫要节约用水。

根据经验校准定量参数的一个例子是前面已经提到的著名的阿纳萨齐模型（例如，Dean et al. 2000）。在这个例子中，作者使用现有数据和考古证据来校准某些重要的模型参数，并根据经验验证仿真结果。他们的研究集中于一个阿纳萨齐人定居的特定地区，即亚利桑那州东北部的长屋谷。从社会文化、人口和环境方面来看，选择这一领域是因为其代表性、拓扑边界以及科学证据的数量和质量。

为了再现现实的环境特征，作者从现有数据中提取了一 153 个量化指数，表示 382~1450 年该地区 180 千米土地上每年每公顷玉米的潜在产量，单位为千克。他们建立了一个基于经验的生产指数，表示阿纳萨齐人家庭的生产状况。作者对山谷内的不同地理区域进行了校准，使用标准方法从气候数据（即"帕尔默干旱强度指数"）中推断生产数据，并根据水文曲线和淤积的影响数据进行估计。他们使用那一时期山谷的土壤成分、降水量和玉米品种生产力的数据仿真阿纳萨齐人家庭的生产机会。

他们的理念是，营养决定生育力，进而决定人口动态。根据经验计算得出人口统计变量、营养需求和家庭消费，家庭构成规则来自生物人类学、农业、人种学和考古学记录（详情参见 Dean et al. 2000）。

仿真接近阿纳萨齐历史的现有综合数据，尤其是定居点的位置和规模。结果表明，阿纳萨齐人能够在定居点的集中和分散以及低 - 高频率的环境变化之间找到有效的平衡。结果还表明，即使考虑到 1200 年前后"大旱"期间的环境条件（导致阿纳萨齐人消失），如果阿纳萨齐人决定向北迁移并分散到集群定居点，他们仍然可以在山谷中生存。毕竟其他地区的类似人群采用过这个解决方案。

结论是，如果他们没有这样做，原因应与社会联系和政治权力有关。简而言之，阿纳萨齐人在 1270 年前后从长屋谷消失并不是因为环境的限制。因此，这些研究发现了先前解释的伪造成分，并为未来的研究提供了新的见解（例如，检查权力结构）。

另一个很好的例子是使用定量调查来校准主体互动，解释奥默罗德（Ormerod and Wiltshire 2009）提出的有趣的社会问题。他们构建了一个简单、直观的模型来确定英国年轻人酗酒增加背后的社会机制。

他们从一家市场研究公司开展的一项调查着手，该调查采访了英国 504 名 18~24 岁的年轻人，以了解酒精消费问题。这个样本组反映出人口统计学特征对"问题酒精消费"非常敏感。结果显示，每周约有 95 万名年轻人酗酒，发生 150 万起酗酒事件。此外，女性酗酒者的比例从 29% 上升到 40%。

尽管酗酒问题已经存在多年，酗酒者人数可能较少，但有证据表明，最近因酗酒问题入院、遭到警方逮捕的年轻人的记录大幅增加。

作者从数据中推断出 3 种可能影响个体饮酒态度的社会

群体，即家庭、同事和朋友。他们发现酗酒者和非酗酒者有不同类型的社交网络。事实上，相比家人和同事，朋友是更好的酗酒预测因子。

接着，他们构建了一个模型，考察在总体中主体是否决定成为酗酒者取决于其社交网络中酗酒的朋友的比例。在第 0 步，所有主体都不是酗酒者。在第 1 步，一小部分主体（2%）被分配了酗酒行为。

每个主体都有一个从不酗酒转变到酗酒的异质性阈值。这个阈值界定染上酗酒的人的酗酒朋友比例。经验数据用于校准阈值参数。某些初始模型研究表明，在第 1 步中，初始酗酒者的比例为 16.2% 才能达到经验数据的估计值。

然后，作者假设了 3 种类型的互动结构，即随机网络、无尺度网络和小世界网络。其理念是，这些拓扑可以重复验证各种风尚传播机制，这些机制可能是酗酒者增加的原因。随机网络模仿时尚市场，其中主体的行为取决于对未知人群的观察，例如一个人在街对面看到很多人穿的新款鞋后也买了一双。无尺度网络模仿了一小撮有影响力的人，他们能够影响其他人的行为，比如电视上的重要人物。小世界网络模仿了一种由朋友的朋友组成的重叠群体结构，朋友在局部相互影响。

作者广泛探索了模型参数空间，在每种互动结构中搜寻相关参数的最佳组合，这有助于重复验证观察到的规律。仿真结果表明，小世界拓扑结构更接近于已观察到的行为模式。作者认为模仿行为在朋友网络中的传播是重复验证真实情境的充分条件。

即使作者承认在研究发现泛化方面有严重的局限性（例如，缺乏纵向数据和有关酗酒朋友行为的直接数据），他们的结果也很有趣且具有重要的政策含义。酗酒者的相关网络具有小世界拓扑的发现表明，政策制定者不应该认为少数有影响力的人在这种反社会风尚传播中发挥重要作用。这就意味着不能通过对特定目标采取镇压行动来解决问题。其结论是，酗酒与社会互动的结构性方面之间的关系更加紧密，比如人们聚集在一起互动并在局部相互影响的方式。

显然，校准模型并不意味着只收集定量数据或利用现有调查为模型结构方面提供可能的信息，关注行为方面的定性数据也很重要。这方面数据的缺失被以前例子的作者视为一大弱点。

定性研究支持 ABM 的一个很好的例子是盖勒和莫斯有关阿富汗权力结构的模型（Geller and Moss 2008）。为了在经验上校准和验证他们的模型，作者在 2006~2007 年对阿富汗城市精英进行了半结构式访谈，并对不同地区的权力和社会结构进行了各种案例研究。与以前的情况不同，这一研究没有现成的官方调查数据。因此，作者采用田野研究方法研究了阿富汗社会的相关方面。

盖勒和莫斯旨在研究阿富汗权力结构的结构性和过程性特征，理解它们对各种经济和社会问题的影响。他们关注的是族群（qawm），这是阿富汗社会的主要特征。族群指由政治、社会、经济、军事和文化关系组成的复杂人际网络，在这个网络中，人们被非正式地划分为不同的角色。盖勒和莫斯详细地仿真了这个社会环境。他们的灵感来自尝试研究失范和新世俗主义等韦伯社会学的传统范畴能否解释这一特定社会结构的相关特征。

他们的模型基于一个由 208 个主体组成的总体，主体在双网格的空间拓扑中互动，这个空间拓扑复制了阿富汗 4 个民族地区。根据族群的相关特征为主体分配 10 个角色，如政治家、宗教领袖、商人、有组织犯罪分子、指挥官、毒贩、毒品种植者、农民、平民和战士。这些主体是族群网络的节点。

为了描述这些角色之间"社会交换"关系的复杂网络，作者给出了以下例子：

> 如果政治家需要军事保护，他会去找指挥官。作为回报，指挥官仅仅通过与政治家合作就获得了政治上的赞赏。如果一个商人想要获得一份政府建筑合同，他需要依靠政治家的关系。作为回报，政治家得到一笔金钱，例如贿赂。如果一个政治家想进行有利的宣传，他会寻求宗教领袖的支持。作为回报，宗教领袖会被奉为宗教权威。如果一个战士想为他的家庭谋生存，他会为指挥官效力。作为回报，指挥官会为他提供武器、衣服、食物和 / 或金钱。如果有组织犯罪分子想贩运毒品，他会依靠商人的运输业务，商人从出售的毒品中获得一部分利润。如果毒品种植者需要保护婴粟田，他就与指挥官联合，作为回报，指挥官从出售给毒贩的毒品利润中获得抽成。（Geller and Moss 2008，p. 324）

为了仿真这种情境，每个主体都被随机分配了种族、宗教、政治军事背景，以及亲属和邻居。作者认为越富有的主体信息越灵通，这意味着他们可以匹配更大范围的跨空间移动环境，并创建和破坏关系。

156   所有主体凭借其在社会等级中的地位获得和积累经济及社会资源。像指挥官、政治家、商人、宗教领袖、有组织犯罪分子这样的强人比普通人有更多的机会来积累资源。例如，商人可以投资并获得收益，指挥官可以从普通战士的献金中获利。与此同时，指挥官可以通过保护政治家来获得值得信赖的声誉。因此，主体之间的从属关系与主从关系推动了社会和经济资源的流动，包括积累和衰退。例如，如果指挥官不再能提供保护，就会被其他有关联的主体视为无能。如果政治家不再为其"客户"带来回报，就会被认为不可信赖，并被其他人超越。

    基于以上假设，他们使用了一种声明性方法来表示基于背书理念的主体行为。这意味着主体行为遵循经验数据，经验数据表明每个主体（背书人）对另一个主体（被背书人）的推理。在实证研究中，针对受访者的提问包括："主体什么时候拥有权力"，"一个拥有权力的主体是如何表现的"，等等。这是一种根据经验追踪角色、重建网络和映射主体行为的逻辑方法。同时，在定量数据和环境数据都缺乏的情况下，对主体行为进行现实建模非常实用。

    仿真结果表明，首先，由于背书行为、关系和资源的动态属性，族群随着时间推移得到巩固，其形式是由小单元组成的隔离网络，其中主体互动更为激烈。他们还指出，族群结构具有小世界拓扑的典型特性。与同质的权力组织相比，这种结构包含由相互依赖的主体生成的异质权力集中。因此，阿富汗的社会结构表现出典型的对环境外生扰动的高度稳健能力，这是所有小世界拓扑的特征。作者认为这可以解释族群长期的历史弹性。

仿真还重复验证了经验案例研究中关于阿富汗权力持有人网络具体特征的经验证据。实证研究发现，由政治、经济和军事主体组成的各种权力集团以有限和封闭的方式合作，这与仿真结果相匹配。此外，研究结果表明，尽管在阿富汗人们对以资源积累和分配为基础的经济有所期待，但新世袭主义和食利经济之间存在很强的相关性。在这种环境下，少数主体积累了资源，而其他人很贫穷。

研究结果也为社会结构对社会冲突的影响提供了见解。事实上，新世袭行为形成了一个隔离的社会，在这个社会中，除了全面战争之外，其规则是持续的噪声和社会冲突事件的波动。因为这种支离破碎的结构孕育了社会凝聚建设和解体不定期地聚集，从而决定了联盟的脆弱性或冲突规模、持续时间和结果的不可预测性。

在后续研究中，盖勒等人改进了模型在地理和气候方面的真实性，考察腐败和毒品产业之间的联系（Geller et al. 2011）。他们对表示毒品作物生长气候条件的主要仿真参数进行了经验校准，重现其生产周期，并实际估计1999~2009年鸦片和海洛因出口的参数值。他们指出，在这些社会结构中，典型的腐败侵蚀了任何根除和拦截毒品的政策，抵消了北约的反毒品行动。

然而，值得一提的是，经验模型的规范和有效性检验也

157

有其自身的问题和注意事项（例如，Windrum，Fagiolo and Moneta 2007）。首先，它们可能传达了一个信息，即描述先于解释。事实上，自相矛盾的是，通过强调有效性检验程序的首要地位，尤其是在大规模实证目标存在数据不太可信的情况下，模型也可以满足经验规范和有效性检验，而无须解释任何内容（Windrum，Fagiolo and Moneta 2007，4.8）。这让我们再次注意到解释在这类研究中的首要地位。经验证据对于构建被解释项非常重要，同样对于校准构成解释项的重要仿真参数也非常重要，但它本身不能保证解释。

其次，通过将经验数据放在第一位，并且数据在所涉特殊方面总是可用的，建模者在开发模型时可能会遇到偏见（Windrum，Fagiolo and Moneta 2007，4.13）。例如，数据的可用性可以鼓励建模者关注可测量的特定变量，但可能缺乏许多潜在的重要变量数据。温德鲁姆、法焦洛和莫内塔认为，"其中包含一种固有的保守性，这种保守性抑制了对新理论和新解释变量的探索"（Windrum，Fagiolo and Moneta 2007，4.13）。这就意味着，"纯粹"理论研究很重要，能够让我们看到新的见解，并在新的数据搜索中为我们提供指导。

此外，要从实证上对一个模型进行规范和有效性检验可能需要高质量数据，而这样的数据并不总是唾手可得。当然，有理由相信，新的社交媒体将成为一个无与伦比的知识库，可以在其中找到关于人类在许多领域行为的大量非常详细的数据，这将极大地改变社会科学的视角，增强务实作风（例如，Watts 2011）。但目前我们还远远不具备在模型中注入合适的数据的能力，也不习惯在社交媒体上设计大规模实验来收集数据以进行仿真。因此，目前我们缺乏数据，也需要模型。

正因为如此，我们必须说实证有效性检验非常重要，并且可以有所作为，尤其是对于社会学这样的经验学科而言。事实上，我们没有一个累积的或主流的理论范式，却有太多支离破碎、有争议、难以检验的解释。因此，依靠经验证据对于良好的解释是至关重要的。然而，这并不意味着 ABM 模型仅仅是普遍统计意义上的数据驱动型的探索模型。正如布罗克（Brock 1999）所指出的，在经济学案例中（也是一般情况下），经验规律大多以平稳分布的性质的形式存在，也没有提供有关数据实际生成过程的信息。这正是解释的用武之地，也就是为什么即使存在可用的数据，也有必要运用模型。

总之，值得记住的是，解释是基于主体的计算社会学的核心，也是 ABM 能够发挥作用的地方。数据对于验证解释和解释有趣的难题至关重要，还可以帮助我们将 ABM 与其他研究方法相结合，从而减少各种方法的某些局限性。

158

参考文献

Abdou, M. and Gilbert, N. (2009) Modelling the emergence and dynamics of social and workplace segregation. *Mind & Society*, 8(2), 173–191.

Axelrod, R.M. (1986) An evolutionary approach to norms. *American Political Science Review*, 80(4), 1095–1111.

Axelrod, R. (1997) Advancing the art of simulation in the social sciences. *Complexity*, 3(2), 16–22.

Axtell, R., Axelrod, R.M., Epstein, J.M., and Cohen, M.D. (1996) Aligning simulation models: a case study and results. *Computational and Mathematical Organization Theory*, 1(2), 123–141.

Bauer, B., Müller, J., and Odell, J. (2001) Agent UML: a formalism for specifying multiagent interaction, in *Agent-Oriented Software Engineering: First International Workshop AOSE 2000, Limerick, Ireland, June 10, 2000. Lecture Notes in Computer Science*, (eds P. Ciancarini and M. Wooldridge), Springer-Verlag, Berlin Heidelberg, pp. 91– 103.

Boero, R. and Squazzoni, F. (2005) Does the empirical embeddedness matter? Methodological issues on agent-based models for analytical social science. *Journal of Artificial Societies and Social Simulation*, 8(4), accessible at: http://jasss.soc.surrey.ac.uk/8/4/6.html.

Boero, R., Bravo, G., and Squazzoni, F. (2010) Trust and Partner Selection in Social Networks: An Experimentally Grounded Model, arXiv: 1008.4705v1 [physics.soc-ph].

Boero, R., Bravo, G., Castellani, M., and Squazzoni, F. (2010) Why bother with what others tell you? An experimental data-driven agent-based model. *Journal of Artificial Societies and Social Simulation*, 13(3), accessible at: http://jasss.soc.surrey.ac.uk/13/3/6 .html.

Bousquet, F., Barreteau, O., Antona, M., *et al.* (2003) Our companion modelling approach. *Journal of Artificial Societies and Social Simulation*, 6(1), accessible at: http://jasss.soc. surrey.ac.uk/6/2/1.html.

Brock, W. (1999) Scaling in economics: a reader's guide. *Industrial and Corporate Change*, 8, 409–446.

Bruch, E. and Mare, R.D. (2006) Neighborhood choice and neighborhood change. *American Journal of Sociology*, 112, 667–709.

Bruch, E. and Mare, R.D. (2009) Preferences and pathways to segregation: reply to Van de Rijt, Siegel and Macy. *American Journal of Sociology*, 114, 1181–1198.

David, N. (2009) Validation and verification in social simulation: patterns and clarification of terminology, in *Epistemological Aspects of Computer Simulation in the Social Sciences* (ed. F. Squazzoni), Springe Verlag, Berlin-Heidelberg, pp. 117–129.

Dean, J.S., Gumerman, G.J., Epstein, J.M., *et al.* (2000) Understanding Anasazi culture change through agent-based modeling, in *Dynamics in Human and Primate Societies: Agent-Based Modeling of Social and Spatial Processes* (eds T.A. Kohler and J.G. Gumerman), Oxford University Press, New York, pp. 179–205.

Dosi, G., Fagiolo, G., and Roventini, A. (2006) An evolutionary model of endogenous business cycles. *Computational Economics*, 27(1), 3–34.

Duffy, J. (2001) Learning to speculate: experiments with artificial and real agents. *JEDC*, 25, 295–319.

Duffy, J. (2006) Agent-based models and human subject experiments, in *Handbook of Computational Economics. Agent- Based Computational Economics. Volume II* (eds L. Tesfatsion and K.L. Judd), North Holland, Amsterdam, pp. 949–1011.

Edmonds, B. and Hales, D. (2003) Replication, replication, replication: some hard lessons from model alignment. *Journal of Artificial Societies and Social Simulation*, 6(4), 11, accessible at: http://jasss.soc.surrey. ac.uk/6/4/11.html.

159

Epstein, J.M. (1998) Zones of cooperation in demographic prisoner's dilemma. *Complexity* 4(2), 36–48.

Etienne, M., Le Page, C., and Cohen, M. (2003) A step-by-step approach to building land management scenarios based on multiple viewpoints on multi-agent system simulations. *Journal of Artificial Societies and Social Simulation*, 6(2), accessible at: http://jasss.soc. surrey. ac.uk/6/2/2.html.

Frenken, K. (2006) Technological innovation and complexity theory. *Economics of Innovation and New Technology*, 15(2), 137–155.

Galan, J.M. and Izquierdo, L.R. (2005) Appearances can be deceiving: lessons learned reimplementing Axelrod's 'Evolutionary Approach to Norms'. *Journal of Artificial Societies and Social Simulation*, 8(3), accessible at: http://jasss.soc.surrey.ac.uk/8/3/2.html.

Geller, A. and Moss, S. (2008) Growing *Qawm*: an evidence-driven declarative model of Afghan power structures. *Advances in Complex Systems*, 11(2), 321–335.

Geller, A., Mussavi Rizi, S.M., and Letek, M.M. (2011) How corruption blunts counternarcotic policies in Afghanistan: a multiagent investigation, in *Social Computing, Behavioral-Cultural Modeling and Prediction* (eds J. Salerno, S.Y. Yang, D. Nau, and S.-K. Chai), Springer-Verlag, Berlin Heidelberg, pp. 121–128.

Gilbert, N. (2008) *Agent-Based Models*, Sage Publications, London.

Gilbert, N. and Ahrweiler, P. (2009) The epistemologies of social simulation research, in *Epistemological Aspects of Computer Simulation in the Social Sciences* (ed. F. Squazzoni), Springer-Verlag, Berlin

Heidelberg, pp. 12–28.

Gilbert, N. and Troitzsch, K.G. (2005) *Simulation for the Social Scientist*, 2nd edn, Open University Press, Maidenhead.

Gintis, H. (2009) Review of 'Handbook of Computational Economics, Volume II: Agent- Based Computational Economics'. *Journal of Artificial Societies and Social Simulation*, 10(1), accessible at: http://jasss.soc.surrey. ac.uk/10/1/reviews/gintis.html.

Goldthorpe, J.H. (2007) *On Sociology. Volume One: Critique and Program*, Stanford University Press, Stanford.

Grimm, V., Berger, U., Bastiansen, F., *et al.* (2006) A standard protocol for describing individual-based and agent-based models. *Ecological Modelling*, 198(1–2), 115–126.

Grimm, V., Berger, U., DeAngelis, D.L., *et al.* (2010) The ODD protocol: a review and first update. *Ecological Modelling*, 221(23), 2760–2768.

Hammond, R.A. and Axelrod, R. (2006) Evolution of contingent altruism when cooperation is expensive. *Theoretical Population Biology*, 69(3), 333–338.

Hedström, P. (2005) *Dissecting the Social. On the Principles of Analytical Sociology*, Cambridge University Press, Cambridge, MA. 160

Hegselmann, R. (1996) Cellular automata in the social sciences: perspectives, restrictions, and artefacts, in *Modelling and Simulation in the Social Sciences from the Philosophy Point of View* (eds R. Hegselmann, U. Mueller, and K.G. Troitzsch), Kluwer Academic Publishers, Dordrecht, pp. 209–233.

Izquierdo, S.S., Izquierdo, L.R., and Gotts, N. (2008) Reinforcement learning dynamics in social dilemmas. *Journal of Artificial Societies and Social Simulation*, 11(2), accessible at: http://jasss.soc.surrey. ac.uk/11/2/1.html.

Janssen, M.A. (2009) Understanding artificial Anasazi. *Journal of Artificial Societies and Social Simulation*, 12(4), accessible at: http:// jasss.soc.surrey.ac.uk/12/4/13.html.

Janssen, M.A., Alessa, L.N., Barton, M., *et al.* (2008) Towards a community framework for agent-based modelling. *Journal of Artificial Societies and Social Simulation*, 11(2), accessible at: http://jasss.soc. surrey.ac.uk/11/2/6.html.

Kaldor, N. (1961) Capital accumulation and economic growth, in *The Theory of Capital* (eds F.A. Lutz and D.C. Hague), St Martins Press, London, pp. 177–222.

Kiyotaki, N. and Wright, R. (1989) On money as a medium of exchange. *Journal of Political Economy*, 97, 924–954.

Macy, M.W. and Flache, A. (2002) Learning dynamics in social dilemmas. *PNAS*, 99(3), 7229–7236.

Macy, M.W. and Sato, Y. (2002) Trust, cooperation, and market formation in the U.S. and Japan. *PNAS*, 99(3), 7214–7220.

Macy, M.W. and Sato, Y. (2008) Reply to Will and Hedgselmann. *Journal of Artificial Societies and Social Simulation*, 11(4), accessible at: http:// jasss.soc.surrey.ac.uk/11/4/11.html.

Macy, M.W. and Sato, Y. (2010) The surprising success of a replication that failed. *Journal of Artificial Societies and Social Simulation*, 13(2), accessible at: http://jasss.soc.surrey. ac.uk/13/2/9.html.

Macy, M. and Skvoretz, J. (1998) The evolution of trust and cooperation between strangers: a computational model. *American Sociological Review*, 63, 638–660.

Martensson, A. and Martensson, P. (2007) Extending rigor and relevance: towards credible, contributory and communicable research, in *ECIS 2007 Proceedings*, Paper 124, accessible at: http://aisel.aisnet.org/ecis2007/124.

Merali, Z. (2010) Computational science: ... error. *Nature*, 467, accessible at: http://www.nature.com/news/2010/101013/pdf/467775a.pdf.

Moss, S. (1998) Critical incident management: an empirically derived computational model. *Journal of Artificial Societies and Social Simulation*, 1(4), accessible at: http://jasss.soc.surrey.ac.uk/1/4/1.html.

Moss, S. and Edmonds, B. (2005) Sociology and simulation: statistical and qualitative crossvalidation. *American Journal of Sociology*, 110(4), 1095–1131.

Ormerod, P. (2002) The US business cycle: power law scaling for interacting units with complex internal structure. *Physica A*, 314, 774–785.

Ormerod, P. and Rosewell, B. (2009) Validation and verification of agent-based models in the social sciences, in *Epistemological Aspects of Computer Simulation in the Social Sciences* (ed. F. Squazzoni), Springer-Verlag, Berlin Heidelberg, pp. 130–140.

Ormerod, P. and Wiltshire, G. (2009) 'Binge' drinking in the UK: a social network phenomenon. *Mind & Society*, 8(2), 135–152.

Pancs, R. and Vriend, N.J. (2007) Schelling's spatial proximity model of

161   segregation revisited. *Journal of Public Economics*, 92(1–2), 1–24.

Polhill, G. (2010) ODD updated. *Journal of Artificial Societies and Social Simulation*, 13(4), 9, accessible at: http://jasss.soc.surrey.ac.uk/13/4/9.html.

Polhill, G., Parker, D., Brown, D., and Grimm,W. (2008) Using the ODD protocol for describing three agent-based social simulation models of land-use change. *Journal of Artificial Societies and Social Simulation*, 11(2), 3, accessible at: http://jasss.soc.surrey.ac.uk/11/2/3.html.

Radax, W. and Rengs, B. (2010) Prospects and pitfalls of statistical testing: insights from replicating the demographic prisoner's dilemma. *Journal of Artificial Societies and Social Simulation* 13(4), accessible at: http://jasss.soc.surrey.ac.uk/13/4/1.html.

Richiardi, M., Leombruni, R., Saam, N., and Sonnessa, M. (2006) A common protocol for agent-based social simulation. *Journal of Artificial Societies and Social Simulation* 9(1), accessible at: http://jasss.soc.surrey.ac.uk/9/1/15.html.

Riolo, R.L., Cohen, M.D., and Axelrod, R. (2001) Evolution of cooperation without reciprocity. *Nature*, 414, 441–443.

Rouchier, J. (2003) Re-implementation of a multi-agent model aimed at sustaining experimental economic research: The case of simulations with emerging speculation. *Journal of Artificial Societies and Social Simulation* 6(4), 7, accessible at: http://jasss.soc.surrey.ac.uk/6/4/7.html.

Rouchier, J., Cioffi-Revilla, C., Polhill, J.G., and Takadama, K. (2008) Progress in model-tomodel analysis. *Journal of Artificial Societies and Social Simulation*, 11(2), 8, accessible at: http://jasss.soc.surrey.

ac.uk/11/2/8.html.

Squazzoni, F. and Boero, R. (2005) Towards an agent-based computational sociology: good reasons to strengthen cross-fertilization between complexity and sociology, in *Advances in Sociology Research. Volume II* (ed. L.M. Stoneham), Nova Science Publishers, New York, pp. 103–133.

Van de Rijt, A., Siegel, D., and Macy, M. (2009) Neighborhood chance and neighborhood change: a comment on Bruch and Mare. *American Journal of Sociology*, 114, 1166– 1180.

Watts, D. (2011) *Everything is Obvious: Once You Know the Answer*, Crown Business, New York.

Welser, H.T., Gleave, E., and Vaughan, D.S. (2007) Cultural evolution, disproportionate prior exposure and the problem of cooperation. *Rationality and Society*, 19(2), 171–202.

Wilensky, U. and Rand, W. (2007) Making models match. Replicating an agent-based model. *Journal of Artificial Societies and Social Simulation*, 10(4), accessible at: http://jasss.soc. surrey.ac.uk/10/4/2. html.

Will, O. (2009) Resolving a replication that failed: news on the Macy & Sato model. *Journal of Artificial Societies and Social Simulation*, 12(4), accessible at: http://jasss.soc.surrey. ac.uk/12/4/11.html.

Will, O. and Hegselmann, R. (2008) A replication that failed: on the computational model in 'Macy and Sato 2002'. *Journal of Artificial Societies and Social Simulation*, 11(3), accessible at: http://jasss.soc. surrey.ac.uk/11/3/3.html.

Windrum, P., Fagiolo, G., and Moneta, A. (2007) Empirical validation of agent-based models. Alternatives and prospects. *Journal of Artificial Societies and Social Simulation*, 10(2), accessible at: http://jasss.soc.surrey.ac.uk/10/2/8.html.

Wright, I. (2005) The social architecture of capitalism. *Physyica A*, 346, 589–620.

Yamagishi, T. and Yamagishi, M. (1994) Trust and commitment in the United States and Japan. *Motivation and Emotion*, 18, 129–166.

Yamagishi, T., Cook, K.S., and Watabe, M. (1998) Uncertainty, trust, and commitment formation in the United States and Japan. *American Journal of Sociology*, 104(1), 165–194.

Zangh, J. (2004) Residential segregation in an all-integrationist world. *Journal of Economic Behavior and Organization*, 54, 533–550.

162

163

结　语

　　尽管基于主体的计算社会学还处于早期发展阶段，但我希望已经奠定了其运用的基础。接下来，我想从基于主体的计算社会学的运用中总结一些经验，强调这种研究的挑战和前景，并提出一些措施以增进其认可度。我们以这种方式描绘出社会学当前及未来的路线图。

　　从具体视角来看，书中所列的所有例子都证明了社会影响在决定社会结果的不确定性和社会行为的偶发性等特征方面的重要性。与标准的经济学和理性选择模型不同的是，本书的核心概念是社会行为的异质性及其互动效应。探索这种异质性，而非把个体行为带回一般的理性选择模型，不仅意味着将社会学建立在一个更现实的基础之上，而且使我们清晰地理解主体互动为什么和怎么样带来复杂的社会结果。

　　总的来说，本书中所引用文献的大部分作者认为，同时考虑主体行为、社会互动和社会结构对社会学非常重要。他们的研究结果表明，特定的社会结构特征是社会形态的生成机制，通过将社会系统分割为复杂的社会网络决定着主体如何进行互动。

举例来说，第二章介绍了通过关于互惠和社会制裁的相关性研究来理解合作。在这里，互动意味着与互惠相关的特定行为方式在很大程度上会影响社会结果。鲍尔斯和金迪斯的研究表明，强大的互惠者、合作者和搭便车者的共存使社会秩序能正常运行，而群体内部存在强大的互惠者是群体在选择性环境中生存的必要保证。因此，各种类型的主体行为之间的相互作用对于提供社会行为的精确图式非常重要。但社会结构通过影响人与人之间的互动，仍然能够影响到社会行为图式。这意味着，如果我们不同时关注主体的异质性和社会结构，那么我们将遗漏社会学的重要方面。

大部分社会问题源于这样一个事实，即由于主体之间的互动，个体行为的聚合往往是非线性的（例如 Granovetter 1978；Miller and Page 2007；Salganik and Watts 2009）。我尝试阐明，不借助模型去理解这个影响是很困难的。定量的宏观方法在检验社会整体时想当然地认为它是微观生成的过程，定性、解释性的方法根本不考虑复杂的聚合动态过程，它们都不足以应对这一挑战。ABM 可以帮助我们观察大规模社会系统中的互动效应。

第一个教训是，我们不能脱离社会学的微观视角特性。在大部分案例中，至少在我们所感兴趣的案例中，社会情境起源于局部的主体互动，由整个系统的放大过程引起（Martin 2009）。为了理解这一点，我们需要发现真正重要的行为和互动细节，而非考察宏观尺度。没有深入研究社会过程起源的微观尺度的工具是很难做到这一点的。社会系统中的观察尺度之间（人们的行为和社会结果之间）存在重大的错配。这是社会学中最紧迫的问题之一，主体互动是扭曲聚合的主导力量，因此在局部尺度所见大多不能预测在整体所见，反之亦然。

我们研究的大部分案例，如第三章的谢林隔离模型及其后续发展以及第二章的面向博弈论的模型，都表明观察主体互动对于填补个体动机与集体形态之间的观察鸿沟是必不可少的。在这一点上，我认为基于主体的计算社会学大有用武之地，特别是澄清这种二元对立。

观察尺度的错配使许多社会学家认为，复杂性与社会互动的宏观和微观尺度之间存在同构关系。由此产生的结果之一就是，认为复杂的社会问题是复杂、难以理解的主体行为的结果。基于主体的计算社会学表明，这并不总是正确的。的确，复杂、不可预测的社会结果，如城市地区的种族隔离、暴乱或者政治极端主义的出现，都有可能是由相对简单、理性的个体行为受到社会互动的影响造成的。

社会互动的结果是，不需要在微观层面上假设令人费解的原因来理解复杂的社会难题（例如，Miller and Page 2007；Watts 2011）。主体互动主要用于分析从简单行为到复杂结果的尺度转换（例如，Buchanan 2007；Martin 2009）。因此，需要细致研究复杂系统理论，它与基于主体的计算社会学属于"同一阵营"（traît d'union）（例如，Byrne 1998；Castellani and Hafferty 2009；Macy and Flache 2009）。

这一点对社会学理论有重大的启示，也为未来的 ABM　166

研究提出了挑战。社会互动对个体行为的社会嵌入性具有重要影响，我们需要认真考虑人们的行为方式、如何行动、行为动机，以及为何是异质的和不同的。这也要求我们了解谁影响谁、谁更具影响力，主体有什么样的框架以及该框架如何影响他们的行为，将行为与社会互动的偶然性和结构性特征联系起来。

综合考虑这两个方面，可以将更多的经验细节引入模型，特别是关注制度背景在决定机会和主体行为方面的合理性。的确，某些主体行为以纯粹的抽象视角乍一看是非常古怪的，联系其时的特定制度环境才可以完全理解这些行为（例如，Gigerenzer and Selten 2001；Elster 2007）。

这就是我们可以在基于主体的计算社会学中取得某些进展之处。例如，更准确地连接社会行为、社会结构和制度背景，发现或界定真正反映社会结构异质性的行为分类法。这将特别有助于整合理论和观察、行为和环境。

这就是为什么基于主体的计算社会学需要一种默顿式"中层理论"方法（Merton 1968）。正如赫德斯特伦和乌德恩所说，当前社会学面临的主要挑战之一是发展清晰、精确和简单的理论，让我们可以很好地解释一系列不同的经验现象，在解释上不支持还原论，有助于发现累积性（Hedström and Udehn 2009，p.31）。

在我看来，这并没有忽略抽象作为一种考察社会机制的"纯粹"方式的重要性，也没有否认基于案例的研究的相关性。但要真正契合默顿的观点意味着模型应该纳入行为和社会情境的细节，我们必须将抽象的理论转化为经过实证确认的理论建构。正如第四章所述，社会学家不像经济学家那样只对抽象和泛化感兴趣，他们正在探索介于抽象／泛化和经验细节／详细说明之间未知的中间地带。

要在实证层面更加具体，并找到理论和观察更紧密结合的方法，就需要更好地整合 ABM 方法和其他社会学方法。事实上，这种整合可以帮助我们收集不同层次的数据（如主体和社会结构）、提高仿真分析的有效性（如匹配人工数据和实证输出数据）。这就是为什么我在本书一以贯之坚持这一点的原因。

然而，我们不应据此得出这样的结论，即理论的抽象和简化是不好的，而接受描述性现实主义就是一种"灵丹妙药"。经验性描述如果缺乏好的理论，则是一个很糟糕的社会学方法，不能解决社会学中最迫切的问题，而这些难题正是社会学在分析上的薄弱环节。因此，实证模型和理论研究、依着和抽象应该尽可能地结合在一起。这样"协同工作"是基于主体的计算社会学家未来面临的挑战。

这一挑战可能因为一个事实变得更加复杂，即我们应该避免"厨房水槽"（kitchen sink）（也就是模型与现实复杂性一一对应的想法）①的诱惑。正如梅西和弗拉什所说，这种诱惑掩盖了对社会机制的分析，使模型对同行审查不透明，并限制了我们检验仿真稳健性的能力（Macy and Flache 2009, p.263）。赫德斯特伦（Hedström 2005）明确指出，ABM 具

167

---

① 我认为这一定义的提出应归功于热拉尔·魏斯布赫（Gérard Weisbuch），他在 2008 年一系列会议上有关 ABM 研究对于社会科学方法好与坏的讨论发人深省。

有灵活性，能够指引建模者提高模型的复杂度，特别是在主体行为层面，而社会学在这方面不具备解释优势。但这可能损害模型的透明度和泛化的能力。

然而，正如我在前面提到的原因，社会学家不像经济学家和理性选择建模者那样低估实证研究的优势，而是注定要长期面临在模型简单化和"复杂化"之间进行权衡。其中不存在本体论偏好或最佳方法，尽管应该优先考虑简单化。实际上，抽象在提供理论见解时总是有用的。实证研究对于揭示有趣的难题和检验理论发现非常重要。最重要的一点是，学者认识到这些方法各自的局限性，致力于建立能够综合两者的模型。

我们来谈谈这个问题涉及的方法论。正如在第四章中讨论的，如果在记录和发布、重复验证和有效性检验模型方面没有固定、稳定、在社会上共享的标准，那么基于主体的计算社会学的潜力就无法充分发挥出来。因此，将各种类型的经验数据纳入模型的最佳实践对于逐步将理论和观察整合起来至关重要（例如，Yang and Gilbert 2008；Hassan et al. 2010）。只有促进方法标准发展，才能真正提高累积性。这将有助于弥补社会学最严重的缺陷之一，即理论碎片化。

不幸的是，即使在更前沿的社会学共同体中，也几乎没有意识到理论分裂（例如，Bearman and Hedström 2009），比如分析社会学也只是强调解释性成果。正如我在第四章中提到的，这些成果本身可能非常重要。但如果没有方法论，他们在批判、累积和逐步发展知识方面就缺乏方法。这是社会学作为一门学科需要改进的地方。

毫无疑问，这是一个更复杂的挑战。数据通常是碎片化的、部分缺乏或完全缺乏，模型也千差万别且具有针对性，以至于很难找到一个标准的方法。但如第四章所示，我们已经取得了很大进步，并且有充分的理由期待未来进一步的发展。

我在此处有意将政策应用排除在考虑范围之外，这恰恰是主张理论和观察整合得更紧密以及发展更严谨的方法论的另一个理由。政策模型通常需要兼顾多处细节的能力。在一篇文章中，我曾指出，有证据表明，ABM 研究可以促进政策在解决社会问题和经济问题方面做出改变。尽管本书没有提到，这一点至少值得考虑（Squazzoni and Boero 2010）。

首先，继爱泼斯坦（Epstein 2006）之后，将政策视为一种利用成熟社会互动机制的手段，而非为理性个体建立激励机制的问题，具有非常大的好处。通常，政策制定者会被主流经济学家误导，认为个体是原子化的，理性的自利主体对刺激做出反应，而不受他人所作所为与预先存在的社会规范和道德规范所影响。这在大多数情况下被证明是错误的。

由于低估了预先存在的社会规范和社会互动机制的影响，政策制定者在基础薄弱的情况下预先安排政策，甚至鼓励目标人群"搭便车"。其次，他们高估了预测的重要性，而不是理解和制定发生在"离线"和体制外的政策，相反，他们应该把自己视为社会的组成部分。传统的政策模式只提出事前的解决方案和方法，而严重低估了整个政策过程，其中通常包括主体对政策决策的反应、相互作用的聚合效应及在更大的时空范围内的系统性后果。

正如杜尔劳夫（Durlauf 1997）所指出的，如果认真考

168

虑将社会互动的作用纳入政策目的，决策者可以得出不同的结论。首先，他们能够意识到，多种类型的内部一致的聚合行为很容易出现，而这些行为很难预测。其次，他们还可以看到，不同政策的效果可能是非线性的，因为它们依赖于社会互动效果。前者使历史作为评价政策有效性的指导效果不佳，而后者能够确定有效的政策选择，更少地依赖抽象的传统理论模型，而更多地依赖社会背景的经验性细节。

我们认为主体并不是完全理性效用的最大化者，他们的行为相互独立，具有适应性、依赖于背景且遵循异质性偏好。因此，很难预测激励机制的微小变化会在微观层面上引发哪些特定行为。若如此，正如莫斯（Moss 2002）所示，聚合结果对不可预测的细节非常敏感，而这些细节在事前统计数据和宏观分析中很难了解。

ABM 的理念是，即使原则上一个主体行为在任何给定时间都是可预测的，多个主体之间的具体互动也会引发意外的结果，例如自我实现预言和局部最优陷阱（例如，Frydman and Goldberg 2007）。因此，在一个复杂的世界里，政策面临的挑战不是预测一个特定体系的未来状况，而是要了解这个系统的特性，剖析它的生成机制和流程。系统行为可以更好地指导政策决策，而政策决策嵌入系统行为且成为其中的一部分（Squazzoni and Boero 2010）。

我们可以提出一种新理念，即政策作为社会系统的一部分与其他组成部分互动，因而需要具有灵活性且适应系统其他组成部分的行为，甚至利用社会互动机制。这是一个基于主体的计算社会学家应该尝试引领的理念。当然，本书并没

169

有把重点放在这一点上，而是更多地将其作为一种"纯粹的"分析练习，但在我看来，此理念是未来研究的自然副产品。

还有一点需要考虑。基于本书列举的各种例子，睿智的读者会同意历史学家的观点，即科学上的任何创新都是所处时代自身的产物。基于主体的计算社会学也不例外。我们只需要审视当前的社会：个体的相关性和权力日益增强，在各种领域的社会互动中具有强烈的自我规范倾向，例如城市社区、职业共同体、社交媒体和全球市场，而传统社会秩序机制受到侵蚀。因此，基于主体的计算社会学应运而生，从去中心化的主体互动视角阐明了理解社会规范和结构自下而上出现的重要性。

基于主体的计算社会学捍卫了主体在社会结构中的首要地位，某些批判社会学家和以哲学为导向的社会学家可能会争辩说，这种类型的研究对社会的批判还不够。他们可能认为，基于主体的计算社会学甚至会加剧潜在的社会精英趋势，导致个体主义泛滥。这意味着有些人可能将基于主体的计算社会学视为研究社会问题的"保守"或"不进步"方法的典范。

我无意在此讨论哲学或政治意义。目前，唯一重要的是与社会学合作能够为我们生活中的某些社会难题提供合理的解释。当然，与那些涉及生命、宇宙和万事万物之关键的宏大社会理论和哲学相比，这种类型的社会学可能意味着对社会学研究的自命不凡和能力的约束。此言不虚，而且我很自豪地说，当前基于主体的计算社会学应该后退一步，以待未来发展出更严谨的科学。

最后，我要强调基于主体的计算社会学在一个教育上面临的挑战。为了提高学术共同体认可这类研究的可能性，我们需要改进教授社会学学生编程语言的教育方案。为了达到这个目标，年轻社会学家必需的技能就是掌握几门统计学课程。目前，ABM 研究在社会学领域的制度化还存在困难。制度变迁具有路径依赖性，因此创新从来都是非常困难的。不过，ABM 共同体的领军人物应该做更多工作来改变这种状况。

幸运的是，出生在数字时代意味着下一波的学生将比我们更习惯于计算。我有信心，即使没有系统和"政治"举措，这类研究仍然会吸引年轻的学者。如果我们把先进的社会学研究（如博士学位课程和博士后职位）也推广给有不同学科背景的年轻科学家，例如物理学、工程学、计算机科学和生物学，情况将有所改善。现在，在很多情况下，这些学科的交叉存在困难。这可能是因为从事社会学研究对其他人不太具有吸引力，但我认为最重要的原因是，社会学对其他人不是特别开放。这是一个严重的限制，它减少了学科交叉的丰富性，也没有保护我们的学科身份。

因此，我非常想提出一个更普遍的观点，作为本书讨论的基础。各位都知道研究资助机构将来很可能基于激烈竞争继续支持以实验室为基础、大规模、基于问题、以细节为基础的实验以及以建模为导向的研究。这是一种全球趋势，不限于美国。这样一来，竞争力和资金越来越多地决定未来的各领域科学家在我们称之为"科学"的这片原野上的代代相传。社会学家一般主要进行个体、小规模、传统、反实验、低技术含量的研究，像社会学这样的学科如何生存和发展？我可以说几乎没有机会。我们可能会被其他更愿意使用同样严格的研究来理解社会难题的同行（甚至像物理学家这样的"远亲"）取代。许多人认为这将是最糟糕的噩梦，我认为真的有这个可能性（例如，Buchanan 2007；Helbing 2010）。

老实说，我不确定基于主体的计算社会学能否成为新的跨学科竞争行业的一部分。我不知道它是否有利于我们这类学者的传承，继续进行我刚才说过的进化。但我相信基于主体的计算社会学与更先进、更具竞争力的科学有异曲同工之妙。它具备自身的特点，能得到其他领域专家的理解和欣赏，可能有利于构建跨学科研究的共同平台。在某些情况下，这已经在今天实现了。

总而言之，我在这里要传达的信息是，社会学家不得不接受大规模、高科技、跨学科研究的挑战，并且必须在一个日益全球化和竞争激烈的科学环境下参与其中。否则，社会学研究很可能主要在社会学学科之外由非社会学家来进行。因此，本书既着眼于积极的成果（社会学家进行的模式化创新研究例子），也着眼于至少对于本学科而言潜在的负面发展（由非社会学家进行的优秀社会学研究例子）。

总体来说，我确信基于主体的计算社会学本身还不够完美。在我的一些工作（见第二章）中，ABM 和实验室研究之间的交叉成果已经投入实践。ABM 已经建立于有关人类行为的可控性良好的实验数据上。其他以经验为基础的优秀模型例子已在第四章中展示。

从我对这个领域的理解来看，将 ABM 与定量研究、定性研究、实证研究和实验研究紧密结合是非常紧迫的。这样既可以改进构建模型的经验证据，又可以通过经验证据区分潜在、替代性的理论发现。因此，基于主体的计算社会学家应该欢迎来自从事定性、定量和实验研究的社会学家的贡献。通过这些交叉融合，未来的发展有望减少狭隘主义和"巴尔干化"。

171

基于主体的计算社会学有特殊的地位。当且仅当通过模式化的模型对观测和理论进行协调，才能有效地在两者之间建立更紧密的联系。否则，理论和观察不太可能协调一致。当然，这种"协调一致"并非当前的规则，但我们已经为此迈出了重要一步。

参考文献

Bearman, P. and Hedström, P. (eds) (2009) *The Oxford Handbook of Analytical Sociology*, Oxford University Press, Oxford.

Buchanan, M. (2007) *The Social Atom. Why the Rich Get Richer, Cheaters Get Caught, and Your Neighbor Usually Looks Like You*, Bloomsbury, New York.

Byrne, D. (1998) *Complexity Theory and the Social Sciences*, Routledge, London.

Castellani, B. and Hafferty, F.W. (2009) *Sociology and Complexity Science. A New Field of Inquiry*, Springer-Verlag, Berlin Heidelberg.

Durlauf, S. (1997) What should policymakers know about economic complexity? *The Washington Quarterly*, 21(1), 157–165.

Elster, J. (2007) *Explaining Social Behavior: More Nuts and Bolts for the Social Sciences*. Cambridge University Press, New York.

Epstein, J.M. (2006) *Generative Social Science. Studies in Agent-Based Computational Modeling*, Princeton University Press, Princeton.

Frydman, R. and Goldberg, M.D. (2007) *Imperfect Knowledge Economics: Exchange Rates and Risk*, Princeton University Press, Princeton.

Gigerenzer, G. and Selten, R. (eds) (2001) *Bounded Rationality – The Adaptive Toolbox*, The MIT Press, Cambridge, MA.

Granovetter, M. (1978) Threshold models of collective behavior. *American Journal of Sociology*, 83(6), 1420–1443.

Hassan, S., Pavón, J., Antunes, L., and Gilbert, N. (2010) Injecting data into agent-based simulation, in *Simulating Interacting Agents and Social Phenomena*, Vol. 7 (eds K. Takadama, C. Cioffi-Revilla, and G. Deffuant), Springer-Verlag, Berlin Heidelberg, pp. 173–185.

Hedström, P. (2005) *Dissecting the Social. On the Principles of Analytical Sociology*, Cambridge University Press, Cambridge, MA.

Hedström, P. and Udehn, L. (2009) Analytical sociology and theories of the middle range, in *The Oxford Handbook of Analytical Sociology* (eds P. Bearman and P. Hedström), Oxford University Press, Oxford, pp. 25–47.

Helbing, D. (2010) *Quantitative Sociodynamics. Stochastic Methods and Models of Social Interaction Processes*, 2nd edn, Springer-Verlag, Berlin Heidelberg.

Macy, M.W. and Flache, A. (2009) Social dynamics from the bottom up. agent-based models of social interaction, in *The Oxford Handbook of Analytical Sociology* (eds P. Bearman and P. Hedström), Oxford University Press, Oxford. pp. 246–268.

Martin, J.L. (2009) *Social Structures*, Princeton University Press, Princeton.

Merton, R.K. (1968) *Social Theory and Social Structure*, The Free Press, New York.

Miller, J.H. and Page, S.E. (2007) *Complex Adaptive System. An Introduction to Computational Models of Social Life*, Princeton University Press, Princeton.

Moss, S. (2002) Policy analysis from first principles. *PNAS*, 99 (3), 7267–7274.

Salganik, M.J. and Watts, D.J. (2009) Social influence. The puzzling nature of success in cultural markets, in *The Oxford Handbook of Analytical Sociology* (eds P. Bearman and P. Hedström), Oxford University Press, Oxford. pp. 315–341.

Squazzoni, F. and Boero, R. (2010) Complexity-friendly policy modelling, in *Innovation in Complex Social Systems* (ed. P. Arhweiler), Routledge, London, pp. 290–299.

Yang, L. and Gilbert, N. (2008) Getting away from numbers: using qualitative observation for agent-based modeling. *Advances in Complex Systems*, 11 (2), 175–185.

Watts, D. (2011) *Everything is Obvious: Once You Know the Answer*, Crown Business, New York.

172

173

附录 A

本附录提供更多关于如何在社会学中进行 ABM 研究的信息。第一部分包括一个研究中心列表，这些研究中心定期开发教育方案和 ABM 研究项目。它们创造了学习 ABM 的理想环境，并且能够找到从事这类研究的同行。第二部分列出了重要的科学协会。关于本书中所描述的模型的详细信息，请访问本书的信息支持网页：www.eco.unibs.it/computationalsociology。

一 研究中心

最近，若干个可以学习和／或从事 ABM 研究的教育研究中心已经建立。以下列出了最有影响力的研究中心（先是美国的，其次是欧洲的）。

圣塔菲研究所（Santa Fe Institute），位于美国新墨西哥州，是全球领先的复杂适应系统和计算机仿真研究中心。它于 1984 年建立，致力于跨学科的前沿研究。值得一提的是，

ABM 作为一种仿真技术，最早是这个研究中心于 20 世纪 90 年代围绕当时的一个项目开始的。圣塔菲研究所每年组织关于复杂系统和计算社会科学的暑期学校，在这里可以学习 ABM 技术。该研究所的研究人员开展计算研究的领域包括：城市、可扩展性和可持续性，决策和认知系统，冲突，风险、创新和市场，行为动力学（如合作和社会规范）。如果想获得邀请成为研究员，个人可以亲自联系研究所的一名常驻成员。

有关信息参见 www.santafe.edu/。

社会复杂性中心（Center for Social Complexity），隶属于乔治梅森大学，位于美国弗吉尼亚州。其目标是结合纯研究和应用研究，对各层次的复杂社会现象的基本性质提出新见解，例如从简单认知到世界范围的社会系统。主办"计算社会科学"博士研究生项目，由克劳迪奥·乔菲-雷维利亚（Claudio Cioffi-Revilla）领导。开发和维护 MASON（著名仿真库）是该中心的研究计划之一（见下文）。

有关信息参见 socialcomplexity.gmu.edu。

社会和组织系统计算分析中心（Center for Computational Analysis of Social and Organizational Systems），隶属于卡内基·梅隆大学，位于美国匹兹堡，由特勒恩·M. 卡尔基（Kathleen M.Carkey）领导，目标是将计算机科学、动态网络分析和复杂社会技术系统的实证研究结合在一起。开办"计算、组织和社会"博士研究生项目，经常组织社会技术系统仿真的暑期研究班。

有关信息参见 www.casos.cs.cmu.edu/。

复杂系统研究中心（Center for the Study of Complex Systems），隶属于美国密歇根大学，是一个广泛的跨学科中心，致力于研究各领域的复杂系统，由斯科特·佩奇领导。中心的成员目前正在开发社会学领域的相关研究项目，如邻里隔离、健康和传染病社会网络。提供博士后职位。

有关信息参见 www.cscs.umich.edu/。

社会动态与政策中心（Center on Social Dynamics and Policy），隶属于美国布鲁金斯学会，由罗斯·A.哈蒙德领导，致力于运用计算建模技术研究复杂的社会动态对政策的影响。

有关信息参见 www.brookings.edu/dynamics.aspx。

社会动态实验室（Social Dynamics Laboratory），隶属于美国康奈尔大学，由迈克尔·W.梅西领导，致力于结合 ABM、在线网络数据和实验室实验，研究网络拓扑结构与社会互动动态之间的相互作用。

有关信息参见 http://sdl.soc.cornell.edu/。

社会仿真研究中心（Centre for Research in Social Simulation），隶属于英国萨里大学，由奈杰尔·吉尔伯特领导，设在艺术与人文科学学院社会学系，是欧盟领先的社会仿真中心。研究项目包括一些关于工业生态系统和商业创新网络的项目。与社会学系合作开办社会学博士研究生项目。

有关信息参见 cress.soc.surrey.ac.uk/。

政策建模中心（Centre for Policy Modelling），隶属于英国曼彻斯特城市大学商学院，由斯科特·莫斯创办，现任领导是布鲁斯·埃德蒙兹。该中心致力于开展政策应用方面的 ABM 研究，特别是实证方法，定期招收博士研究生。

有关信息参见 http://cfpm.org/。

麦考利土地利用研究所（Macaulay Land Use Research Institute），隶属于英国阿伯丁大学，致力于社会生态系统的研究和咨询，尤其是农村土地利用的环境和社会后果。

有关信息参见 http://www.macaulay.ac.uk/。

基于主体的社会仿真实验室（Laboratory on Agent-Based Social Simulation），隶属于意大利国家研究委员会，位于意大利罗马，由罗萨里亚·孔蒂（Rosaria Conte）领导，意大利领先的 ABM 研究机构，尤其对认知和社会规范感兴趣。

有关信息参见 labss.istc.cnr.it/?q=node/13。

计算和实验经济学实验室（Computable and Experimental Economics Laboratory），隶属于意大利特伦托大学经济系，致力于运用实验室实验和计算机仿真研究行为的认知方面，经常组织有关 ABM 在经济领域应用的暑期学校和研讨班。

有关信息参见：http://www-ceel.economia.unitn.it/。

实验与计算社会学研究团队（Research Group on Experimental and Computational Sociology），隶属于意大利布雷西亚大学，由弗拉米尼奥·斯夸佐尼领导，致力于将实验和计算方法结合起来研究社会经济现象。它与所属系合作开办经济社会学博士研究生项目。

有关信息参见 www.eco.unibs.it/gecs。

其他定期开展 ABM 社会学研究的院系和机构包括：由迭戈·甘贝塔（Diego Gambetta）领导的牛津大学努菲尔德学院的社会学团队（有关信息参见 http://www.nuffield.ox.ac.uk/sociology/；联系人是彼得·赫德斯特伦），奥克兰大学社会科学方法与政策应用中心（Centre of Methods and Policy Application in the Social Sciences，有关信息参见 http://www.arts.auckland.ac.nz/uoa/centre-of-methods-and-policy-applicationin-the-social-sciences-compass/，联系人是彼得·戴维斯）。

二　科学协会

在社会科学领域运用 ABM 开展研究的学者（其中包括社会学家）组成了三个地区协会。这些协会举办年度会议，每半年共同举办一次世界性会议。参加其中一个协会的活动或者会议是初学者进入这一领域的好方法，可以建立良好的联系和合作，开展前期工作并了解研究情况。

这 三 个 协 会 是 欧 洲 社 会 仿 真 协 会 （European Social

177

Simulation Association，有关信息参见 http://www.essa.eu.org/）、计算社会科学学会（Computational Social Science Society，位于美国，有关信息参见 http://computationalsocialscience.org/；它遵循 NAACSOS 的经验，有关信息参见 http://www.casos.cs.cmu.edu/naacsos/index.php）以及亚太基于主体方法社会系统科学协会（The Pacific Asian Association for Agent-Based Approach in Social Systems Sciences，有关信息参见 http://www.paaa-web.org/）。

此外，复杂系统学会（Complex Systems Society）是一个规模更大的协会，积极推动 ABM 在各个领域的研究（有关情况参见 http://cssociety.org/tikiindex.php）。

三　期刊

有两家期刊明确致力于发表社会科学领域的 ABM 研究，即《人工社会与社会仿真杂志》（*Journal of Artificial Societies and Social Simulation*，*JASSS*）和《计算与数学组织理论学报》（*Computational and Mathematical Organization Theory*，*CMOT*）。《人工社会与社会仿真杂志》是每季度出版的在线期刊，最近取得了领先地位。该期刊进入 ISI 期刊引用报告，可以通过 http://jasss.soc.surry.ac.uk/jasss.html 访问。《计算与数学组织理论学报》是斯普林格（Springer）出版的商业期刊，从 2011 年起被 ISI 期刊引用报告收录，可访问 www.springerlink.com/content/1381-298X。

其他面向经济学的专业期刊有《计算经济学》（*Computational Economics*，有关信息参见 www.springerlink.com/content/

0927-7099）、《经济动态与控制学报》（*Journal of Economic Dynamics and Control*，有关信息参见 www.elsevier.com/wps/find/journaldescription.cws_home/505547/description#description）以及《经济互动与协调学报》（*Journal of Economic Interaction and Coordination*，有关信息参见 www.springerlink.com/content/1860-711X）。

其他相关期刊定期推出以 ABM 研究为主题的特刊、评论或文章，包括：《复杂系统前沿》（*Advances in Complex Systems*，有关信息参见 www.worldscinet.com/acs/acs.shtml）、《自治主体和多主体系统》（*Autonomous Agents and Multi-Agent Systems*，有关信息参见 www.springerlink.com/content/1387-2532）、《复杂性》（*Complexity*，有关信息参见 www3.interscience.wiley.com/journal/38804/home）、《计算管理科学》（*Computational Management Science*，有关信息参见 www.springerlink.com/content/1619-697X）、《生态与社会》（*Ecology and Society*，有关信息参见 www.ecologyandsociety. org/）、《涌现：复杂性和组织》（*Emergence: Complexity and Organization*，有关信息参见 http://emergence.org/）、《经济行为与组织杂志》（*Journal of Economic Behavior and Organization*，有关信息参见 www.elsevier.com/wps/find/journaldescription.cws_home/505559/description#description）、《冲突解决学报》（*Journal of Conflict Resolution*，有关信息参见 jcr.sagepub.com/）、《演化经济学学报》（*Journal of Evolutionary Economics*，有关信息参见 www.springerlink.com/content/0936-9937）、《思想与社会》（*Mind and Society*，有关信息参见 www.springer.com/economics/journal/11299）、《物

理 A》（*Physica A*，有关信息参见 www.elsevier.com/wps/find/
journaldescription.cws_home/505702/description#description ）、
《理性与社会》（*Rationality and Society*，有关信息参见 rss.
sagepub.com/);《社会网络》（*Social Networks*，有关信息参见
www.elsevier.com/wps/find/journaldescription.cws_home/505596/
description#description ）、《社会科学计算机评论》（*Social Science
Computer Review*，有关信息参见 hcl.chass.ncsu.edu/sscore/sscore.
htm ）。

四 仿真工具

构建 ABM 有各种各样的工具可以使用。商业软件
Mathematica（有关信息参见 http://www.wolfram.com/mathematica/）
可以提供基于方程的计算机仿真。除此之外，其他工具都是
开源的，拥有大量的用户共同体。它们基本上都提供仿真工
具和仿真库，帮助运用各种编程语言构建不同类型和不同复
杂度的模型。吉尔伯特（Gilbert 2008）对最常用的平台的
技术特性进行了比较。

以下是最为人所知的工具及其网站列表：

Swarm:www.swarm.org

MASON:cs.gmu.edu/~eclab/projects/mason/

Repast:repast.sourceforge.net/

NetLogo:ccl.northwestern.edu/netlogo/.

Swarm 是由圣塔菲研究所的一个跨学科团队在 20 世纪
90 年代早期开发的，它已经成为所有这些工具的源头，可以
使用 Objective-C 和 Java 开发。其他工具箱，比如 Repast 和

MASON，借鉴了 Swarm 很多概念和技术特性。作为 ABM 的第一个系统，Swarm 不容易操作，需要高水平的编程技能，但仍然强大且有效。

Repast 是 Swarm 的继承者，由芝加哥大学的一个团队开发，可以运用各种语言进行开发，如 Java、C++、Microsoft.NET 以及 Python。它支持 GIS 软件，易于创建复杂的可视化效果。它的文档记录很好用，拥有一个庞大且不断增长的用户共同体。

MASON 由乔治梅森大学的一个团队开发。它是一个 Java 平台，正迁移到谷歌代码（Google Code）。

NetLogo 是西北大学（位于美国芝加哥）的一个团队开发的最著名 ABM 工具包，它对用户友好，并且有大量现成的模型。正因如此，它是最常用的教育平台，对于 ABM 初次使用者来说也是理想的工具。它基于 Logo 语言，相对容易学习。

参考文献

Gilbert, N. (2008) *Agent-Based Models*, Sage Publications, London.
179

279

附录 B

　　本附录包括在第二章第五节和第六节中列举的伙伴选择和动态网络模型（Boero，Bravo and Squazzoni 2010）以及博埃罗等人（Boero et al. 2010）声誉模型的运行指令和代码，帮助读者理解、操作和扩展当前的工作。可以在一个网页（www.eco.unibs.it/computationalsociology）上获得完整的仿真包，包括运行仿真所需指令和工具都可以在文件夹中找到。

　　这两个模型都基于 JAS（参见 http://jaslibrary.sourceforge.net/），这是一个开源的 Java 外部库，可以有效地管理仿真程序。要运行仿真，请先运行 JAS 桌面（不包含 Java 环境，所以需要从 http://www.oracle.com/technetwork/java/javase/downloads/index-jsp138363.html 下载并安装 Java JRE 包），然后将仿真作为一个项目加载。必须修改 Java JRE 包中模型的 .sprj.xml 文件的 path 变量（即 <Path>...</Path> 之间的 path）。

　　另一种方法是在批处理模式下运行仿真（参见 JAS 支

撑材料）。在这种情况下，必须在模型中添加一个静态的主方法，命令行依据操作系统应当如下 :java -cp JAS.jar。在 Boero、Bravo 和 Squazzoni（2010）的例子中是 BaselineModel，在 Boero 等人（2010）的例子中是 SocrateSIMModel 0（最后一个数字是向模型传递将要运行的实验集的参数）。

在运行仿真之前，请记住，为了访问和修改代码，必须有一个代码编辑器（可以用记事本等文本编辑器，PSPAD、NetBeans 和 Eclipse 更好），这样就可以手动添加到 JAS（进入 Tools menu → JAS Options → Code Editor Path）。每次运行仿真之后，都可以通过打开项目文件夹中的 output 文件来看到仿真结果。关于数据格式的详细信息见下文。

其他材料、示例和代码可在 www.eco.unibs.it/Computationalsociology 获得。

181

例子一：伙伴选择和动态网络

这是一个基于实验的 ABM，研究了信任情境中社会互动和社会结构之间的联系。它在一个 Excel 格式的数据库上运行，我们提供了 108 名受试者的数据，他们在实验室中重复参与一个投资游戏。正如文中所解释的，我们使用这些数据来校准 ABM，该 ABM 再现了实验对象在实验室中的行为，以研究更复杂的互动结构对合作的影响。

有一点至关重要，主体行为是基于实验数据的，这些数据都根据模型文本进行了统计上的阐述，以解释投资者对每个主体 / 受试者行为的时序影响，该模型重复验证"基准线"文件中的实验结构（例如，角色、互动和回报），然后由我们操控网络结构。虽然在某些情况下，网络在动态网络设置中是固定的（见表 2-5），但我们在主体行为中添加了一个阈值幸福函数，以打破这种链接。此举是为了在社会网络信息中提供一个动态的特征。考虑这些假设有助于我们理解模型的设计特征。

仿真包的结构可在上文所述的支撑材料网页上获得，其结构包括：

1. 模型：其中包括创建主体及调度的方法。

2. 观测器：其中包括在 JAS 桌面中运行仿真的观察工具（请注意，在这种情况下，可视化和图形并没有开发，因为输出已经保存为原始数据以用于统计分析）。

3. 主体：表示仿真中的一类主体，从模型中接收输入参数和初始参数。

4. 网络工厂：包含构建文本中描述的各种网络结构（如果您愿意，也可以包含其他结构）的代码。

图 1 显示了仿真参数控制台，数值可以很容易地改变。例如，点击"network Structure"窗口，可以选择运行各种网络结构。

输出的数据标签有：run ID、partner ID、round、type、sent、counter As_A_or_B、degree（见图 2）。Run 是仿真运行的数量，ID 显示被观察的主体，partner ID 是与被观察主体进行互动的主体 ID，Round 是 Run 运行下的互动数量，Type 是游戏中的主体角色（即投资者或受托人），Counter

As_A_or_B 是在仿真过程中计算每个主体角色，Degree 用以测量主体网络的连接度。该格式可以方便地导出到 Excel、SPSS 或 R 等统计分析软件。

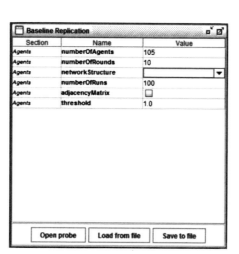

图 1　仿真参数控制台

```
run ID partnerID round type sent counterAs_A_or_B degree
1 78 309 1 B 2.2349604318929797 1 103
1 59 288 1 A 3.590909091 1 103
1 90 304 1 B 2.1530413811543556 1 103
1 59 300 1 A 2.85130073210342 2 103
1 75 292 1 B 2.271995315698773 1 103
1 57 247 1 B 0.8757894700000001 1 103
1 34 267 1 A 0.0 1 103
1 31 254 1 B 0.21590908999999997 1 103
1 34 241 1 A 0.0 2 103
1 97 233 1 B 0.7186845399999999 1 103
1 55 314 1 B 0.842105264 1 103
1 61 265 1 A 2.0 1 103
1 11 285 1 B 3.97292442369512 1 103
1 61 221 1 A 3.1578947360000003 2 103
1 88 290 1 B 2.1564631023677916 1 103
```

图 2　输出数据格式

这里有完整的代码。它由主体代码、模型代码、观测器代码和网络工厂代码组成，分别可以本书上文中提到的网页上提供的软件包的文件夹中找到，即 BaselineAgent.java，BaselineModel.java, BaselineObserver.java 和 NetworkFactory.

184　java[①]。

```java
import java.io.*;
import java.util.*;
import jas.graph.*;
import org._3pq.jgrapht.Edge;
import org._3pq.jgrapht.Graph;
public class BaselineAgent extends RelationalAgent{
  public PrintWriter buff;

  private double reactionAsBBehav;
  private double alphaAsABehav;
  private double betaAsABehav;
  private double threshold;

  private int ID;
  private double submissionA, returnA, submissionB,
receivedB, endowment, oldSubmissionA, oldReturnA;

  private int degree;

  private BaselineAgent partner;
  private int counterAsA;
  private int counterAsB;
  private int agentType;
  private int sessionTime;
  private int run;
  private boolean[] happy;
  private Random randomGenerator;

  private ArrayList<BaselineAgent> agentList;

  private int linksToBuild;
  /*
  * The list of group members if groups are networks
and not neighbors */
```

---

① 本模型的代码版权属于 Riccardo Boero（riccardo.boero@unito.it）。非常感谢作者授权使用。

```
  private ArrayList<BaselineAgent> neighboursList;

  public BaselineAgent(Graph arg0, Random r, int
ii, ArrayList<BaselineAgent> aglist, int noAgents,
double ts) {
    super(arg0);
    this.randomGenerator = r;
    this.ID = ii;
    this.agentList = aglist;
    neighboursList = new ArrayList<BaselineAgent>();
    happy = new boolean[noAgents];
    this.threshold = ts;
    this.reset();
    agentType = 0;
  }
  public void setBuffer (PrintWriter buff){
    this.buff = buff;
  }
  public void act(){
    updateNeighboursList();
    if (neighboursList.size() > 0){
      for (Iterator<BaselineAgent> iterator =
neighboursList.iterator(); iterator.hasNext();) {
        BaselineAgent agent = (BaselineAgent) iterator.
next();
        partner = agent;
        if (agentType == 0){
          actAsA();
        }
      }
    }
  }

  public void actAsA(){
    updateEndowmentAsA();
    if (counterAsA == 0 | oldSubmissionA == -1)
      submissionA = alphaAsABehav;
    else
      submissionA = (alphaAsABehav +
(betaAsABehav*(oldReturnA - oldSubmissionA)));
    if (submissionA < 0) submissionA = 0;
    if (submissionA > endowment) submissionA =
endowment;
    setReturnA(partner.setReceivedB(submissionA,
this));
```

285

```
  if (counterAsA > 1) {
    if (returnA >= oldReturnA) happy[partner.getId()]
= true;
    else happy[partner.getId()] = false;
  }
  updateOldReturnValue();
  oldSubmissionA = submissionA;
  counterAsA++;
  writeDataAsA();
}
public void actAsB(){
  updateNeighboursList();
  updateEndowmentAsB();
  submissionB = (reactionAsBBehav * endowment);
  if (submissionB < 0) submissionB = 0;
  counterAsB++;
  writeDataAsB();
}

public void updateOldReturnValue(){
  oldReturnA = returnA;
}

public void writeDataAsA(){
    buff.println(run+" "+(ID+1)+" "+(partner.getId()
+1)+" "+sessionTime+" A "+submissionA+"
"+counterAsA+" "+degree);
    buff.flush();
}

public void writeDataAsB(){
    buff.println(run+" "+(ID+1)+" "+(partner.getId()
+1)+" "+sessionTime+" B "+submissionB+"
"+counterAsB+" "+degree);
    buff.flush();
}

public int rr() {
  return randomGenerator.nextInt(5);
}

private void updateEndowmentAsA (){
  endowment = 10;
}
```

```
private void updateEndowmentAsB (){
   endowment = 10 + (receivedB * 3);
 }

public void reset(){
   counterAsA = 0;
   counterAsB = 0;
   oldSubmissionA = -1;
   updateNeighboursList();
   for (int i = 0; i < happy.length; i++) {
     happy[i] = true;
   }
}

public void setReactionAsBBehav(double
reactionAsBBehav) {
   this.reactionAsBBehav = reactionAsBBehav;
 }
public void setAlphaAsABehav(double
alphaAsABehav) {
   this.alphaAsABehav = alphaAsABehav;
 }
public void setBetaAsABehav(double betaAsABehav) {
   this.betaAsABehav = betaAsABehav;
 }
public void setAgentType(int agentType) {
   this.agentType = agentType;
 }
public void setReturnA(double returnA) {
   this.returnA = returnA;
 }
public double setReceivedB(double receivedB,
BaselineAgent ag) {
   this.receivedB = receivedB;
   partner = ag;
   actAsB();
   return submissionB;
 }
public int getAgentType() {
   return agentType;
 }
@SuppressWarnings("unchecked")
public void updateNeighboursList() {
   neighboursList.clear();
   for (Iterator i = getIncidentOutEdges().
```

```
iterator(); i.hasNext(); ){
      Edge link = (Edge) i.next();
      BaselineAgent agent = (BaselineAgent) link.
oppositeVertex(this);
      if (agent != null){
        neighboursList.add(agent);
        partner = agent;
        checkBidirectionalLink(agent);
      }
   }
   degree = neighboursList.size();
}

  public void checkBidirectionalLink(BaselineAgent ag){
    if (ag.getRelation(this) == null) {
      ag.addRelation(this, 1);
    }
  }

  public void updateUnhappiness () {
    for (Iterator<BaselineAgent> iterator =
neighboursList.iterator(); iterator.hasNext();) {
      BaselineAgent agent = (BaselineAgent) iterator.
next();
      if (happy[agent.getId()] & agent.getHappy(this)
== false)
        happy[agent.getId()] = false;
    }
  }

  public void meet() {
    if (happy[partner.getId()] == false) {
      this.removeRelation(partner);
      partner.removeRelation(this);
      for (Iterator <BaselineAgent> iterator =
agentList.iterator(); iterator.hasNext();) {
        BaselineAgent ag = (BaselineAgent)
iterator.next();
        if (ag != this & ag.getHappy(this) == false) {
          this.addRelation(ag, 1);
          partner = ag;
          happy[partner.getId()] = true;
          ag.removeRelation(ag.getPartner());
          ag.addRelation(this, 1);
```

```java
        ag.addPartner(this);
        partner.setHappy(true, this);
         break;
       }
      }
     }
  }
  public void searchAndMeet_fix() {
     if (neighboursList.size() != 0) {
       for (Iterator<BaselineAgent> iterator =
neighboursList.iterator(); iterator.hasNext();) {
         BaselineAgent aPartner = (BaselineAgent)
iterator.next();
         if (happy[aPartner.getId()] == false) {
           this.removeRelation(aPartner);
           aPartner.removeRelation(this);
         }
       }
     }
     updateNeighboursList();
     if (neighboursList.size() == 0) {
       int i = randomGenerator.nextInt(agentList.size());
       BaselineAgent ag = agentList.get(i);
       if (ag == this){
         if (i != agentList.size()-1)
           ag = agentList.get(i+1);
         else
           ag = agentList.get(i-1);
       }
       this.addRelation(ag, 1);
       ag.addRelation(this, 1);
       partner = ag;
       happy[partner.getId()] = true;
       if (ag.getHappy(this) == false){
        ag.setHappy(true, this);
       }
       ag.addPartner(this);
     }
     updateNeighboursList();
  }

  public void searchAndMeet_var() {
     for (Iterator<BaselineAgent> iterator = agentList.
iterator(); iterator.hasNext();) {
       BaselineAgent aPartner = (BaselineAgent)
```

```
iterator.next();
      if (happy[aPartner.getId()] == false) {
         this.removeRelation(aPartner);
         aPartner.removeRelation(this);
         happy[aPartner.getId()] = true;
         int i = randomGenerator.nextInt(agentList.
size());
         BaselineAgent ag = agentList.get(i);
         if (ag == this){
            if (i != agentList.size()-1)
               ag = agentList.get(i+1);
            else
               ag = agentList.get(i-1);
         }
         this.addRelation(ag, 1);
         ag.addRelation(this, 1);
         partner = ag;
         happy[partner.getId()] = true;
         if (ag.getHappy(this) == false){
            ag.setHappy(true, this);
         }
         ag.addPartner(this);
      }
   }
}

  public void removeLink_unhappy(){
    linksToBuild = 0;
    updateNeighboursList();
    for (Iterator<BaselineAgent> iterator = agentList.
iterator(); iterator.hasNext();) {
       BaselineAgent aPartner = (BaselineAgent)
iterator.next();
      if (happy[aPartner.getId()] == false) {
         this.removeRelation(aPartner);
         aPartner.removeRelation(this);
         linksToBuild++;
      }
    }
  }
  public void removeLink_threshold(){
    linksToBuild = 0;
    updateNeighboursList();
    for (Iterator<BaselineAgent> iterator = agentList.
iterator(); iterator.hasNext();) {
```

```java
      BaselineAgent aPartner = (BaselineAgent)
iterator.next();
      if (happy[aPartner.getId()] == false) {
        if (this.isClose(aPartner)) {
          this.removeRelation(aPartner);
          aPartner.removeRelation(this);
          if (randomGenerator.nextDouble() <
threshold)
            linksToBuild++;
        }
      }
    }
  }

  public void searchAndMeet_unhappy() {
    updateNeighboursList();
    if (linksToBuild == 0 & neigh-
boursList.size() == 0)
      linksToBuild++;
    for (int i = 0; i < linksToBuild; i++) {
      int r = randomGenerator.nextInt(agentList.
size());
      BaselineAgent ag = agentList.get(r);
      if (ag == this){
        if (r != agentList.size()-1)
          ag = agentList.get(r+1);
        else
          ag = agentList.get(r-1);
      }
      this.addRelation(ag, 1);
      ag.addRelation(this, 1);
      partner = ag;
      happy[partner.getId()] = true;
      if (ag.getHappy(this) == false){
        ag.setHappy(true, this);
      }
      ag.addPartner(this);
    }
  }

  public void searchAndMeet_threshold() {
    updateNeighboursList();
    for (int i = 0; i < linksToBuild; i++) {
      int r = randomGenerator.nextInt(agentList.
size());
```

```
    BaselineAgent ag = agentList.get(r);
    while (ag == this | isClose(ag))
        ag = agentList.get(randomGenerator.nextInt
(agentList.size()));
    this.addRelation(ag, 1);
    ag.addRelation(this, 1);
    partner = ag;
    happy[partner.getId()] = true;
    if (ag.getHappy(this) == false){
      ag.setHappy(true, this);
    }
    ag.addPartner(this);
  }
}

  public Boolean getHappy(BaselineAgent agent) {
    return happy[agent.getId()];
  }
  public void setHappy(Boolean happy, BaselineAgent
agent) {
    this.happy[agent.getId()] = happy;
  }
  public void addPartner(BaselineAgent partner) {
    updateNeighboursList();
  }

  public BaselineAgent getPartner() {
    return partner;
  }
  public void setSessionTime(int sessionTime) {
    this.sessionTime = sessionTime;
  }
  public void setRun(int run) {
    this.run = run;
  }
  public boolean isClose(BaselineAgent agent){
    updateNeighboursList();
    agent.updateNeighboursList();
    if (neighboursList.contains(agent) | agent.
neighboursList.contains(this))
      return true;
    else
      return false;
  }
}
```

This is the model code:

```
import java.io.*;
import java.util.*;
import org._3pq.jgrapht.graph.
DirectedWeightedMultigraph;
import jas.engine.*;
import jas.events.SimGroupEvent;
import jas.io.ParameterFrame;
public class BaselineModel extends SimModel
{
  //Model parameters
  public int numberOfAgents;
  public int numberOfRounds;
  public int numberOfRuns;
  public double threshold;
  public Random randomGenerator;
  public long seed;

  private String dataFile;
  private PrintWriter buff;
  private FileWriter file;

  private int sessionTime;
  private int run;
  //Simulation agents
  public ArrayList <BaselineAgent> agentList;
  public ArrayList <BaselineAgent> originalAgentList;
  public ArrayList<BaselineAgent> getAgentList() {
    return agentList;
  }
  //Technical
  private ParameterFrame parameterFrame;
  public DirectedWeightedMultigraph graph;

  //Network structures
  private static final int DENSE = 0;
  private static final int SMALLWORLD = 1;
  private static final int SCALEFREE = 2;
  private static final int COUPLES = 3;
  private static final int DYN_COUPLES = 4;
  private static final int EXPERIMENT = 5;
  private static final int DYNAMIC_ZERO = 6;
  private static final int DYNAMIC_GROW = 7;
  private static final int RND_COUPLES = 8;
```

293

```
private static final int DYNAMIC_UNHAPPY = 9;
private static final int DYNAMIC_THRESHOLD = 10;
private static final int DYNAMIC_THRESHOLD_5 = 11;

// for networks
private int networkStructure;
// for printing the adjacency matrix
private boolean adjacencyMatrix;
private NetworkFactory netFactory;

public void setParameters()
{
    numberOfAgents  = 105;
    numberOfRounds = 10;
    numberOfRuns = 100;
    seed = 0;
    sessionTime = 0;
    run = 0;
    //fileSource = "";
    threshold = 0.0;
    networkStructure = DENSE;
    adjacencyMatrix = false;
    parameterFrame = new ParameterFrame(this,
"Baseline Replication", path + "BaselineParams.
pForm.xml");
    addSimWindow(parameterFrame);
}
public void shuffleLists()
{
    Collections.shuffle(agentList, randomGenerator);
}
public void simulationEnd()
{

}
public void buildModel()
{
    buildAgents();
    buildSchedule();
}
private void buildAgents()
{
    dataFile = "output.txt";
    try {
        // file for output data
```

```
    file = new FileWriter (dataFile);
    }
    catch (IOException e){
      System.err.println ("Exception in building
FileWriter object: " + e.toString ());
    }
    // build buffered stream for output data
    buff = new PrintWriter (file);
    buff.println("run ID partnerID round type sent
counterAs_A_or_B degree");
    buff.flush();

    graph = new DirectedWeightedMultigraph();
    double [] reactionAsBBehav =
{0.263214286,0.602030817,0.145073369,0.29041769,
0.233286767,0.23805235,0.298571429,0.130808974,
0.200503373,0.08,0.204015038,0.161264971,0.086405405,
0.08,0.09712605,0.091504966,0.140312368,0.113973717,0,
0.095157895,0,0.15,0.124105263,0.0125,0.098545455,0,
0.352631579,0.073026316,0.148785425,0.041669173,
0.021590909,0.263289474,0.055384615,0.113556876,
0.0285,0.049052632,0.234121457,0.05410642,0.258799227,
0.030769231,0.266158184,0.087348178,0.089068826,0.056,
0.167896104,0.153583916,0.102631579,0.057142857,
0.082267732,0.219259109,0.214947552,0.0405,0,
0.087578947,0.052631579,0.046590909,0.087578947,0.036,
0.444336288,0.198214286,0.09493007,0.190460066,
0.0939698,0.06148555,0.04217033,0.094478908,
0.265669856,0.122662139,0.117340659,0.180789474,
0.049090909,0.146709291,0.193066802,0.114089664,
0.11574026,0.065,0.033910931,0.107591093,0.084631579,
0.175023923,0.093269231,0.103181818,0.076821862,
0.074285714,0,0.113598901,0.154201681,0.159090909,
0.131444976,0.11604251,0,0.224464115,0.12,0,
0.064172457,0.035526316,0.071868454,0.213339658,
0.537937063,0.170882353,0.538684211,0.097226006,
0.187012987,0.111542111,0.121199853};
    double [] alphaAsABehav =
{8.48744186,7.923076923,2.705544933,3,8.734482759,
8.111111111,4.416666667,4.543478261,4,10,6.191780822,
4.660377358,3.793814433,2.31372549,1.748201439,
3.711864407,3.323741007,1.720588235,5.384615385,
3.41509434,0,7.504672897,2.995073892,2.823529412,
0.736842105,0,11.51666667,0.666666667,3.263157895,
4.75,5.181818182,9.691176471,5.117647059,-
```

0.083333333,2.205882353,2.603448276,0.666666667,
0.74137931,3.692307692,2.463414634,3,1.107142857,5.83,
6.474576271,6.388888889,2.25,2.461538462,4,2.246575342,
5.307692308,1.5,0,0,3.176470588,5.178571429,2,4,
0.75,3.590909091,3.561576355,2,1.783454988,4.590361446,
3.833333333,1.97979798,2.039215686,7.642857143,
7.033412888,2.75,4.663551402,5.7,9,0.526315789,
5.459183673,2.75,3.285714286,1.111111111,4.5,
2.518072289,1.777777778,1.645418327,2.5,0.636363636,
1.266666667,5.061728395,4.881516588,5.964285714,
1.222222222,5,3.422535211,3.539130435,5.377259475,
7.747524752,0,1,1.141315015,3.5,4.736486486,
9.970760234,6.25,3.307692308,3,1.909090909,
3.090909091,3.25};

    double [] betaAsABehav = {-0.005581395,
-0.102564103,0.10707457,-
2,0.031034483,0.144444444,0.666666667,0.456521739,
0.447368421,0,0.255707763,0.051212938,0.082474227,
0.37254902,0.007194245,0.847457627,0.568345324,
0.029411765,1.153846154,-
0.066037736,0,0.261682243,0.113300493,0.470588235,
0.052631579,0,0.466666667,0.333333333,1.684210526,
0.333333333,0.636363636,-0.058823529,0.607843137,
-0.333333333,-0.088235294,0.293103448,-
0.333333333,0.172413793,1.115384615,0.073170732,
0,0.142857143,0.08,0.63559322,0.222222222,-0.75,
-0.038461538,0.333333333,0.143835616,0.318681319,-
0.115384615,0,0,0.078431373,0.714285714,-4.19E
-17,0.4,1,0.545454545,0.246305419,-1,0.143552311,-
0.361445783,0.30952381,-
0.131313131,0.156862745,0.785714286,0.133651551,0.5,
0.551401869,-0.1,0.35,-0.105263158,0.183673469,0.5,
0.285714286,0.555555556,1,-
0.024096386,0.111111111,0.083665339,1,0.454545455,-
0.013333333,1.049382716,0.502369668,
0.357142857,0.555555556,7.74E-
17,0.345070423,0.156521739,-0.056559767,0.099009901,
0,-0.333333333,-
0.053974485,0.5,0.013513514,0.625730994,-0.073529412,
-1.076923077,0.127659574,-0.272727273,-0.227272727,
0.052631579};

```
    randomGenerator = new Random(seed);

    agentList = new ArrayList<BaselineAgent>();
    originalAgentList = new ArrayList<
BaselineAgent>();
    netFactory = new NetworkFactory (graph, this,
randomGenerator);
    for (int i = 0; i < numberOfAgents; i++)
    {
        BaselineAgent agent = new BaselineAgent(graph,
randomGenerator, i, agentList, numberOfAgents,
threshold);
        originalAgentList.add(agent);
        agent.setBuffer(buff);
        agent.setAlphaAsABehav(alphaAsABehav[i]);
        agent.setBetaAsABehav(betaAsABehav[i]);
        agent.setReactionAsBBehav(reactionAsBBehav[i]);
    }
    resetNetwork();
}

public void setRole(){
    if (sessionTime == 0){
        for (Iterator<BaselineAgent>
iterator = agentList.iterator(); iterator.
hasNext();) {
            BaselineAgent agent = (BaselineAgent)
iterator.next();
            agent.setAgentType(-1);
        }
        for (Iterator<BaselineAgent> iterator =
agentList.iterator(); iterator.hasNext();) {
            BaselineAgent agent = (BaselineAgent)
iterator.next();
            if (agent.getAgentType() == -1) {
                agent.setAgentType(0);
                agent.updateNeighboursList();
                agent.getPartner().setAgentType(1);
            }
        }
    } else {
        for (Iterator<BaselineAgent> iterator =
agentList.iterator(); iterator.hasNext();) {
            BaselineAgent agent = (BaselineAgent)
iterator.next();
```

```
          if (agent.getAgentType() == 0)
            agent.setAgentType(1);
          else
            agent.setAgentType(0);
          }
       }
    }

    private void buildSchedule()
    {
       SimGroupEvent g = eventList.scheduleGroup(0, 1);
       g.addEvent(this, "updateSessionTime");
       g.addCollectionEvent(agentList, BaselineAgent.
    class, "act");
       if (networkStructure == DYN_COUPLES |
    networkStructure == DYNAMIC_ZERO | networkStructure ==
    DYNAMIC_GROW) {
          g.addEvent(this, "shuffleLists");
          g.addCollectionEvent(agentList, BaselineAgent.
    class, "updateUnhappiness");
       }
       if (networkStructure == EXPERIMENT |
    networkStructure == RND_COUPLES){
          g.addEvent(this, "mixCouples");
       }
       if (networkStructure == DYN_COUPLES)
          g.addCollectionEvent(agentList, BaselineAgent.
    class, "meet");
       if (networkStructure == DYNAMIC_ZERO)
          g.addCollectionEvent(agentList, BaselineAgent.
    class, "searchAndMeet_fix");
       if (networkStructure == DYNAMIC_GROW)
          g.addCollectionEvent(agentList, BaselineAgent.
    class, "searchAndMeet_var");
       if (networkStructure == DYNAMIC_UNHAPPY){
          g.addEvent(this, "shuffleLists");
          g.addCollectionEvent(agentList, BaselineAgent.
    class, "removeLink_unhappy");
          g.addCollectionEvent(agentList, BaselineAgent.
    class, "searchAndMeet_unhappy");
       }
       if (networkStructure == DYNAMIC_THRESHOLD |
    networkStructure == DYNAMIC_THRESHOLD_5){
          g.addEvent(this, "shuffleLists");
          g.addCollectionEvent(agentList, BaselineAgent.
```

298

```
   class, "removeLink_threshold");
      g.addCollectionEvent(agentList, BaselineAgent.
   class, "searchAndMeet_threshold");
   }
   if (adjacencyMatrix){
      SimGroupEvent g2 = eventList.scheduleGroup
(numberOfRounds-1, numberOfRounds);
      g2.addEvent(this, "writeAdjacencyMatrix");
   }
   SimGroupEvent g3 = eventList.scheduleGroup
(numberOfRounds, numberOfRounds);
   g3.addCollectionEvent(originalAgentList,
BaselineAgent.class, "reset");
   g3.addEvent(this, "resetSessionTime");
   g3.addEvent(this, "resetNetwork");
   eventList.scheduleSystem((numberOfRounds*number
OfRuns),
 Sim.EVENT_SIMULATION_END);
   }

 public void buildNetwork(){
   // NETWORK
   if (networkStructure == DENSE)
netFactory.setDense();
   else {
      if (networkStructure == SMALLWORLD) netFactory.
setSmallWorld();
      else {
        if (networkStructure == SCALEFREE) netFactory.
setScaleFree();
        else {
          if (networkStructure == COUPLES |
networkStructure == DYN_COUPLES
             | networkStructure == EXPERIMENT
             | networkStructure == DYNAMIC_GROW |
networkStructure == DYNAMIC_ZERO
             | networkStructure == RND_COUPLES |
networkStructure == DYNAMIC_UNHAPPY
             | networkStructure == DYNAMIC_THRESHOLD)
            netFactory.setCouples();
          else {
          if (networkStructure == DYNAMIC_THRESHOLD_5)
           netFactory.setFiveLinks();
        }
      }
```

```
      }
    }
  }
  public void decreaseAgentsPopulation(){
    Collections.shuffle(originalAgentList);
    agentList.clear();
    for (int i = 0; i < (numberOfAgents-1); i++) {
      agentList.add(originalAgentList.get(i));
    }
  }

  public void mixCouples() {
    if (networkStructure == EXPERIMENT) {
      setRole();
      netFactory.mixCouples();
    } else {
      if (networkStructure == RND_COUPLES)
        netFactory.setCouples();
    }
  }

  public void resetNetwork(){
    decreaseAgentsPopulation();
    buildNetwork();
    if (networkStructure == EXPERIMENT)
      setRole();
    run++;
  }
  public void updateSessionTime() {
    sessionTime++;
    for (Iterator<BaselineAgent> iterator =
agentList.iterator(); iterator.hasNext();) {
      BaselineAgent agent = (BaselineAgent) iterator.
next();
        agent.setSessionTime(sessionTime);
        agent.setRun(run);
    }
  }

  public void resetSessionTime() {
    sessionTime = 0;
  }
  public void writeAdjacencyMatrix(){
    String matrixFile = "adjacencyMatrixAtRun"
+run+".txt";
```

```java
    FileWriter aFile = null;
    try {
      aFile = new FileWriter (matrixFile);
    }
    catch (IOException e){
      System.err.println ("Exception in building
matrix FileWriter object: "
        + e.toString ());
    }
    PrintWriter aBuffer = new PrintWriter (aFile);
    String heading = "";
    for (Iterator<BaselineAgent> iterator =
agentList.iterator(); iterator.hasNext();) {
      BaselineAgent agent = (BaselineAgent) iterator.
next();
      heading+=","+(agent.getId()+1);
    }
    aBuffer.println(heading);
    for (Iterator<BaselineAgent> iterator =
agentList.iterator(); iterator.hasNext();) {
      BaselineAgent agent = (BaselineAgent) iterator.
next();
      String newLine = (agent.getId()+1)+"";
      for (int i = 0; i < agentList.size(); i++) {
        if (agent.isClose(agentList.get(i)))
          newLine += ",1";
        else
          newLine += ",0";
      }
      aBuffer.println(newLine);
    }
    aBuffer.flush();
    aBuffer.close();
  }
```

This is the observer code:

```java
import jas.engine.*;
public class BaselineObserver extends SimModel{

  //Model parameters
  public BaselineModel  model;
  //Technical
  private double[] statCollection;
  //private TimePlot countPlotter;
```

301

```
  public void setParameters()
  {
    model = (BaselineModel) Sim.engine.getModelWithID
("BaselineModel");
    if (model == null)
      Sim.fatalError("The Observer did not find a Model
instance in memory!", null);
  }
  public void buildModel()
  {
  }
}
```

This is the network factory code:

```
import java.util.*;
import org._3pq.jgrapht.Edge;
import org._3pq.jgrapht.Graph;
public class NetworkFactory {
  private Graph graph;
  private ArrayList<BaselineAgent> agentList;
  private double intensity;
  private BaselineModel model;
  public Random randomGenerator;
  public NetworkFactory(Graph g, BaselineModel a,
Random r) {
    graph = g;
    model = a;
    agentList = model.getAgentList();
    intensity = 1.0;
    randomGenerator = r;
  }
  public void setDense() {
    eraseEdges();
    shuffleList();

    for (Iterator<BaselineAgent> iter =
agentList.iterator(); iter.hasNext();) {
      BaselineAgent element = (BaselineAgent) iter.
next();
      for (Iterator<BaselineAgent> iterator =
agentList.iterator(); iterator
            .hasNext();) {
        BaselineAgent ele = (BaselineAgent) iterator.
next();
```

```java
            if ((element != ele) & element.
getRelation(ele)==null){
                element.addRelation(ele, intensity);
                ele.addRelation(element, intensity);
            }
          }
        }
    }

  public void setCouples() {
      eraseEdges();
      shuffleList();
      int numGroups = agentList.size()/2;
      for (int i = 0; i < numGroups; i++) {
        List<BaselineAgent> groupList = agentList.
            subList(2*i,2*(i+1));
        for (Iterator<BaselineAgent> iter =
groupList.iterator(); iter.hasNext();) {
            BaselineAgent element = (BaselineAgent)
iter.next();
            for (Iterator<BaselineAgent> iterator =
                groupList.iterator(); iterator.
                hasNext();) {
            BaselineAgent ele = (BaselineAgent)
iterator.next();
            if ((element != ele) & element.
getRelation(ele)==null){
                element.addRelation(ele, intensity);
                ele.addRelation(element, intensity);
            }
          }
        }
      }
    }
    /*
     * Creates a small world network topology inside
groups by following the Newman Watts
     * model derived by the Watts-Strogatz
     * model, with parameter k = 2, p = 0.01, minimum
group size = 5.
     */
  public void setSmallWorld (){
      eraseEdges();
      shuffleList();
      double prob = 0.1;
```

303

```
    int numGroups = 1;
    int groupSize = agentList.size();
    for (int i = 0; i < numGroups; i++) {
        List<BaselineAgent> groupList = agentList.
            subList(groupSize*i,groupSize*(i+1));
        // create links to the neigbours
        for (Iterator<BaselineAgent> iter = groupList.
iterator(); iter.hasNext();) {
            BaselineAgent element = (BaselineAgent) iter.
next();
            // if groups are networks:
            //element.setGroupList(groupList);
            if (groupList.indexOf(element) == 0) {
                BaselineAgent neighbour1 = groupList.get
(groupList.size()-1);
                BaselineAgent neighbour2 = groupList.get
(groupList.size()-2);
                BaselineAgent neighbour3 =
groupList.get(1);
                BaselineAgent neighbour4 =
groupList.get(2);
                if ((element != neighbour1) &
element.getRelation (neighbour1)==null)
                    element.addRelation(neighbour1,
intensity);
                if ((element != neighbour2) &
element.getRelation(neighbour2)==null)
                    element.addRelation(neighbour2,
intensity);
                if ((element != neighbour3) &
element.getRelation (neighbour3)==null)
                    element.addRelation(neighbour3,
intensity);
                if ((element != neighbour4) &
element.getRelation(neighbour4)==null)
                    element.addRelation(neighbour4,
intensity);
            }
            else {
                if (groupList.indexOf(element) == 1) {
                    BaselineAgent neighbour1 = groupList.get
(groupList.size()-1);
                    BaselineAgent neighbour2 = groupList.
get(0);
```

```
            BaselineAgent neighbour3 =
groupList.get(2);
            BaselineAgent neighbour4 =
groupList.get(3);
            if ((element != neighbour1) &
element.getRelation(neighbour1)==null)
                element.addRelation(neighbour1,
intensity);
            if ((element != neighbour2) &
element.getRelation(neighbour2)==null)
                element.addRelation(neighbour2,
intensity);
            if ((element != neighbour3) &
element.getRelation(neighbour3)==null)
                element.addRelation(neighbour3,
intensity);
            if ((element != neighbour4) &
element.getRelation(neighbour4)==null)
                element.addRelation(neighbour4,
intensity);
  }
  else {
  if (groupList.indexOf(element) ==
groupList.size()-1) {
      BaselineAgent neighbour1 = groupList.get
(groupList.size()-2);
      BaselineAgent neighbour2 = groupList.get
(groupList.size()-3);
      BaselineAgent neighbour3 = groupList.get(0);
      BaselineAgent neighbour4 = groupList.get(1);
      if ((element != neighbour1) &
element.getRelation(neighbour1)==null)
          element.addRelation(neighbour1, intensity);
      if ((element != neighbour2) &
element.getRelation(neighbour2)==null)
          element.addRelation(neighbour2, intensity);
      if ((element != neighbour3) &
element.getRelation(neighbour3)==null)
          element.addRelation(neighbour3, intensity);
      if ((element != neighbour4) &
element.getRelation(neighbour4)==null)
          element.addRelation(neighbour4, intensity);
  }
```

```
    else {
      if (groupList.indexOf(element) == groupList.
size()-2) {
        BaselineAgent neighbour1 = groupList.get
(groupList.size()-3);
        BaselineAgent neighbour2 = groupList.get
(groupList.size()-4);
        BaselineAgent neighbour3 = groupList.get
(groupList.size()-1);
        BaselineAgent neighbour4 = groupList.get(0);
        if ((element != neighbour1) &
element.getRelation(neighbour1)==null)
          element.addRelation(neighbour1, intensity);
        if ((element != neighbour2) &
element.getRelation(neighbour2)==null)
          element.addRelation(neighbour2, intensity);
        if ((element != neighbour3) &
element.getRelation(neighbour3)==null)
          element.addRelation(neighbour3, intensity);
        if ((element != neighbour4) &
element.getRelation(neighbour4)==null)
          element.addRelation(neighbour4, intensity);
      }

    else {
      BaselineAgent neighbour1 =
groupList.get(groupList.indexOf(element)-2);
      BaselineAgent neighbour2 =
groupList.get(groupList.indexOf(element)-1);
      BaselineAgent neighbour3 =
groupList.get(groupList.indexOf(element)+2);
      BaselineAgent neighbour4 =
groupList.get(groupList.indexOf(element)+1);
        if ((element != neighbour1) &
element.getRelation(neighbour1)==null)
          element.addRelation(neighbour1, intensity);
        if ((element != neighbour2) &
element.getRelation(neighbour2)==null)
          element.addRelation(neighbour2, intensity);
        if ((element != neighbour3) &
element.getRelation(neighbour3)==null)
          element.addRelation(neighbour3, intensity);
        if ((element != neighbour4) &
element.getRelation(neighbour4)==null)
```

```
            element.addRelation(neighbour4, intensity);
          }
        }
      }
    }
  }
  // create long range links
  for (Iterator<BaselineAgent> iter = groupList.
iterator(); iter.hasNext();) {
    BaselineAgent element = (BaselineAgent)
iter.next();
    for (Iterator<BaselineAgent> iterator = groupList.
        iterator();iterator.hasNext();) {
      BaselineAgent ele = (BaselineAgent) iterator.
next();
      if ((element != ele) & !checkIfAlreadyConnected
        (element, ele) & model.randomGenerator.
nextDouble() <= prob){
        element.addRelation(ele, intensity);
        ele.addRelation(element, intensity);
      }
    }
  }
}

/*
 * Creates a Scale Free Network with a power law
distribution like of degrees (order = 3),
 * according to the Barabasi-Albert SF model.
 */
public void setScaleFree (){
  eraseEdges();
  shuffleList();
  int numGroups = 1;
  int groupSize = agentList.size();
  for (int i = 0; i < numGroups; i++) {
    List<BaselineAgent> groupList = agentList.subList
        (groupSize*i, groupSize*(i+1));
  int numEdges = 0;
  int numEdgesOld = 0;
  for (Iterator<BaselineAgent> iter =
groupList.iterator(); iter.hasNext();) {
    BaselineAgent element = (BaselineAgent)
iter.next();
```

```
    // if groups are networks:
    //element.setGroupList(groupList);
    if (groupList.indexOf(element) == 0){
       BaselineAgent ele = groupList.get(1);
       if ((element != ele) &
!checkIfAlreadyConnected(element, ele)){
          element.addRelation(ele, intensity);
          ele.addRelation(element, intensity);
          numEdges++;
          numEdgesOld++;
    }
  } else {
       if (groupList.indexOf(element) != 1){
       for (Iterator<BaselineAgent> iterator =
groupList.iterator(); iterator
          .hasNext();) {
       BaselineAgent ele = (BaselineAgent) iterator.
next();
       if (getNumOfLinks(ele)!= 0.0){
          double prob = getNumOfLinks(ele)/(double)
numEdges;
          if ((element != ele) &
!checkIfAlreadyConnected(element, ele) &
model.randomGenerator.nextDouble() <= prob){
             element.addRelation(ele, intensity);
             ele.addRelation(element, intensity);
             numEdges++;
          }
        }
      }
    }
    if (numEdges != numEdgesOld)
       numEdgesOld = numEdges;
    else {
       BaselineAgent ele = groupList.get(model.
randomGenerator.nextInt(groupList.size()));
       while (ele == element)
          ele =
groupList.get(model.randomGenerator.
nextInt(groupList.size()));
          element.addRelation(ele, intensity);
          ele.addRelation(element, intensity);
          numEdges++;
```

```java
              numEdgesOld++;
            }
          }
        }
      }
    }
  }

  private boolean checkIfAlreadyConnected
(BaselineAgent a, BaselineAgent b){
    boolean temp = false;
      if (a.getRelation(b) != null)
        temp = true;
      if (b.getRelation(a) != null)
        temp = true;
    return temp;
  }

  private double getNumOfLinks (BaselineAgent a){
    if (a.getIncidentEdges() != null)
      return (double) (a.getIncidentInEdges().size());
    else
      return 0.0;
  }

  @SuppressWarnings("unchecked")
  private void eraseEdges(){
    ArrayList<Edge> edgeList = new ArrayList<Edge>();
    for (Iterator iter = graph.edgeSet().iterator();
iter.hasNext();)
      edgeList.add((Edge) iter.next());
    graph.removeAllEdges(edgeList);
  }

  private void shuffleList()
  {
    Collections.shuffle(agentList);
  }

  public void mixCouples() {
    eraseEdges();
    shuffleList();
    BaselineAgent[] playersA =
  new BaselineAgent[agentList.size()/2];
```

```
    BaselineAgent[] playersB =
  new BaselineAgent[agentList.size()/2];
    int[] checkB = new int[playersB.length];
    for (int i = 0; i < checkB.length; i++) {
      checkB[i] = 0;
    }
    for (Iterator<BaselineAgent> iterator = agentList.
iterator(); iterator.hasNext();) {
      BaselineAgent agent = (BaselineAgent) iterator.
next();
      if (agent.getAgentType() == 0) {
        int i = 0;
        while (playersA[i] != null)
          i++;
        playersA[i] = agent;
      }
      else {
        int i = 0;
        while (playersB[i] != null)
          i++;
        playersB[i] = agent;
      }
    }
    for (int i = 0; i < playersA.length; i++) {
      int rB = randomGenerator.nextInt(playersB.
length);
      while (checkB[rB] != 0)
        rB = randomGenerator.nextInt(playersB.length);
      playersA[i].addRelation(playersB[rB],
intensity);
      playersB[rB].addRelation(playersA[i],
intensity);
      checkB[rB] = 1;
    }
  }

  public void setFiveLinks() {
    eraseEdges();
    shuffleList();
    for (int i = 0; i > 520; i++) {
      BaselineAgent candidate1 =
agentList.get(randomGenerator.nextInt(104));
      BaselineAgent candidate2 =
agentList.get(randomGenerator.nextInt(104));
      while ((candidate1 == candidate2) | candidate1.
```

```
getRelation(candidate2)!= null | candidate2.
getRelation(candidate1)!= null)
      candidate2 = agentList.get(randomGenerator.
nextInt(104));
      candidate1.addRelation(candidate2, intensity);
      candidate2.addRelation(candidate1, intensity);
   }
 }
```

例子二：声誉

该模型基于实验室实验收集的数据，该实验要求 64 个体在一个不确定的环境中做出投资决策。这个实验被明确设计为生成一个数据集来校准 ABM，并从微观主体的互动中得出更复杂系统的宏观含义。目的是测试其他人的观点对主体投资的影响，以及声誉作为经济市场不确定性中的学习支架（learning scaffold）的相关性。

正如在上述案例中一样，关键是要记住主体行为是基于实验数据，这些数据通过聚类分析在统计上做了阐述（见表 2-8），可以从中发现行为模式，该模型重复验证了实验的结构，虽然对参数做了一些微小的修改（见表 2-9）。

仿真包的结构可在上文所述的支撑材料网页上获得，其结构包括：

1. 模型，其中包括创建主体及调度的方法。

2. 观测器，包含了在运行过程中观察仿真的工具。

3. 主体，表示仿真中的一类主体，从模型中接收输入参数和初始参数。

输出信息标签如下：ID, endowment, bestValueDiscovered, finalProfit, actionChoice, informationChoice。ID 指代主体，endowment 是每个主体的资源，bestValueDiscovered 代表主体发现的最佳产出，finalProfit 是主体在每次仿真点计算的预期最终利润，actionChoice 是主体的决策（例如，探索、利用或者跟随提示），informationChoice 是主体发送的提示的类型（如最佳值、次优值等）。这些变量的含义已在第二章中说明，其格式可以方便地导出到 Excel、SPSS 或 R 等统计分析软件。现在，输出保存为 COLLECTIVE_J_NEG_output.text。在本例子中，通过运行仿真，自动生成两个表示空间探索和主体行为的图形。

下面是代码，由主体代码、模型代码和观测器者代码组成，分别可以在本书上文提到的网页上提供的软件包的文件夹中找到，即 SocrateSIMAgent. java, SocrateSIMModel. java 和 SocrateSIMObserver .java。

主体代码如下：

```java
import java.io.*;
import java.util.*;
public class SocrateSIMAgent {
  public PrintWriter buff;
  private int endowment;
  private int actionChoice;
  private int informationChoice;
  private int bestValueDiscovered;
  private int bestValueDiscoveredName;
  private int finalProfit;
  private int actionBehaviour;
  private int informationBehaviour;
  private int partner;
  private SocrateSIMAgent[] agentArray;
  private int ID;
  private int explorationCost;
  private int[] space;
  private int[] explored;
  private int communicatedName;
  private int communicatedValue;
  private boolean[] isTrustworty;
  private ArrayList[] partnerEvaluations;
  private int averageFinalProfit;
  private int choice;
  private int lastChoice;
  private int imitatedAndLowerThanExpected;
  private int analyticSet;
  private Random randomGenerator;
  private boolean lemon;

  // values for action choices
  private static final int EXPLOITING = 0;
  private static final int EXPLORING = 1;
  private static final int LISTENING = 2;
  private static final int IMITATING = 3;

  // values for information choices
  private static final int FIRST_BEST = 0;
  private static final int OTHER_BEST = 1;
```

```java
private static final int LOWER_HIGH = 2;
private static final int HIGHER_LOW = 3;

// values for action behaviour
private static final int A1 = 0;
private static final int A2 = 1;
private static final int A3 = 2;

// values for information behaviour
private static final int I1 = 0;
private static final int I2 = 1;
private static final int I3 = 2;

// analytic sets
private static final int EXPLOIT_ONLY = 0;
private static final int EXPLORE_ONLY = 1;
private static final int INDIVIDUAL_J_POS = 2;
private static final int COLLECTIVE_J_POS = 3;
private static final int INDIVIDUAL_J_NEG = 4;
private static final int COLLECTIVE_J_NEG = 5;
private static final int LISTEN_ALWAYS = 6;

/**
 * @param arg0
 */

public SocrateSIMAgent(Random r,
SocrateSIMAgent[] a, int[] s, int ii, int as) {
    agentArray = a;
    randomGenerator = r;
    space = s;
    ID = ii;
    analyticSet = as;
    reset();
}
public void setBuffer (PrintWriter buff){
    this.buff = buff;
}
public void takeDecision(){
    if (analyticSet == INDIVIDUAL_J_POS |
 analyticSet == INDIVIDUAL_J_NEG |
      analyticSet == COLLECTIVE_J_POS | analyticSet
== COLLECTIVE_J_NEG | analyticSet == LISTEN_ALWAYS){
      switch (actionBehaviour) {
```

```
      case A1:
        if (randomGenerator.nextDouble() < 0.75) {
          if (randomGenerator.nextDouble() < 0.25)
actionChoice = EXPLORING;
          else actionChoice = LISTENING;
        } else
          actionChoice = EXPLOITING;
        break;
      case A2:
        // if partner is trustworthy
        if (isTrustworty[partner]){
          if (randomGenerator.nextDouble() < 0.75) {
            if (randomGenerator.nextDouble() < 0.75)
actionChoice = EXPLORING;
            else actionChoice = LISTENING;
          } else actionChoice = EXPLOITING;
        } else {
          if (randomGenerator.nextDouble() < 0.5) {
            if (randomGenerator.nextDouble()
< 0.75) actionChoice = EXPLORING;
            else actionChoice = LISTENING;
          } else actionChoice = EXPLOITING;
        }
        break;
      case A3:
        // if partner is trustworthy
        if (isTrustworty[partner]){
          if (randomGenerator.nextDouble() < 0.75)
            actionChoice = LISTENING;
          else actionChoice = EXPLOITING;
        } else {
          if (randomGenerator.nextDouble() < 0.25)
            actionChoice = LISTENING;
          else actionChoice = EXPLOITING;
        }
    }
    if (explored[communicatedName] != 0) {
      if (explored[communicatedName] !=
communicatedValue)
        worsenPartnerEvaluation();
      else
       improvePartnerEvaluation();
      if (actionChoice == LISTENING) actionChoice =
EXPLOITING;
    } else {
```

315

```
      if (communicatedValue <= bestValueDiscovered &
actionChoice == LISTENING)
          actionChoice = EXPLORING;
    }
  } else {
    if (analyticSet == EXPLOIT_ONLY)
      actionChoice = EXPLOITING;
    else {
      if (analyticSet == EXPLORE_ONLY){
        if (endowment >= explorationCost)
          actionChoice = EXPLORING;
      }
    }
  }
  if (endowment < explorationCost)
    actionChoice = EXPLOITING;
  execute();
}

public void communicateInfo(){
  switch (informationBehaviour) {
    case I1:
      if (randomGenerator.nextDouble() < 0.75)
        informationChoice = FIRST_BEST;
      else {
        if (randomGenerator.nextDouble() < 0.75)
          informationChoice = LOWER_HIGH;
        else informationChoice = HIGHER_LOW;
      }
      break;
    case I2:
      // if partner is trustworthy
      if (isTrustworty[partner]){
        if (randomGenerator.nextDouble() < 0.25)
informationChoice = FIRST_BEST;
        else informationChoice = OTHER_BEST;
      } else {
        if (randomGenerator.nextDouble() < 0.75) {
          if (randomGenerator.nextDouble() < 0.25)
informationChoice = FIRST_BEST;
          else informationChoice = OTHER_BEST;
        } else {
          if (randomGenerator.nextDouble() < 0.25)
informationChoice = LOWER_HIGH;
```

```
          else informationChoice = HIGHER_LOW;
        }
      }
      break;
    case I3:
      if (randomGenerator.nextDouble() < 0.25){
        if (randomGenerator.nextDouble() < 0.25)
informationChoice = FIRST_BEST;
        else informationChoice = OTHER_BEST;
      } else {
        if (randomGenerator.nextDouble() < 0.25)
informationChoice = LOWER_HIGH;
        else informationChoice = HIGHER_LOW;
      }
      break;
    }
    speak();
  }

  private void execute(){
    lastChoice = choice;
    lemon = false;
    switch (actionChoice) {
      case EXPLOITING:
        choice = bestValueDiscoveredName;
        endowment += bestValueDiscovered;
        break;
      case EXPLORING:
        choice = pickupNew();
        int value = space[choice];
        explored[choice] = value;
        if (value > bestValueDiscovered) {
          bestValueDiscovered = value;
          bestValueDiscoveredName = choice;
        }
        endowment = endowment - explorationCost +
value;
        break;
      case LISTENING:
        choice = communicatedName;
        int tempValue = space[choice];
        if (tempValue != communicatedValue) {
          worsenPartnerEvaluation();
          lemon = true;
        }
```

317

```
          else
            improvePartnerEvaluation();
          explored[choice] = tempValue;
          if (tempValue > bestValueDiscovered){
            bestValueDiscovered = tempValue;
            bestValueDiscoveredName = choice;
          }
          endowment = endowment - explorationCost +
tempValue;
          break;
        case IMITATING:
          int otherChoice = agentArray[partner].
getLastChoice();
          choice = otherChoice;
          if (explored[choice] != 0) {
            endowment += explored[choice];
          } else {
            int val = space[choice];
            explored[choice] = val;
            if (val > bestValueDiscovered) {
              bestValueDiscovered = val;
              bestValueDiscoveredName = choice;
            }
            endowment = endowment -
explorationCost + val;
          }
      }
      finalProfit = endowment +
(bestValueDiscovered*10);
  }

  private void speak(){
    switch (informationChoice) {
    case FIRST_BEST:
       agentArray[partner].tryOut(bestValue
DiscoveredName, bestValueDiscovered);
      break;
    case OTHER_BEST:
     if (ifOnlyOneKnown())
       agentArray[partner].tryOut
(bestValueDiscoveredName, bestValueDiscovered);
      else {
        int temp = randomGenerator.nextInt(space.
length);
        while (explored[temp] == 0 | temp ==
```

```
bestValueDiscoveredName)
        temp = randomGenerator.nextInt(space.length);
      agentArray[partner].tryOut(temp,
explored[temp]);
    }
    break;
  case LOWER_HIGH:
    agentArray[partner].tryOut
(bestValueDiscoveredName, bestValueDiscovered -
(20 + randomGenerator.nextInt (20)));
    break;
  case HIGHER_LOW:
    if (ifOnlyOneKnown())
      agentArray[partner].tryOut(bestValueDiscovered
Name, bestValueDiscovered - (20 + randomGenerator.
nextInt (20)));
    else {
      int temp = randomGenerator.
nextInt(space.length);
      while (explored[temp] == 0 | temp ==
bestValueDiscoveredName)
        temp = randomGenerator.nextInt(space.length);
      agentArray[partner].tryOut(temp,
explored[temp]+ (20 + randomGenerator.nextInt (20)));
    }
    break;
  }
}

  public int getEndowment() {
    return endowment;
  }
  public int getFinalProfit() {
    return finalProfit;
  }
  public void writeData(){
    buff.println(ID+" "+endowment+"
"+bestValueDiscovered+" "+finalProfit+"
"+actionChoice+" "+informationChoice);
    buff.flush();
  }

  public void setActionBehaviour(int b){
    actionBehaviour = b;
  }
```

319

```
  public void setInformationBehaviour(int b){
    informationBehaviour = b;
  }

  public void setExplorationCost(int c){
    explorationCost = c;
  }

  public void reset(){
    endowment = 1000;
    averageFinalProfit = 0;
    explored = new int[space.length];
    for (int i = 0; i < explored.length; i++) {
      explored[i]=0;
    }
    choice = pickupNew();
    explored[choice] = space[choice];
    bestValueDiscovered = space[choice];
    bestValueDiscoveredName = choice;
    if (analyticSet > EXPLORE_ONLY){
      if (analyticSet == INDIVIDUAL_J_POS |
analyticSet == COLLECTIVE_J_POS
          | analyticSet == LISTEN_ALWAYS){
        isTrustworty = new boolean[agentArray.length];
        for (int i = 0; i < isTrustworty.length;
i++) {
          isTrustworty[i] = true;
        }
    } else {
      isTrustworty = new boolean[agentArray.length];
      for (int i = 0; i < isTrustworty.length;
i++) {
        isTrustworty[i] = false;
      }
    }
  }
  if (analyticSet == INDIVIDUAL_J_POS |
analyticSet == INDIVIDUAL_J_NEG){
    partnerEvaluations = new ArrayList[agentArray.
length];
    for (int i = 0; i < partnerEvaluations.length;
i++) {
```

```
      partnerEvaluations[i] = new
ArrayList<Integer>();
    }
  }
}

  private int pickupNew(){
    int a = randomGenerator.nextInt(space.length);
    while (explored[a] != 0)
      a = randomGenerator.nextInt(space.length);
    return a;
  }

  public void tryOut(int name, int value){
    communicatedName = name;
    communicatedValue = value;
  }

  private void worsenPartnerEvaluation() {
    if (analyticSet != LISTEN_ALWAYS){
      partnerEvaluations[partner].add(new Integer(0));
      updatePartnerTrustworthiness();
    }
  }

  private void improvePartnerEvaluation() {
    if (analyticSet != LISTEN_ALWAYS){
      partnerEvaluations[partner].add(new Integer(1));
      updatePartnerTrustworthiness();
    }
  }

  private void updatePartnerTrustworthiness() {
    int tempSum = 0;
    for (Iterator iterator =
partnerEvaluations[partner].iterator(); iterator.
hasNext();) {
      Integer eval = (Integer) iterator.next();
      tempSum += eval.intValue();
    }
    if (analyticSet == INDIVIDUAL_J_POS |
analyticSet == COLLECTIVE_J_POS){
      if ((double) tempSum >= ((double)
partnerEvaluations[partner].size())/ 2.0)
        isTrustworty[partner] = true;
```

```
      else
         isTrustworty[partner] = false;
    }
    if (analyticSet == INDIVIDUAL_J_NEG |
analyticSet == COLLECTIVE_J_NEG){
        if ((double) tempSum > ((double)
partnerEvaluations[partner].size())/ 2.0)
          isTrustworty[partner] = true;
      else
           isTrustworty[partner] = false;
    }
  }
  private boolean ifOnlyOneKnown() {
    int temp = 0;
    for (int i = 0; i < explored.length; i++) {
      if (explored[i] != 0)
          temp++;
    }
    if(temp>1)
      return false;
    else
      return true;
  }

  public int getBestValueDiscovered() {
    return bestValueDiscovered;
  }
  public void setPartner(int partner) {
  this.partner = partner;
  }
  public int getID() {
    return ID;
  }

  public boolean isExploiting (){
    if (actionChoice == EXPLOITING)
      return true;
    else return false;
  }

  public boolean isExploring (){
    if (actionChoice == EXPLORING)
      return true;
    else return false;
  }
```

```java
  public boolean isListening (){
    if (actionChoice == LISTENING)
      return true;
    else return false;
  }
  public void setPartnerEvaluations(ArrayList[]
partnerEvaluations) {
    this.partnerEvaluations = partnerEvaluations;
  }
  public int getLastChoice() {
    return lastChoice;
  }
  public int getInformationChoice() {
    return informationChoice;
  }
  public int getLemon() {
    int a = 0;
    if (lemon)
      a = 1;
    return a;
  }
```

The model code is as follows:

```java
import java.io.*;
import java.util.*;
import jas.engine.*;
import jas.events.*;
import jas.io.*;
public class SocrateSIMModel extends SimModel
{
  //Model parameters
  public int numberOfAgents;
  public int numberOfBonds;
  public int maxReturnInSpace;
  public int explorationCost;
  public int[] space;
  public Random randomGenerator;
  public long seed;
  public static int analyticSet;

  private String dataFile;
  private PrintWriter buff;
  private FileWriter file;
```

```
//Simulation agents
public ArrayList <SocrateSIMAgent> agentList;
//Technical
private ParameterFrame parameterFrame;
public ParametersBag parametersBag;

// for batch only
private boolean batch = false;
private static SimEngine eng;
private int tick;

// for information about lemons and information
choices
private int numOfFirstBest, numOfOtherBest,
numOfLowerHigh, numOfHigherLow, numOfLemons;
private int totalFPOfFirstBest, totalFPOfOtherBest,
totalFPOfLowerHigh, totalFPOfHigherLow;
private double averageFPOfFirstBest,
averageFPOfOtherBest, averageFPOfLowerHigh,
averageFPOfHigherLow;
private boolean infoOnInformationChoices = true;

// values for action behaviour
private static final int A1 = 0;
private static final int A2 = 1;
private static final int A3 = 2;

// values for information behaviour
private static final int I1 = 0;
private static final int I2 = 1;
private static final int I3 = 2;

// values for information choices
private static final int FIRST_BEST = 0;
private static final int OTHER_BEST = 1;
private static final int LOWER_HIGH = 2;
private static final int HIGHER_LOW = 3;

// analytic sets
private static final int EXPLOIT_ONLY = 0;
private static final int EXPLORE_ONLY = 1;
private static final int INDIVIDUAL_J_POS = 2;
private static final int COLLECTIVE_J_POS = 3;
private static final int INDIVIDUAL_J_NEG = 4;
private static final int COLLECTIVE_J_NEG = 5;
```

```
  private static final int LISTEN_ALWAYS = 6;
  public void setParameters()
  {
     numberOfAgents  = 100;
     numberOfBonds = 1000000;
     maxReturnInSpace = 500;
     explorationCost = 8000;

     if (isBatch()){
        tick = 1;
        parametersBag = new ParametersBag("./
SocrateSIMParams.pForm.xml");
        parametersBag.mapToObject(this);
     } else {
        analyticSet = COLLECTIVE_J_NEG;
        parameterFrame = new ParameterFrame(this,
"Socrate Simulation", path + "SocrateSIMParams.
pForm.xml");
        addSimWindow(parameterFrame);
     }
  }
  public void shuffleList()
  {
     Collections.shuffle(agentList);
  }
  public void simulationEnd()
  {
     buff.close();
     if (isBatch())
        eng.quit();
  }
  public void buildModel()
  {
     buildAgents();
     buildSchedule();
  }
  private void buildAgents()
  {
     String scen = "";
     switch (analyticSet){
       case EXPLOIT_ONLY:
         scen = "EXPLOIT_ONLY";
         break;
       case EXPLORE_ONLY:
         scen = "EXPLORE ONLY";
```

```
        break;
      case INDIVIDUAL_J_POS:
        scen = "INDIVIDUAL_J_POS";
        break;
      case COLLECTIVE_J_POS:
        scen = "COLLECTIVE_J_POS";
        break;
      case INDIVIDUAL_J_NEG:
        scen = "INDIVIDUAL_J_NEG";
        break;
      case COLLECTIVE_J_NEG:
        scen = "COLLECTIVE_J_NEG";
        break;
      case LISTEN_ALWAYS:
          scen = "LISTEN_ALWAYS";
  }

  dataFile = scen+"_output.txt";
  try {
    // file for output data
    file = new FileWriter (dataFile);
  }
  catch (IOException e){
    System.err.println ("Exception in building
FileWriter object: "
        + e.toString ());
  }
  // build buffered stream for output data
  buff = new PrintWriter (file);
  if (isBatch()) {
    if (infoOnInformationChoices)
      buff.println("time avEndowment
avBestValueDiscovered avFinalProfit numOfFirstBest
numOfOtherBest numOfLowerHigh numOfHigherLow
numOfLemons avFinalProfitFirstBest
avFinalProfitOtherBest avFinalProfitLowerHigh
avFinalProfitHigherLow");
      else
      buff.println("time avEndowment
avBestValueDiscovered avFinalProfit");
  } else
    buff.println("ID endowment bestValueDiscovered
finalProfit actionChoice informationChoice");
  buff.flush();

  randomGenerator = new Random();
```

```
// behaviour distribution across agents population
for action decisions and information
int [] actionBehav = new int[numberOfAgents];
for (int i = 0; i < actionBehav.length; i++) {
  double rr = randomGenerator.nextDouble();
  if (rr < 0.3125)
    actionBehav[i] = A1;
  else {
    if (rr < 0.453125)
      actionBehav[i] = A2;
    else
      actionBehav[i] = A3;
  }
}
int [] informationBehav = new int[numberOfAgents];
for (int i = 0; i < informationBehav.length; i++) {
  if (actionBehav[i] == A1){
    double rr = randomGenerator.nextDouble();
    if (rr < 0.4)
      informationBehav[i] = I1;
    else {
      if (rr < 0.95)
        informationBehav[i] = I2;
      else
        informationBehav[i] = I3;
    }
  } else {
    if (actionBehav[i] == A2){
      double rr = randomGenerator.nextDouble();
      if (rr < 0.111111111)
        informationBehav[i] = I1;
      else {
        if (rr < 0.444444444)
        informationBehav[i] = I2;
      else
        informationBehav[i] = I3;
      }
    } else {
      double rr = randomGenerator.nextDouble();
      if (rr > 0.228571429)
        informationBehav[i] = I1;
      else {
        if (rr > 0.742857143)
          informationBehav[i] = I2;
        else
```

```
            informationBehav[i] = I3;
        }
      }
    }
  }

  // building space
  space = new int[numberOfBonds];
  for (int i = 0; i < space.length; i++) {
    double rr = Math.abs(randomGenerator.
nextGaussian());
    space[i] = (int) (rr * (double) maxReturnInSpace);
  }
  agentList = new ArrayList<SocrateSIMAgent>();
  SocrateSIMAgent[] agentArray = new SocrateSIMAgent
[numberOfAgents];
  for (int i = 0; i < numberOfAgents; i++)
  {
    SocrateSIMAgent agent = new SocrateSIMAgent
(randomGenerator, agentArray, space, i, analyticSet);
    agentList.add(agent);
    agentArray[i] = agent;
    agent.setBuffer(buff);
  }
  for (int i = 0; i<numberOfAgents> i++){
    agentArray[i].setActionBehaviour(actionBehav[i]);
    agentArray[i].setInformationBehaviour
(informationBehav[i]);
    agentArray[i].setExplorationCost(explorationCost);
  }
  if (analyticSet == COLLECTIVE_J_POS | analyticSet ==
COLLECTIVE_J_NEG)
    setPartnerEvaluations();
  }
  private void buildSchedule()
  {
    eventList.scheduleSystem(49501, Sim.EVENT_
SIMULATION_END);
    SimGroupEvent g = eventList.scheduleGroup(0, 1);
    g.addEvent(this, "shuffleList");
    if (analyticSet > EXPLORE_ONLY){
      g.addEvent(this, "setPartners");
      g.addCollectionEvent(agentList, SocrateSIMAgent.
  class, "communicateInfo");
    }
```

```
   g.addCollectionEvent(agentList, SocrateSIMAgent.
class, "takeDecision");
   if (isBatch()) {
     if (infoOnInformationChoices)
       g.addEvent(this,
"computePopInformationChoices");
     g.addEvent(this, "writeData");
   } else
     g.addCollectionEvent(agentList, SocrateSIMAgent.
class, "writeData");
   SimGroupEvent g2 = eventList.
scheduleGroup(495, 495);
   g2.addCollectionEvent(agentList, SocrateSIMAgent.
class, "reset");
   if (analyticSet == COLLECTIVE_J_POS |
analyticSet == COLLECTIVE_J_NEG)
     g2.addEvent(this, "setPartnerEvaluations");
 }

 public synchronized void setPartners (){
   ArrayList<SocrateSIMAgent> agents =
new ArrayList<SocrateSIMAgent>();
   for (Iterator<SocrateSIMAgent> iterator =
agentList.iterator(); iterator.hasNext();) {
     SocrateSIMAgent pippo = (SocrateSIMAgent)
iterator.next();
     agents.add(pippo);
   }
   int numCouples = agentList.size() / 2;
   for (int i = 0; i < numCouples; i++) {
     int rnd1 = randomGenerator.
nextInt(agents.size());
     int rnd2 = randomGenerator.
nextInt(agents.size());
     while (rnd1 == rnd2)
       rnd2 = randomGenerator.nextInt(agents.size());
     SocrateSIMAgent tizio = agents.get(rnd1);
     SocrateSIMAgent caio = agents.get(rnd2);
     tizio.setPartner(caio.getID());
     caio.setPartner(tizio.getID());
     agents.remove(tizio);
     agents.remove(caio);
   }
 }
```

```
public double getAverageBestValueDiscovered(){
    double a = 0.0;
    for (Iterator iterator = agentList.iterator();
iterator.hasNext();) {
        SocrateSIMAgent pippo = (SocrateSIMAgent)
iterator.next();
        a += (double) pippo.getBestValueDiscovered();
    }
    a = a / (double) agentList.size();
    return a;
}
    public double getExploringPercentage() {
    double a = 0.0;
    for (Iterator iterator = agentList.iterator();
iterator.hasNext();) {
        SocrateSIMAgent pippo = (SocrateSIMAgent)
iterator.next();
        if (pippo.isExploring())
        a += 1.0;
    }
    a = a / (double) agentList.size();
    return a;
}

    public double getExploitingPercentage() {
    double a = 0.0;
    for (Iterator iterator = agentList.iterator();
iterator.hasNext();) {
        SocrateSIMAgent pippo = (SocrateSIMAgent)
iterator.next();
        if (pippo.isExploiting())
            a += 1.0;
    }
    a = a / (double) agentList.size();
    return a;
}

    public double getListeningPercentage() {
    double a = 0.0;
    for (Iterator iterator = agentList.iterator();
iterator.hasNext();) {
        SocrateSIMAgent pippo = (SocrateSIMAgent)
iterator.next();
        if (pippo.isListening())
```

```
      a += 1.0;
    }
    a = a / (double) agentList.size();
    return a;
  }

  public void setPartnerEvaluations(){
    ArrayList[] pE = new ArrayList[numberOfAgents];
    for (int i = 0; i < pE.length; i++) {
      pE[i] = new ArrayList<Integer>();
    }
    for (Iterator iterator = agentList.iterator();
         iterator.hasNext();) {
      SocrateSIMAgent agent = (SocrateSIMAgent)
iterator.next();
      agent.setPartnerEvaluations(pE);
    }
  }
  public static void main(String[] args)
  {
    if (args.length != 0){
      analyticSet = Integer.parseInt(args[0]);
      SocrateSIMModel p = new SocrateSIMModel();
      p.setBatch(true);
      p.setParameters();

      eng = new SimEngine();
      eng.addModel(p);
      eng.buildModels();
      eng.start();
    } else

      System.out.println("SYNTAX ERROR:
SocrateSIMModel [numScenario]");
    }
    /**
     * @return Returns the batch.
     */
    public boolean isBatch() {
      return batch;
    }

    /**
     * @param batch The batch to set.
     */
```

```java
    public void setBatch(boolean batch) {
    this.batch = batch;
    }

    public void writeData(){
      if (tick > 495)
        tick = 1;
      double endowment = 0.0;
      double bestValueDiscovered = 0.0;
      double finalProfit = 0.0;
      for (Iterator iterator = agentList.iterator();
iterator.hasNext();) {
        SocrateSIMAgent agent = (SocrateSIMAgent)
iterator.next();
        endowment += (double) agent.getEndowment();
        bestValueDiscovered += (double) agent.
getBestValueDiscovered();
        finalProfit += (double) agent.getFinalProfit();
      }
      endowment = endowment / (double) numberOfAgents;
      bestValueDiscovered = bestValueDiscovered /
(double) numberOfAgents;
      finalProfit = finalProfit / (double)
numberOfAgents;
      if (infoOnInformationChoices)
        buff.println(tick+" "+endowment+"
"+bestValueDiscovered+" "+finalProfit+" "
          +numOfFirstBest+" "+numOfOtherBest+"
"+numOfLowerHigh+" "
          +numOfHigherLow+" "+numOfLemons+"
"+averageFPOfFirstBest+" "
          +averageFPOfOtherBest+"
"+averageFPOfLowerHigh+" "+averageFPOfHigherLow);
      else
        buff.println(tick+" "+endowment+"
"+bestValueDiscovered+" "+finalProfit);
      buff.flush();
      tick++;
    }

  public void computePopInformationChoices(){
    numOfFirstBest = 0;
    numOfOtherBest = 0;
    numOfHigherLow = 0;
```

```
    numOfLowerHigh = 0;
    numOfLemons = 0;
    totalFPOfFirstBest = 0;
    totalFPOfOtherBest = 0;
    totalFPOfHigherLow = 0;
    totalFPOfLowerHigh = 0;
    averageFPOfFirstBest = 0.0;
    averageFPOfOtherBest = 0.0;
    averageFPOfHigherLow = 0.0;
    averageFPOfLowerHigh = 0.0;
    int temp = 0;
    for (Iterator iterator = agentList.iterator();
iterator.hasNext();) {
        SocrateSIMAgent agent = (SocrateSIMAgent)
iterator.next();
        numOfLemons += agent.getLemon();
        temp = agent.getInformationChoice();
        if (temp == FIRST_BEST){
          numOfFirstBest++;
          totalFPOfFirstBest += agent.getFinalProfit();
        } else {

          if (temp == OTHER_BEST){
            numOfOtherBest++;
            totalFPOfOtherBest += agent.getFinalProfit();
          } else {
            if (temp == HIGHER_LOW) {
              numOfHigherLow++;
              totalFPOfHigherLow +=
agent.getFinalProfit();
          } else {
            if (temp == LOWER_HIGH) {
              numOfLowerHigh++;
              totalFPOfLowerHigh +=
agent.getFinalProfit();
            }
          }
        }
      }
    }
  }
  if (numOfFirstBest > 0)
    averageFPOfFirstBest = (double)
totalFPOfFirstBest / (double) numOfFirstBest;
    if (numOfOtherBest > 0)
      averageFPOfOtherBest = (double)
```

```
totalFPOfOtherBest / (double) numOfOtherBest;
    if (numOfHigherLow > 0)
      averageFPOfHigherLow = (double)
totalFPOfHigherLow / (double) numOfHigherLow;
    if (numOfLowerHigh > 0)
      averageFPOfLowerHigh = (double)
totalFPOfLowerHigh / (double) numOfLowerHigh;
    }
  }
```

The observer code is as follows:

```
import jas.engine.*;
import jas.events.SimGroupEvent;
import jas.graphics.plot.*;
public class SocrateSIMObserver extends SimModel{

  //Model parameters
  public SocrateSIMModel  model;
  private TimeSeriesPlotter bestDiscoveredPlotter;
  private TimeSeriesPlotter actionChoicePlotter;
  public void setParameters()
  {
    model = (SocrateSIMModel) Sim.engine.
getModelWithID("SocrateSIMModel");
    if (model == null)
      Sim.fatalError("The Observer did not find a
Model instance in memory!", null);
  }
  public void buildModel()
  {
    bestDiscoveredPlotter =
new TimeSeriesPlotter("BestDiscoveredValue");
    bestDiscoveredPlotter.addSeries("Average Value",
model,
"getAverageBestValueDiscovered", true);
    addSimWindow(bestDiscoveredPlotter);
    actionChoicePlotter =
new TimeSeriesPlotter("Action Choices");
    actionChoicePlotter.addSeries("Exploiting", model,
"getExploitingPercentage", true);
    actionChoicePlotter.addSeries("Exploring", model,
"getExploringPercentage", true);
    actionChoicePlotter.addSeries("Listening", model,
"getListeningPercentage", true);
```

```
    addSimWindow(actionChoicePlotter);
    SimGroupEvent g = eventList.scheduleGroup(0, 1);
    g.addEvent(bestDiscoveredPlotter,
Sim.EVENT_UPDATE);
    g.addEvent(actionChoicePlotter, Sim.EVENT_UPDATE);
}
```

参考文献

Boero, R., Bravo, G., and Squazzoni, F. (2010) Trust and Partner Selection in Social Networks: An Experimentally Grounded Model, arXiv:1008.4705v1 [physics.soc-ph].

Boero, R., Bravo, G., Castellani, M., and Squazzoni, F. (2010) Why bother with what others tell you? An experimental data-driven agent-based model. *Journal of Artificial Societies and Social Simulation*, 13(3), accessible at: http://jasss.soc.surrey.ac.uk/13/3/6.html.

索 引

abstraction, x, 10, 14, 16, 122
  importance of, 167–8
adaptation, xiii, 4, 108, 112, 169
adaptive agents, *see* adaptation
Afghanistan, 155–8, *see also* social networks, *qawm*
agent-based computational sociology
  analytical approach of, xi, 136
  definition of, 2
agent-based modeling, *see* agent-based models
agent-based models
  advantage of, x, xi, xv, 11–16, 85
  approach, xiv, 3, 4, 8–11, 134
  comparison with other simulation approaches, 18–20
  data gathering, 151–9
  definition, 18
  empirically grounded, 15, 16, 20, 24
  experimentally grounded, 56, 58, 61, 63, 76
  method, 135–40
  methodological problems, 133–4
  new perspectives on, 132
  plasticity of, 34
  simulation tools for, 179
  usages of, 20–26
  vs. equation models, xiv, 7, 18, 20
  vs. statistical models, 86
  see also models
alignment, of models, 140, 141, 143, *see also* validation, cross
altruistic punishment, 43, 49, *see also* reciprocity, strong
Anasazi, 15, 25, 144, 153–4
anomie, 156
approval/disapproval social, 43, 63, 70, 77
artificial intelligence, 3, 18, 37
artificial societies, 17, 20, 21–2 (Tab.), 23, 26
Axelrod, Robert, 8, 36–7, 56, 60

behavior
  collective, 17, 86, 97
  social, 3, 34–5, 36, 85, 165, 167
binge drinking, 136, 154–15
biology, ix, 2, 108, 133, 170
Boudon, Raymond, xii, 2, 6–7, 14

calibration, of model parameters, 58, 64, 93, 134, 139, 140, *see also* validation
cascades, global, 99, 108
cellular automata, 19–20
cheaters, 59–61, 63, 64, 66 (Tab.), 68
co-evolution, 61, 108
cognition
  agent, 77, 87–8, 93, 138
  social, 18, 48–9, 111, 122
  see also models, rich cognitive
cognitive sophistication, of models, 88, 115, 117, 122
cognitive systems, 69, 94
  see also cognition, agent
Coleman, James S., xii, 1–2, 6, 8, 13–14, 37, 109
commitment, 55–6, 60, 62–3
Commons, John R., 71
communication, 48, 49, 62, 64–5, 68, 109
complex system, 6, 12, 75, 175
complexity, ix, 3, 16, 86, 97
complexification, of models, 88, 122, 168
conflict, social 132, 157, *see also* Afghanistan
conformity, 70, 74–5, 85, 87
convention
  emergence of, 70–7
  traffic, 70–3, 74–5
coordination games, 35, 50, 70
cultural transmission, 49–54
cumulativeness, of findings, xv, 10, 89, 103, 140, 167
cybernetics, 2

Agent-Based Computational Sociology, First Edition. Flaminio Squazzoni.
© 2012 John Wiley & Sons, Ltd. Published 2012 by John Wiley & Sons, Ltd.

译后记

在全国高校积极推动交叉学科建设的浪潮中，江西财经大学从 2018 年起开始探索"大数据与社会统计"交叉学科建设，计算社会学被列为核心课程之一。2019 年和 2020 年，我有幸连续两年参加了中山大学举办的"计算社会科学讲习班"，在梁玉成教授等名师的课堂上受益匪浅，由此对计算社会科学产生了浓厚的兴趣。其后，我搜罗并学习了国内已出版的多本有关计算社会科学的译著，总有一种隔靴搔痒的感觉。在得到这本由意大利学者斯夸佐尼撰写的原版著作时，我顿时有一种如获至宝的欣喜感，决定将其译介给国内读者，作为计算社会学课程的教材。这一想法得到了社会科学文献出版社的大力支持，我获得了中文版的翻译授权。该项目启动后，得到了时任江西财经大学人文学院尹忠海院长、蒋国河副院长的大力支持，获得"大数据与社会统计"交叉学科建设经费的支持。此外，本项目也得到了本人主持的 2020 年度国家社会科学基金一般项目"拉丁美洲社会学理论本土化及其启示研究"（项目编号：20BSH004）的经费支持，可以视为该项目的阶段性成果。

本书由江西财经大学亚太经济与社会发展研究中心计算社会科学教学和翻译团队合作完成。学生马骏、朱晓宇、张雨晨、蔡怡萍等人承担了部分章节的初译工作。主要部分由我和学生冯露雅翻译并进行统稿校译。江西财经大学人文学院时任院长尹忠海教授始终关心项目的进展，同事兼同窗好友梁波教授经常不厌其烦地回答我对于部分专有名词的疑问。此外，社会科学文献出版社的编辑团队为此付出了艰辛的劳动。在此一并表示感谢！

本书是我的学术生涯中翻译的第九本著作，可能也是本人毕生最后一部译著。回顾多年来的翻译工作，酸甜苦辣不由得浮现在眼前。学术翻译工作枯燥且耗费精力，为很多人所不能理解。但是，能为国外优秀著作的引入做出一点微薄的贡献，哪怕原著中的许多错误最后也归咎于我，我也略感欣慰。在此，对所有阅读过我的译著并提出宝贵意见的读者深表感谢！

由于水平有限，时间仓促，本书难免有错误疏漏之处，恳请方家不吝批评指正。

唐　俊

江西财经大学亚太经济与社会发展研究中心

2021 年 12 月 29 日

图书在版编目（CIP）数据

计算社会学：ABM 应用 /（意）弗拉米尼奥·斯夸佐
尼著；唐俊译 . -- 北京：社会科学文献出版社，
2022.11（2024.8 重印）
（亚太经济与社会发展译丛）
书名原文：Agent-Based Computational Sociology
ISBN 978-7-5228-0831-4

Ⅰ.①计… Ⅱ.①弗… ②唐… Ⅲ.①社会学－研究
方法 Ⅳ.① C91-03

中国版本图书馆 CIP 数据核字（2022）第 183186 号

亚太经济与社会发展译丛
计算社会学：ABM 应用

著　　者 /［意］弗拉米尼奥·斯夸佐尼（Flaminio Squazzoni）
译　　者 / 唐　俊

出 版 人 / 冀祥德
组稿编辑 / 祝得彬
责任编辑 / 郭红婷
责任印制 / 王京美

出　　版 / 社会科学文献出版社·文化传媒分社（010）59367004
　　　　　　地址：北京市北三环中路甲 29 号院华龙大厦　邮编：100029
　　　　　　网址：www.ssap.com.cn
发　　行 / 社会科学文献出版社（010）59367028
印　　装 / 唐山玺诚印务有限公司

规　　格 / 开　本：880mm×1230mm　1/32
　　　　　　印　张：11.375　字　数：246 千字
版　　次 / 2022 年 11 月第 1 版　2024 年 8 月第 2 次印刷
书　　号 / ISBN 978-7-5228-0831-4
著作权合同
登 记 号 / 图字 01-2021-2837 号
定　　价 / 98.00 元

读者服务电话：4008918866